[日] 山路爱山 著

刘菁菁 译

德川家康

长江出版传媒

崇文书局

图书在版编目（CIP）数据

德川家康 ／（日）山路爱山著 ；刘菁菁译 . -- 武汉：
崇文书局，2024.4
（日本史丛书）
ISBN 978-7-5403-7612-3

Ⅰ . ①德… Ⅱ . ①山… ②刘… Ⅲ . ①德川家康（
1542-1616）—传记 Ⅳ . ① K833.137=332

中国国家版本馆 CIP 数据核字（2024）第 057066 号

出 版 人：韩　敏
责任编辑：鲁兴刚
装帧设计：杨　艳
责任校对：董　颖
责任印制：李佳超

德川家康
DECHUAN JIAKANG

出版发行： 长江出版传媒｜崇文书局
地　　址：武汉市雄楚大街 268 号 C 座 11 层
电　　话：(027)87677133　　邮政编码：430070
印　　刷：武汉中科兴业印务有限公司
开　　本：880mm×1230mm　　1/32
印　　张：10.75
字　　数：243 千字
版　　次：2024 年 4 月第 1 版
印　　次：2024 年 4 月第 1 次印刷
定　　价：59.00 元

目 录

第一章

三河岁月

一　德川氏的起源与清康

"德川"原指上野国新田郡世良田乡[1]的一处地方。在此地住过的新田氏一支也被称作"德川的新田"。这就是家康的祖先。新田的主家——新田义贞、新田义助两兄弟曾为后醍醐天皇而起兵对抗足利幕府，自那以后，德川的新田也就跟随新田两兄弟，成了毋庸置疑的保皇派。不过，新田氏跟随的这位君主时运不济，未能充分调动官兵，义贞战死，义助也无功而终。新田一族得罪了此后当权的足利氏，受到世间排挤。德川的新田离开"德川"这个地方，流离于日本各地达十代时间。

第十代的时候，这一支出现了一个名叫"德阿弥"的时宗派

1　国、郡、乡皆是古代日本的行政区划，大致相当于中国的省、县、乡。（本书注释如无说明，皆为译者所加，后文不赘）

僧人。当时的三河国西部松平乡这一山区地带，有位声名在外的富豪太郎左卫门。不知出于何种缘由，德阿弥成了他的女婿，继承了其土地。德阿弥即后来的松平亲氏，夺取了以松平乡为首的山中十七村。亲氏的儿子叫作泰亲。泰亲此人犹如"出于幽谷，迁于乔木"这句话所说的那样，带领松平家的势力走出山谷，顺平原而下，建造岩津城、冈崎城，将冈崎给了次子，将岩津与家主之位一并给了长子信光。信光叫作"松平和泉守"，出家之后也被称作"和泉入道"。这位和泉入道武威无双地豪夺了三分之一的西三河地区，将大给、保久、安祥城都收入囊中。就这样，武运昌隆的和泉入道将岩津城交给长子，将家主之位与安祥城交给三子亲忠。

　　成为家主的松平亲忠是家康上数五代的祖先，与家康有血缘关系的松平氏一支就从此人开始，可以说安祥城即是德川家的发祥地。在德川家的家臣中，被称作"安祥谱代之士"的，就是指从亲忠担任家主时期便开始追随德川家的家族子孙，是与德川家渊源最久的门第。亲忠的儿子叫作长亲，住在安祥。长亲将家主之位与安祥城给了长子信忠，将樱井城给了三子信定，将青野城给了四子义春。信忠得不到家臣拥护而早早隐居，将一切都让给长子清康，自己隐于大滨乡。清康继承家业时只有十三岁，但从小就显现出英雄的气质。他身材虽小，但眼光锐利如鹰，气象阔达，威震三河之国。

　　清康年纪轻轻便崭露头角，松平氏一族中强势的庶流、冈崎城城主松平信贞招他做了女婿，甚至将领地给了他，清康由此从安祥搬到了冈崎。如此一来,松平家的两股势力汇聚,如大河一般,族内其他旁支就皆被压制。

继承了冈崎的清康首先夺取了西三河。当时三河之地分作东西,东三河有吉田的牧野氏,颇具领袖之气。三河如此小国却有二虎,自然难以长久并立。清康于是与牧野氏开战,牧野传藏兄弟四人尽数战死,从此三河一国便只听令于清康一人。德川武士中被称作"冈崎谱代之士"的,即是从清康在冈崎时便从属于德川家的家族子孙。松平清康的勇猛声震四邻,甲斐国的武田信玄派使者谈合纵连横之策,美浓国的大名与其志气相投,尾张国犬山城城主织田信康也承诺在清康出兵尾张时亲自带路。于是清康攻入尾张,讨伐织田信秀并先进攻守山城。偏偏天降大患于英才,天文四年(1535)十二月五日,行年二十五岁的清康忽然被家臣阿部弥七郎刺杀。这便是德川家传说中的"崩于守山"事件。

到了此般境地,似乎德川家的霸业已废,英雄事业也化作灰烬,然而事实并非如此。因为清康的苦心孤诣,三河地区的松平氏团结互助,唇齿相依,诸大名也意识到只要联合三河一国的势力便足够抵御他国的欺辱。这种连带感自然帮助后来的家康成就了统一霸业。

二　清康时代的社会组织

若用一句话总结松平清康时代的日本面貌,那就是大地主的天下。这个时期不管是"大名"还是"小名",本质都是地主。

大地主将领地传给子孙或者同门之人的方式如下所示：

（一）总领。即长子或者其他儿子继承家业，成为一家之长。这个时代所说的"让代"或者"被让代"，就是指接受总领地位及权力。总领并不继承所有领地，有一些也会分给其他兄弟。因此，如果领土没有增长，那么代代总领所继承的财产其实是递减的。家主便指总领。

（二）庶流。在德川幕府时期，当不上武士家家主的人被称为"冷饭""麻烦"，大部分人都分不到多少财产，只能自谋生路。有的人成为别家的女婿或者养子，继承了别人的家业；有的人靠着气度不凡而谋到官家职位，靠俸禄而生，进而另立家门。但那个时代，京畿地区的工商业者等尚留古风，分配遗产时会兼顾其他儿子乃至女儿，总领并不能独占父亲的全部财产。至天正时期（1573—1592），武士家的财产分配也如后世的工商业者一般，总领以外的诸子也能分得一些。因此，每到分配财产时，本家就如树枝一般分散成数个分家。松平氏的分散如下表所示：

此表中的冈崎、岩津、大给、樱井、青野等松平氏旁支也有众多子孙，随着松平家的领地不断分割，到了清康时代，被称作松平氏的人已经相当多了，而这些人被总称作"一门"。

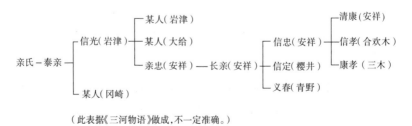

（此表据《三河物语》做成，不一定准确。）

（三）一门。亦称"一门之众"。总领家有实力时，庶流、一门之人皆为总领效力，总领拥有族长之势，名副其实地尽到家主的义务；庶流或者一门中出现了英雄豪杰，扩张自己的领地，实力凌驾于总领之上时，就会表面上听令于总领，事实上则隐然夺取总领之权。这种情况下，也会有人拒绝为总领效力，或者干脆完全与其脱离干系，变成敌国一般或者效力于敌国。因此，在这样的世道，庶流、一门如果从未背叛过总领便是被盛赞的稀有之事。一门的谋反稀松平常。三河的松平氏也是这种凝聚力极弱的同族大地主，非英雄之士不可统率全族。此时同族之人不断内斗，无统一之势。除此之外，还有下面这一类。

（四）国侍。亦称"国众"，指既非庶流也非一门的一类地主。他们虽是独立的大、小地主，但大多居于强力大名的庇护之下寻求生路，为了共同防御或者共同攻击而效力他人。这些人并不是家臣，原本是独立的大地主，因此主家不会把他们看作家臣，而是视作同盟或者客将一类。与一门相比，他们与大名关系更远，但因为原本是敌国一般的对等之家，所以更得尊敬。不过，这也取决于领地的大小。领地小且势单力薄的地主效力大族，寻求庇护，就会被冠以"小侍"之名而受尽世人的轻侮。

（五）接受主人扶持的人。指失去独立大名之领地的人寄食在别的大名家中，受后者扶持。此时代被称作"浪人"的，大多都是这些受扶持的人。其中既有名门贵族，也有丢失了自己领土的国众（地方土豪）。

（六）家人。亦称"家子"，或者"内众""奉公人"等，即家臣。家人从主人处获得土地并领有，也可像主人一样将之留给子孙，只是不拥有主人那样的领地予夺之权。也有家人不领有土地，而是获赐米粮。其中数代侍奉主人家的人，被称作"谱代相传之众"。还有一类叫作"旗本"，是在战场上护在主人鞍前的人。家人中还有替主人管理其他家人、平日与战时参与讨论主人家事的人，被称作"老""年寄"或者"家之长"。清康时代，酒井氏长期担任德川家的家之长。据说酒井的先祖是泰亲的庶兄。"家之长"也称"侍大将"，后者原本是战时专用的称呼，但平时也渐渐这样说了。这种重臣之中，也有人实力超过强势的一门，在正月先于一门得到主人赐酒。

庶流、一门、国众、家之长都是与主人一样的大地主，是一城或数城之主。因此，不仅庶流、一门多对家主行谋反之举，国众、家之长也常怀野心，图谋夺取主人实权。即便是英雄之士，也很难将他们统一起来，凝聚其力。

以上是各个武士阶级，其下则是城市工商业者、普通百姓、乞食者等。这些人与这个时代的政治定然是无关联的。

三　武力之世

如上所述，清康时代的日本可视作大、小地主割据，国家之力渐次分解削弱的状态，但从反面来看，分散之势并非不可一转而成凝聚之形。以下详细叙述这一情况：镰仓将军的时代，将军的家臣是诸国的守护、地头，手握兵马之权，但那时尚有国司、领家[1]分割其权力，且有门第悠久的诸国大名、小名觊觎其权力，因此当时的家臣不得不重视将军的命令，听令于将军的指挥。因为如果不遵从将军的命令，得不到将军威光庇护，那他们不仅会受到国司、领家的欺辱，而且不满的地方旧家族必定会开始愚弄新来的统治者。

源赖朝、北条泰时便是利用这种新旧势力的对立，通过均衡地分配力量，让将军家臣对镰仓幕府依赖更深，这些守护、地头只能听令于强硬的幕府，无法抱有异心。守护、地头无法违背镰仓幕府的指挥，只能与幕府共同进退，那些与幕府对立的国司、领家，以及非将军家臣的门第悠久的大名、小名才屈服于其威力，保持和平。因为这种平衡，镰仓将军的时代天下太平，其颁布的命令也威力甚重，关于领土纷争的诉讼，诸国豪杰也都服从政所、问注所[2]的判决。但足利尊氏以来，宫廷、武家两方出现争执，宫廷方败北，国司、领家失势，天下的大名、小名几乎都成了将军的家臣。赖朝、泰时时代的新旧势力制衡消失了。天下的武士不再觉得必须靠拢中心势力，达成统一运动，许多人也逐渐不在意将军家。敌人存在，众人之力自然凝聚归一；敌人消失，众人之力自然土崩瓦解。此乃自然之势也。

因此在赖朝、泰时时代，将军家臣虽人少力微，但有组织、

1　守护和地头皆是幕府设置的武家职位，前者是地方军事行政方面的指挥官，后者是地方下级官僚。国司是日本律令制度规定的一国之首，领家是平安末期日本颁布"庄园整理令"之后被任命的庄园主。

2　政所是当时幕府的中央行政机构，问注所是幕府的法律机构。

有集中、有训练而成为整体。到了室町将军的时代，天下的大名、小名悉数成为将军家臣，但一百位大名有一百个异心，一千名武士有一千个自我，并不会看重将军的命令，甚至屡屡谋反。第三代将军、鹿苑院足利义满如日中天时，是将军权力的鼎盛时期，即便大内氏、山名氏这些巨镇大藩背叛了将军家，也被轻松平定。但后来的京都将军、镰仓管领[1]以兄弟之国一争高下，国之中枢的威权渐渐衰敝，世间没有将其统一起来的法律和制度，或者即使有也形同虚设了。因而在此乱世，大名、小名要保住领地和地位，也只有以下几种方法而已：

（一）依附强有力的大名。将军家的命令没有威力，幕府就无法制止地方大名、小名间的私斗，因此领地之争频发。此种情况下，弱小者被强大者吞并，小家便依附大家，借其庇护以维持自身的领地。如上文所述，这些对主盟之家完全臣服者被称作"国众"或者"国侍"。依附大家的国众，大抵要向主家送出人质，以证明自己"同盟一心"。

（二）武力。将军、管领没有威力以法律手段制裁大名、小名的威势，强有力的大名也无法给予庇护或者这种庇护尚不足以信赖时，保护自己的领地就只能依靠自己的武力。换句话说，他们在家里养上许多善于作战的家兵，将其布置在险要处，并建造城堡，囤足钱财与兵粮弹药，武装到让任何人都无法夺走其领地。

---

1 管领是辅佐将军的重要职位。室町幕府的将军居京都，另有一脉作为"公方"居镰仓，管理东部地区，由关东管领辅佐。下页说的"四职"是指赤松、一色、京极、山名四大家族，其族长均在幕府中担任重要官职。

一言以蔽之，这个时代的政治学就是"家本位"，也即维持或扩张一家的领地只能依靠家族的力量。否则，要么依附别家寻求庇护，要么就被别家吞并。当然，这个时代天皇依然在京都坐镇，其下有将军、管领、四职之辈，镰仓有所谓的"关东公方"。表面上看，统治日本全国的官制、军律依然存在，只是这些东西是无实质的摆设，实际并无效力。大名、小名维持自己领地的唯一方法便是运用自己的武力。更露骨地说，能够保障自己权力的只有手中的剑。

在这样的时代，一些人不仅保全了自己的领地，还侵略他人的领地，逐渐扩张。这些人大抵都居于山中的险要之地俯视平原，或者身处群山环绕的山谷之中。比如，越前的朝仓氏居于一乘谷，当城郭难守之时便退隐到大野郡的山中等待时运。近江的佐佐木氏身处可俯瞰东海道[1]的观音寺城，以甲贺国的崇山峻岭作为避难所。浅井氏处于天险般高山环绕的小谷之中，以越前国为后援而统治近江国北部诸郡。到了德川时代，大名的城郭大抵都从山中移至平原，城堡都建造在往来便利的交通要道中间，提及"山家"第一反应是荒凉的边境。但在清康时代之前，山家是指大名、小名的住所，像"山中大将，只有一人"这句谚语说的那样，不利于强者侵掠的山谷，其实最适合大名、小名建立城郭以保护自己的领地。在一个险要之地建立居所，就是把周边的天险作为保护

---

1 本州岛太平洋一侧的中部区域。古代日本将令制国统一为五畿七道，类似中国的"华北""东北"等区域概念。

自己权力的堤防，入可以保护自己的权力，出则可以侵吞他人的领地。安艺国的毛利氏在吉田郡山建立城郭，以此为据点来扩张土地；甲斐国的武田氏以天府四塞的峡中为据点，向邻境彰显武威。这些均是例子。

因此，德川家发迹于松平乡的大山之中也就不足为奇了。大抵在这个时代，敕旨院旨[1]、将军命令、守护的指挥皆不具备支配人心的效力，大名、小名除了以一己之力守护自己的权力外，并没有其他方法能保证自家生命与财产安全。这种状态概而言之，就是"武力之世"。

不过，即使事实上已是武力之世，古来的制度、法律尤有名目，源赖朝、北条泰时、足利尊氏以来形成的武家习惯并没有完全消亡，因此日本各处都能见到名分与实力之间的矛盾。比如说这个时代的美浓国守护土岐氏，是镰仓以来的名家。但他的守护之位实际上有形无实，实权先是被家之长的长井氏夺取，长井氏衰弱后又转至山城国人松波某，即斋藤道三的手中。道三是美浓国事实上的盟主，但此地名义上的守护依然是名门土岐氏。

其邻国尾张国有武卫家，有石桥氏，皆是将军一脉。特别是武卫家，担任越前、尾张两国的守护，从名义上来说，尾张一国的武士应悉听其节制。然而武卫家只如傀儡，实权先落入守护代理的织田氏手中，随后又落入织田氏庶流之手。以美浓、尾张两国的例子，足以窥见当时日本全国的状况。

---

1 "敕旨"即天皇的命令，"院旨"指院政时期掌握实权的太上皇的命令。

严重的名实矛盾在全国上演，时势已是实力者之间的竞争，但仍有人拘泥于昔日的荣光。比如在三河国，松平氏家族甚大，雄视一国，但东条城里仍住着足利氏一族的吉良氏，以高贵的姓氏为傲。贵族之名在维系泥古之人的感情上多少有点作用，清康也将妹妹嫁给吉良氏总领为妻。这就如同在金钱至上的现代社会，暴发户仍愿意将女儿嫁入没落的贵族之家，为自己镀一身金。

天下变成了只依靠腕力取胜的时代，国土的分裂或许会愈演愈烈，然而事实却不一定如此。天下之势至极而转，事态至此，新规亟须重立，空文虚礼的制裁被打破而出现实力的竞争。作为自然淘汰的结果，有力的大名凭一己之力征服了其他大名，于无序之中创造出了秩序，于是天下再次迎来太平盛世的曙光。

比如庶流、一门、家之长、国侍都有城堡和领地，动辄独立而对主人谋反，或者凌驾于主人之上、将主人逐出领地，则天下似乎将永处于乱世。然而内部纷乱之家无法免于别家侵略，所以欲保证家国坚固，就必须要树立任何时候都团结一心的家风。一家必须要拥护一人为英雄，久经战场的家臣簇拥此人，尽忠尽责，稳固中心而一心向敌。主人则仁爱，不制造上下之隔，对全体家臣慈悲，对百姓也投入感情。人心寄于一人，若家臣心怀舍弃妻儿、战死沙场也让主家繁荣昌盛之心，那么主家自会家运昌隆，家臣也借主人的权势而增加领地。如此击败内讧不断的敌人，就出现了崭新治世的萌芽。清康时代正是通向此气运之时，只是他遭遇奇祸而不幸暴毙，可说是上天尚未庇佑德川氏吧。欲读家康之传的读者，首先要明白上述时势变化。

四　与今川氏结盟

天文四年（1535）十二月五日，清康不慎横死，其子广忠年仅十三岁。冈崎城的家臣如暗夜中失去了明灯，当初令诸国武士惊恐的三河国武威如烟花般消散，松平氏内部也起了纷争，广忠的三爷爷松平信定将广忠逐出领地，抢夺了冈崎。广忠只得与家中重臣阿部定吉及其他六七个家臣一起，暂时到伊势国避难。趁着这场骚乱，骏河国的今川氏夺取了东三河。守护吉良氏与尾张国的织田信秀联手抗击今川氏。今川氏则进攻吉良氏，吉良氏庶流荒川氏加入今川氏阵营，吉良氏家主战死，其子孙忘掉杀父之仇而投身骏河国。

如此，三河之国再无可以号令众人的英雄，沦为织田氏与今川氏争夺之地。随后，阿部定吉为了松平广忠而从伊势国前往骏河国，请求今川氏庇护。今川氏答应助其一臂之力，同年秋天出兵援助广忠，进驻三河的牟吕城。靠着在冈崎的家臣的忠诚良计，天文六年（1537）五月一日，广忠夺回冈崎城，驱逐了松平信定派遣的士兵。信定道歉并效忠广忠。他的辩解理由大概是四境受敌而家督年幼，眼看家门衰落，所以在家主成人之前暂代其位吧。

另一种说法是，当时广忠的曾祖父松平长亲年逾七十而仍然健在，人称"入道道阅"。清康横死之后，信定向老父献媚，成为广忠的监护人，执掌冈崎的政务。广忠的家臣不服信定，家之长阿部定吉反对信定的专横，担心他有朝一日夺走主人的家业，便带着广忠逃到了伊势国的神户，由此前往骏河国寻求今川氏的支援。如据此说，那么广忠离开冈崎并非因为信定的驱逐，而是因为家臣与监护人之间交恶而暂时隐身于伊势国。广忠得今川氏支援而幸运地回到冈崎城，但从此冈崎也自动变成今川氏盟国，失去了清康时代的独立地位。

说起松平长亲，此时他虽是以风月为友、乐享吟咏和歌的遁世老翁，但年轻时有武名，永正三年（1506）八月在岩津城遭袭时，他绕至敌军后方，击败今川氏家臣北条早云的大军。老麒麟不如驽马，带着子孙目睹家运衰微，看到从前旗鼓相当的敌国今川氏如今成了需要仰仗的保护国，他的心中又会作何想法呢？想必是无限哀伤吧。在这位入道还在世时，家康作为松平氏嫡流的玄孙在天文十一年（1542）十二月二十六日于冈崎出生了。一年多之后的天文十三年八月二十一日，松平长亲以八十余岁的高龄往生。

五　今川氏要求质子

广忠在今川氏援助之下回到冈崎，三爷爷信定不像从前那样跋扈，且很快随其父亲的脚步去世，广忠的家主之位就暂时安全。然而他背后有今川氏这一重要援助者，因此也尽可能不失掉其欢心。天文十二年（1543）广忠的妻兄、三河国苅屋城城主水野信元背叛今川氏而投靠织田氏，广忠与信元决裂，并休了妻子。广忠一门、居于形原城的松平家广，娶的是广忠妻子的姐姐，此时也将妻子送回苅屋城。在那个男女之恋被政局左右的时代，这样的离别并不少见。年龄未满三岁的弱小家康，不得不与慈母分别。

广忠如此彻底地依仗今川氏来保全自己的统治。如前所述，在庶流、一门、家之长谋叛主人是稀松平常之事的时代，德川的家臣也不无例外地上演内讧戏码。比如合欢木乡的领主、广忠的叔叔松平信孝。在广忠重获冈崎城时，他立了大功，由此骄横，在亲弟弟康孝未留子嗣而去世时，信孝霸占了其遗产。而且岩津的松平亲长膝下无子，领地若被信孝抢夺，后者就变成比家主广忠领地更多的大名。

这就要形成"尾大不掉"的局面，冈崎的重臣等人担心信定死后又出现新的信定，私下商议之后达成了共识。天文十六年（1547）正月，信孝代替生病的广忠前往骏府给今川氏祝贺新年。趁其不在领地，重臣夺了信孝在三木的领地，将其划入冈崎的直辖范围，并且拒绝信孝来冈崎侍奉。这件事想必也是私下与今川氏达成协议的。信孝归乡，见此事态大为光火。这位也不是善罢甘休的人，所以找了尾张国的织田信秀，与今川氏公开敌对。冈崎的领地也遭攻击，处在强国夹缝之间的三河武士由此心神难安，安祥城也落入了信秀之手。此外，佐崎的松平忠伦受信秀所诱，与之同盟，面向冈崎建造渡理、筒针两寨。更有甚者，冈崎谱代之重臣酒井忠尚，一天因为同在冈崎效力的家之长石川清兼、酒井正亲的事情而逼迫广忠"如不让两人切腹，那就不要怪在下说您失职了"。广忠答道："我想不出究竟怎么才能说出让两人切腹的话。"此日，冈崎的家臣听闻家之长酒井忠尚怀有异心，向主君发难，争先恐后地前来守护主人。酒井忠尚被这气势震慑而撤退，与其一伙的武士三五成群地逃到尾张，一并投靠了信秀。

此时冈崎的家臣中已经党派林立，酒井忠尚主张应当拒绝今川氏的援助而转投尾张国，大概还没来得及宣扬此主张就为逃避灾祸而投靠了织田信秀。庶流、一门中早有人偏向尾张，家族分为尾张、骏河两派，如今老臣也分裂为二，则冈崎的形势岌岌可危。织田信秀趁此良机出动，在距离冈崎二十町的上和田建造营寨，派松平三左卫门驻守。至此冈崎彻底被敌人孤立了。广忠雇刺客暗杀了三左卫门，但是摆脱孤立无援的苦境却绝非易事。

在向今川氏求援时，他们得到这样的回答："给予贵方援助非常容易，但苅屋的水野氏此前与贵方有亲戚关系，贵方的庶流、一门之中也有很多信秀的党羽，所以请赐人质，之后我方必然施以援手。"十年前，阿部定吉带着广忠奔赴骏河请求支援，今川氏并没有提出需要人质这种见外条件，而是直接伸出援手。仔细想想，当年的三河国还沐浴在长亲、清康时代的光辉之中，松平氏一族团结一心便足以匹敌今川氏，所以后者怀着一份敬畏，以对等之礼对松平氏。然而广忠借着今川氏的帮助才站稳脚跟，此时必然深赖后者支持。在为了向今川氏递投名状而休掉毫无过错的妻子时，松平氏就从对等位置而一转为属国地位。今川氏此前没有提出人质要求，但在这次广忠危急存亡之秋提出此等要求，就是以属国而待松平。因为在这个时代，在这种情况下向别家送去人质，事实上就是表明自家丧失独立地位，落入别家国众的待遇。不管怎样的时代，强者都是残忍的。今川氏终于等来了这个好机会。

被现实逼迫而无计可施的广忠决定向骏河送去人质。年仅六岁的长子家康，幼名竹千代，与随行家臣二十八人、杂兵五十多人，以及同龄的玩伴阿部德千代（阿部正宣的儿子，后来的伊豫守阿部正胜）乘着轿子从冈崎出发。父子两人都没想到，此一别便是两人的永诀。三岁与慈母分离，六岁成了他国人质。家康的幼年真是极其可怜。此时广忠已经再娶了妻子户田氏。

六　家康囚于尾张，广忠去世

竹千代一行人从陆路走会遭遇众多敌人，所以他们从广忠的岳父、居于田原城的户田康光的领地通过，再从三河国西郡乘船到达吉田。吉田是当时今川氏用来安置三河国众人质的地方，此地以东便等同于今川氏的领地。一行人打算乘船到吉田，再走陆路到骏河。

然而户田的家臣中有位叫作右卫门的人，暗地里收下了尾张国织田信秀的五百贯铜钱，答应中途截获冈崎的人质。此人很巧妙地蒙骗了竹千代一行，在海中改变了船行方向，将一行人送到了尾张国的热田，交给了信秀。信秀大悦，将竹千代交给了热田神社的社家加藤顺盛照顾，吩咐一众社家好好对待三河来的人质。而后，他向广忠派去使者，告知"贵子竹千代殿下因看守疏忽而被我方夺取，如今正在热田人士加藤顺盛手中，暂时无恙，请您放心。请您放弃与今川氏的同盟，并与苅屋的水野信元等人商谈，投靠我方，则我们迅速送竹千代回家。如若您没有联盟讲和之心，那么我们便杀害竹千代，近日出兵与您一战"。

广忠从一开始就下定决心完全依仗今川氏，所以毫不动摇，回答道："虽然竹千代本不是给您方的人质，但如今落入您手，也只能悉听尊便。"广忠没有受威胁而上钩，信秀也只能无奈地将竹千代转移到名古屋万松寺的天王坊，安置轮班看守。不过，他没有迁怒于已经很不幸的小孩，反而好好对待竹千代。三河的武士听闻此事也改变心意，转投尾张，执拗地信任今川氏的广忠也要向众人让步了。

信秀拥有英雄之谋，对家康来说真是天大的幸事，否则家康此时就丢掉性命，或者至少也遭到残酷待遇，幼年便备尝艰辛。一些传说让我们可以一窥信秀是如何礼遇家康的。比如，当时家康的生母水野氏与尾张国坂部城城主久松俊胜再婚，信秀传话给水野氏："从此便与家康书信往来询问他的安否吧，但见面之事先等待指示。"据传水野氏大喜，时常派家臣平野久藏、竹内久六两人询问竹千代的起居，甚至送去衣服、零食。还有传说称，织田氏的家臣河野氏吉将百舌鸟、山雀等小鸟送给竹千代，抚慰其幼小的心灵。河野大概是在天王坊当差的信秀家士，当时的具体状况没有流传下来，但一叶可以知秋，信秀宽待竹千代应该是无须怀疑的。安积氏在《列祖成绩》中记录竹千代当时的状况用了"艰苦万状"这个词，应当视为一种夸张手法。

广忠舍弃了爱子向今川氏表达了自己忠贞不贰，今川氏也回以"广忠应我要求派出人质，但被他人所劫、居于敌方也是不得已之事。然而他仍然不跟随织田，一心依赖我们，真乃武士之义理。我们今后也会照应援助他"。天文十七年（1548）骏府临济寺的雪斋长老任大将，召集骏河、远江、东三河三国之人力援助冈崎。听闻大军已经出发的冈崎家臣也稍微恢复了生气，在今川氏的支援大军尚未到来时，便已射杀了松平信孝，之后又靠着今川氏的支援在小豆坂与信秀一战。此战今川、冈崎联合军多少算是胜利，此前动摇的三河人心也稍微安宁，冈崎也摆脱了危急存亡之境。眼看着广忠由此否极泰来，可他原本就是多病之身，天文十八年（1549）三月六日，二十四岁就去世了。

世传广忠心怀慈悲，爱惜士卒，果敢善决，心思缜密，战场上的谋略也超出寻常人，但他常年多病，往往以恶意揣测人心。这就是水至清则无鱼吧。广忠去世的三天前，今川氏的劲敌、当时的尾张国豪杰织田信秀在四十二岁的年纪罹患传染病而去世。广忠已死，家康困于尾张。冈崎的家臣忧虑领地处于无主状态，有人主张此时应加入尾张国，尽早把竹千代接回冈崎城。另一些人则表示反对，认为之前的家主已经万分依仗骏河国的大人，如今转换阵营有违武士之道。而且今川家掌管骏河、远江、东三河三州，麾下有数万大军，怎么想都该是与今川家合议，商讨将竹千代接回城。还有人说，也许与尾张结盟符合在座各位的利益，但如果今川义元集结三国武士攻打冈崎的话，冈崎将直接亡国。

在大家无法决定哪种决策更好时，义元听闻广忠的讣告，马上让家臣朝比奈泰能、冈部元信带领若干士兵驻扎冈崎城。于是，三河的武士决心与广忠在世时一样，唯今川氏马首是瞻。

七　家康赴骏府

信秀去世的消息传至骏河，今川氏欲趁机攻下安祥城的谍报也抵达尾张。信秀的嫡男信长此时年方十六。过去的信秀虽是英雄，但这位儿子却总得到"懒散""不着调"这般来自家臣的评价。不过，因为信秀的教育，他最不济也秉承着许多武士的美德，所以尾张的兵势并没因为信秀去世而削弱。听说今川氏已经出兵，平手政秀率大军奔赴安祥，帮助城主织田信广（信长的庶兄）守城。今川氏方面由雪斋长老作为今川义元的代表，集骏河、远江、三河三国兵力，不久就攻至城下。安祥城兵虽善战，但仍被今川氏大军逼得节节败退，很快罗城、外城失守，唯余内城。

此危急关头，没有信长自外而来的援助，城兵的生死就在旦夕之间。雪斋乘胜在外城俘虏信广，用防兽栏结成笼子，然后对信长方面传话道："我方已经将信广押到了二之丸，把他关在了兽栏笼子里，用竹千代来换信广殿下，人质换人质。此举是最符合道义的。若是贵方不同意的话，我方就要求他切腹了。"信长的两位重臣平手、林回答道："您说的事情我方当然同意，让我们交换人质吧。"至此，今川、织田两家交换了家康和信广。这年十一月十日，信长将家康送到了三河国西面的笠寺，家康总算回到了冈崎。同月二十三日，他再次离开冈崎至骏府，成为今川家人质。

家康八岁到十五岁之间未曾踏上故土，度过笼鸟般的岁月。

三岁与生母分离，六岁囚于敌国，八岁时危急稍解，回到本国，但昔日的严父已经长眠于九泉之下。在故国仅四十余天后就再次沦为他乡之客，年幼的家康心中也感叹天地无情吧。

第二章

远江少年

一 三河武士的修炼

家康去了骏府，冈崎城现在又由今川家臣驻守以定士心，则他的领地事实上成了今川氏名下的郡县。今川义元马上任命冈崎的重臣阿部定吉、石川右京为冈崎城代理，守卫此地，又任命重臣鸟居忠吉、松平重吉为奉行，管理家康领地的事务。此前收藏在领主仓库的三河物资被悉数运至骏河的仓库，家康只获得了今川氏名义上的"扶持"。不过，家康给予家臣"领地之事与广忠时期相同，安心驻守领地，不要怠于奉公"的文书，所以主君虽不在，家臣未失去自己的领地。

但主君的收成被今川氏带走，三河武士之后虽有战功也得不到恩赏，甚至失去了迄今为止从主君那里获得的恩惠，一切费用都只得由领地收成负担，因此陷入贫困。于是那些曾是富豪的谱代之士至此也像百姓一样拿起镰刀、铁锹劳作，为生计奔波劳苦，勉强养活妻儿，完全没有了武士的样子。加之今川氏每有事就将竹千代的家臣安排在先，让他们在各处担任冲锋部队，许多人战死，让人觉得是故意让三河武士送死一样。依靠强者的弱者实在悲惨，属国的不好一面完全体现在他们的生活状态之中。

然而三河的武士们忍受了今川氏的虐待，像柳树忍耐暴风一般静静地等候幼主的成长。承受此般辛苦的坚韧三河武士，被大久保忠教详细记录在其著作《三河物语》中，以下引用数节：

> 御谱代众（家康家臣）成为骏河众（今川氏家臣）时，万事小心，匍匐而活，屈身缩肩地行走于世，仍怕万一出了什么事情影响了君主的复兴之业，各个御谱代众事无巨细地操心、奔波。

> 家臣一年要三番五次地从骏河奔波至尾张。传达到的命令是竹千代殿下的部下要去冲锋陷阵，然而竹千代大人却不得所见。虽然他们也会思索究竟是为了哪一位主人冲锋陷阵，但只要君主还健在，谱代之士就会尽力奉公，毫无保留地领命前往。双亲战死，伯父侄子战死，本人身上也满是创伤，但他们仍前往尾张征战，昼夜往复地耗费心力，鞠躬尽瘁。

这详尽地刻画了当时的情况。不过大久保忠教在天正三年（1575）时十六岁，此时还未出生，不是此事的目击者，可见这是根据久远流传的口述加以修饰的版本。三河武士像这样忍耐，品尝属国之痛，等待主人的成长，使得上下之情越发浓厚。家康归城之时，家臣如取回丧失多年的家传至宝一般，从此君臣关系如鱼得水。三河被孤立在尾张、骏河之间进退不得时，冈崎的庶流、一门、国众、家之长或怀有二心欲谋反，或私通敌国私结党派，稍微破坏了团结之心，但背叛者走后，多数家臣都在本国成为今川氏属国后感受到了从属强者的苦痛。困难之时亲人聚，相同的感受让他们一起心系身在骏府的幼主，产生了君臣一心的亲密三河武士之风。人们开始期待再次回到清康时代。

二 少年时代的家康（甲）

家康竹千代八岁去到骏河时，今川义元新造一座称作"骏府宫崎"的府邸使其居住。此事见于《松荣纪事》，而《三河物语》记载家康七岁到十九岁时居住在骏府（今静冈市）少将之宫町。此处应以《三河物语》为准，但岁数应由七岁改作八岁。骏府当然可能有"宫崎"这处地方，或者家康也可能在宫崎和少将之宫町两地都有住处。不过，"宫町"与"宫崎"是很容易混淆的地名，"町"字容易讹作"崎"字。《德川实纪》考察翔实，其中也说竹千代始终住在骏府少将之宫町。

按，少将之宫即现今静冈停车场附近的小梳神社。笔者少年时代曾生活在静冈，上的就是这座神社内的小学。那时的小梳神社还叫"少将井"神社，地名叫作"清水尻"。据传这个神社在德川时代位于骏府城内的城代邸之地。今川时代此地有了少将宫，则这片街区大概也归属于少将宫。这一带是日本史上的大英雄从八岁到十九岁一直屈服于今川氏之下时的古迹。据《松荣纪事》，当时与家康随行的有以下人士以及一百多位下人：

> 酒井亲吉、天野康景、平岩亲吉、阿部新四郎、高力清长、内藤与兵卫、村越平三郎、江原孙三郎、古桥宗内、榊原平七郎、渥美太郎兵卫友胜、平岩新八郎、平岩善七郎、木桥金五郎、渡边勘解由左卫门、天野又五郎、石川彦二郎、石川内记、植村家政。

以上是见证这段时期的证人，大抵都是冈崎重臣家的子弟。上下加起来共有百余人之多，足以想象当时家康居住的宅邸之庞大。今川义元的家臣久岛土佐守，受命处理照顾家康的各项事务。家康本是人质之心，身如笼中之鸟，况且今川氏给的资助少得可怜，因此君臣上下都苦于生活费用不足。不过，留在冈崎的鸟居忠吉出身于富裕之家，且是善于理财的老人。据说他多方安排，私下送来衣服、禽类等，竹千代君臣才得以度日。位于阿古屋的生母，也在其夫久松氏脱离织田掌控而改投今川氏后，时常派使者询问家康的安否，并送去衣服、点心之类。

三 少年时代的家康（乙）

骏府的北面有座贱机山，山前有座至今尚存的寺院临济寺。寺中有一间相传是家康当年习字的居室，留有很多砚箱。笔者年少时曾多次在此寺中玩耍，见过据传是权现大人（静冈的人们尊称家康为权现大人）的遗物。从静冈市区沿着靠山的乡间道路走到这座寺，途中有据传是今川义元之庙的地方。笔者曾在五月十九日的义元忌，痴迷地听着落雨声一般的五月蝉鸣，眺望着右面广阔田地里的紫云英，看着面前龙爪山之后翘起的富士山尖，想起相传是家康最爱之物的"一富士、二鹰、三茄子"等谚语。我在那里凭吊宏图霸业化为幻梦的义元。他于鸣海附近的桶狭间将首级授予被自己视作雏鸟的吉法师（织田信长的小名）。与此同时，在义元羽翼之下成长的三河众最终取得了天下，力压日本六十余州的豪杰，开辟了三百年的太平盛世。命运之不可思议让人不免感叹。

世传此寺的住持叫作雪斋。最初他住在清见寺，随后移居到临济寺。虽是舍弃俗世之人，但他颇具谋略，精通孙吴之兵法。雪斋原来是国主一门，是今川义元伯父辈的长者。据说义元在他活着时常与他探讨诸事，借用其智慧，因此今川氏的军锋锐利无比。如果我们相信历史上所说的竹千代曾在此寺学习，那么家康最初受到的学问教育就来自此人。马其顿的腓力二世少年时期曾在底比斯追随伊巴密浓达，接受了使其成为英雄的必要训练，家康的经历似乎也可与其媲美。

又，从今日的小梳神社走到传马街区，再走到门前街区，有座大寺庙叫作"华阳院"，刚好位于传马街区背面。从前这座寺院里有家康亲手嫁接的橘子树、柿子树，家康女儿的墓地也在此处。根据该寺庙记载，家康的外祖母大河内氏到了老年剃发为尼，被称作"玉桂慈仙尼公"。这位尼公住在少将之宫町，但在此地建造小庵，令僧人智短担任住持。竹千代住在骏府的时候曾去这个寺庙习字。家康龙兴之日建造华阳院，由智短作为开山僧人，祭奠玉桂山华阳院的尼公。那么智短也算是家康少年时期的老师。大河内氏一开始嫁给了苅屋的水野忠政，生下家康生母，但据说她之后离开了忠政，改嫁给清康。若如此，她既是家康的外祖母，同时是家康的继祖母。正因为与家康有着如此深厚的亲缘，她才为了照看外孙而特意从骏府来到这条街，朝夕问候外孙起居吧。往事茫茫，难寻其详。我们只有展开想象的翅膀，放任自己在英雄蛰龙时期这一史诗之境中自由地翱翔。

四　少年时代的家康（丙）

有句俗语说，孔子孔子，还以为多么了不起，实际却是隔壁的孔丘。即使是英雄豪杰，少年时期额头上也并不会有"这个孩子将来是英雄"的烙印。实际上，大多数英雄年少时都与普通人一样顽皮。在骏府长大的家康在调皮捣蛋方面也当仁不让。他经常出游放鹰，有时还趁机进入他人田地、山林搞破坏。骏府城五里外的蒲原小鸟众多，可谓绝佳猎场。家康经常在此放鹰。此处有武士孕石元泰的宅邸，屋后有片树林。家康的鹰经常进入，每当此时，他也拨开树丛，进入林中乱踩乱踏。据传元泰常常苦恼此事，抱怨"三河的家伙真是不可置信"。家康因为他的毫不通融而愤慨，此后还记得此事，最终复仇。但在元泰眼中，是家康这孩子不断践踏自己的林子，即使多次抱怨对方也无停止迹象，甚至变本加厉。我们完全可以想象，年少的家康在野外锻炼身心，沉迷放鹰而踩踏他人的山林，并被吝啬的地主厌恶。

差不多同一时期，家康路过大祥寺这座古刹门前，看到里面放养了二十只鸡。他对住持说，这个鸡给我一只。住持回答道："大家赶快把鸡拿走吧。我正烦它们啄坏了田地，也没办法养它们，所以就在这放养了。"家康笑了，说："这个僧人不知道吃鸡蛋吗？"放鹰而践踏山林，让地主数次烦恼，到访野寺又向僧人要鸡。家康虽在骏府蛰居，但并不无聊，而是满山遍野地玩耍，展现了自己恶作剧和顽皮的本色。稍微想象一下，这种情景似乎马上就可以出现在眼前。或许人称"海道第一"的弓术也是在此时锻炼的，"无艺之人的唯一技艺"的马术也是这样在野外游荡时练习的吧。总而言之，对少年家康最恳切的评价，大概是他在骏府的时候身体健康，精力旺盛地四处乱跑，与战国武士家的孩子一样，并没有其他大放异彩之处。

不过在这般蛰龙时期，作为日后要驾驭群雄的英雄，他也具备了气魄，有时还锋芒难掩。比如天文二十年（1551）正月元旦，家康十岁，今川氏府邸举行贺岁仪式，各位大名在义元面前列坐。大家看到家康坐在这些人之中，议论这小子是谁的孩子啊。虽然有人说那就是三河清康的孙子，但谁都不相信。嘈杂之中，家康站起来走出檐下，旁若无人地开始小便，毫无恐惧和退缩之意。人们惊叹地说，"果然是清康的孙子"。在被称作"天下之副将军"的今川大人面前，面对以义元为首而列坐的各位大名，家康突然旁若无人地起身小便。可以说，此儿眼里其实没有义元。这一年，鸟居忠吉将十三岁的儿子元忠送到骏府，作为家康的玩伴并侍奉家康。家康特别高兴，朝夕与他亲密聊天。一天家康令他把百舌鸟摆成鹰一样的姿势，因摆得不好而大怒，站起来将他推到檐外。鸟居忠吉是家康的家臣，但也是家之长。元忠是家之长的孩子，并不是寻常儿童，一般的主上多少会顾虑而选择示好，但家康却无丝毫犹豫，随心而动。忠吉听说此事后，发自内心地感慨"这是未来可期的少主"。

这两件事情都是有出处且值得相信的故事。所谓英雄不是别的，就是坚定相信自己而拒绝向他人屈服，英气致人而不致于人。这一气象随着年纪的增长而日渐精炼，开始发光，当他成为人群的指挥者时，便是英雄之完成。家康幼时的故事流传于世的不少，但要说可以表现少年家康英雄风骨的，也只有这两个故事而已。

五　家康首次出战

家康于骏河度过少年时代，在天文二十三年（1554）十三岁时完成具足始[1]的仪式。第二年朝廷改元为"弘治",再过一年的弘治二年（1556）正月十五日，十五岁的家康元服。乌帽子亲[2]是义元，为家康理发的是义元的同族关口亲永。家康得到义元名字中的一个字，称作"元信"。不久他便娶了亲永的女儿，即后来的"筑山殿"。这一年，家康得到义元的许可返回三河，到祖先墓前扫墓。六岁离开三河，至此连头挂脚已有十年。家康第一次回到故国看望老臣，可以推测冈崎的士民多么高兴。

此时，冈崎城的内城住着骏河方面派来担任城守的今川家臣山田新左卫门。此时的家康已经有了超出年纪的深思熟虑，称"我尚年少，诸事需要听取故老的意见，新左卫门继续留在本丸"，而自己留在二之丸。这是对今川有所顾虑。奉今川之命，在家康不在时负责领地政务的鸟居忠吉，此时已是八十余岁高龄的老人，之前一直瞒着今川氏，坚忍地在城中仓库里储存米、钱。忠吉将这些给家康看后说："从今往后，主上务必多招纳良士。为了能收买近国人手，我才偷偷地贮藏了这些东西。"家康看着那些竖着存放的钱币非常震惊，忠吉解释道："储藏小钱怎样放都可以，但如果是大量铜钱，横着放，串钱的绳子很快就会腐朽，因此便这样竖着存放。"家康直到后来都记得这个经验。

就像这样，冈崎的家臣日思夜想的幼君长大成人，终于回到此城。许多人讲述往事，感慨于过往的变化。大概也因为这样，

---

1 武士家男孩子第一次穿盔甲的仪式。

2 在元服仪式中为男孩戴帽子的人，代表元服者的亲人。

家康开始追慕起了祖父的英雄形象，弘治三年（1557）返回骏河时，他选了"清康"中的一个字，改名"元康"。不过，这短暂的归国只是因为归乡扫墓，并非得到任意归国的自由。

转眼到了永禄元年（1558），家康已经是十七岁的青年。此时尾张国的织田信长比他年长八岁，不到三十岁就已是年轻的大将。与少年时期那些"懒散""笨蛋"的风评不同，他没有丢弃出类拔萃的父亲信秀的遗产，而是平定了尾张一国，武威渐盛。义元后悔视尾张国为毫无章法的年轻大将之国，专心与甲斐国的武田信玄、小田原城的北条氏康为敌为盟，将心思放在东边、北边的国境。到了信长势力入侵三河时，义元才后知后觉地将锋头调转到西边。和从前一样，三河武士担任先锋，家康再次得到许可回到冈崎，攻击信长方面的铃木重辰把守的寺部城。这是家康的首次出战。冈崎的家臣鞠躬尽瘁地奋战，将寺部城的外郭点燃，斩杀铃木氏家臣百余人。义元奖赏家康的战功，赐还其旧领中三河地区的山中六百石土地，并赐腰刀。家康乘胜攻击了织田方驻守的广濑、举母、伊保，在石濑与舅舅苅屋城主水野信元一战。

之后的家康每每为义元率家臣与织田在边境上交战，然而今川氏依然不允许家康回国。冈崎的老臣去骏府请求："考虑到元康已经成人，请将骏河派遣过来的代理城主调回，让元康回到旧领。"然而义元仍是不答应。"我明年欲出兵尾张，顺便赴三河巡查国境，那时再将旧领交付给他。在此之前他还是留在此处吧。"义元如此回答。

义元的决定不全是出于不想归还领地的私心。实际上，此时他已与信玄、氏康结好，免去了后顾之忧，正欲率大军攻打尾张，与信长一决雌雄。如果进展顺利，他甚至想插旗京都，所以大概是想把划分三河领土放到这些事情之后。而这一切事情的结果，就是史上著名的"桶狭间之战"。

六　大高守城

永禄二年（1559），甲斐国的武田信玄、小田原城的北条氏康共同向今川义元求和。信玄的长子义信娶了义元的女儿，义元的儿子氏真当了氏康的女婿，三者互相结成亲家，缔结联盟。义元如今万事顺心，便欲攀上京都。同族的鹈殿长照驻守尾张国大高城，正需要兵粮。但该地与敌方领地相接，补充兵粮之事极为困难。义元经过考量后选择让家康前往处理，家康马上从骏府出发，轻松将粮草送达指定地点。

此为"运粮至大高城"之事，是家康年轻时的伟绩之一。他用何种手段将兵粮送达却各有说法。《武边话闻书》中说，此时信长军驻扎在寺部、举母、广濑三座城，试图在今川方运军粮入大高城时，联合鹫津、丸根两城阻挡。家康提前察觉到信长的用意，绕过鹫津、丸根两城，先去寺部城下放火，摆出要进攻此城的姿态。鹫津、丸根两城的将领没能悟出家康用兵之虚实，派兵救助寺部，家康就趁此间隙将兵粮运入大高。《三河物语》的记载则与此不同：

这一天，鸟居四郎左卫门、杉浦藤次郎、内藤甚五左

卫门、内藤四郎左卫门、石川十郎左卫门这些老成之兵，
侦察了大高城及其四周情况，认为运粮困难，向家康报告
说："该怎么运入兵粮？我们看见敌方有许多士兵驻守。"
然而杉浦八五郎反对侦察结果，说："不不，看上去并没
有重兵把守。如果敌方大军在此地，看到我们大将的旗子
应该会有无数敌人冲到山脚，但他们看到之后，山下的敌
人却上去了，这无疑说明敌方没有武者坐镇。应早早将兵
粮送入才是。"家康虽是不熟悉战场的少主，但认可杉浦
的观察："八五郎说的是。早早运入。"他指挥大军行动，
果然毫无差池地将兵粮运入大高，再撤退回去了。

《武边话闻书》记载的方式十分巧妙，但听起来有些像那些
纸上谈兵的小聪明捏造的故事。我认为《三河物语》的记载更接
近事实。

运入兵粮后，义元指挥家康道："西三河本是您方领地，就按
照您方心愿夺取吧。"家康马上夺回了落入信长之手的寺部、广
濑等城，立了战功，并获得了自己打下的土地。（《信长公记》首
卷记录运兵粮入大高城是在永禄三年（1560），《三河物语》记载
此事在家康十七岁时，但皆不可取。此事应在永禄二年家康十八
岁时。）不过此时的家康还未从义元手中得到领地，也未获准回
冈崎居住，只得再次回到骏河。

永禄三年，义元率骏河、三河、远江三国大军于五月十七日
抵达三河国池鲤鲋，家康自然跟随。十八日，家康前往尾张国阿

古屋，拜访城主久松俊胜的内室水野氏。这是家康的亲生母亲。三岁母子离别的悲剧上演后，至今已经过了十六年，其情难尽。天亮后的五月十九日黎明，为信长担任前卫的丸根、鹫津两城，因今川方的猛攻而陷落，骁勇的城将一同战死。家康在攻占丸根城中立下殊功，今川氏家臣朝比奈泰朝则夺下鹫津城。攻落两座城池后，依照义元的指挥，家康先行休整，守护大高。

义元在那天正午进军桶狭间。首战就攻下鹫津、丸根两城后的他颇为满足，不想错过胜利的时刻而唱了三遍谣曲，得意之情溢于言表。在织田信长所住的清洲城，重臣之辈也畏惧今川氏的虚势。十八日傍晚，信长在城中会见老臣，他们没有讨论军事上的事情，只是担心世间流传的各种闲言，嘲弄主人"'运气尽了智慧之镜也蒙尘'，说的便是这事"。此时有何畏惧？胜败之运瞬时转变，织田信长年仅二十七岁，将要打倒自诩"义元的锋刃连天魔鬼神都阻挡不了"之劲敌，最终打下管理天下的基础。

七 桶狭间之战

桶狭间之战与家康无直接关系，此处只记事情的大概。信长察觉到了敌人获胜后士卒骄堕，心中明了胜败之机。那一天清晨，信长在清洲城独自跳起了幸若舞[1]，唱着"人生五十年，人生在世如梦幻。既一度得生，则焉能不死"。之后马上说"把我的盔甲

---

1 日本室町时期流行的曲舞，被称为"能乐"和"歌舞伎"的原型。

拿来"，便站起来穿戴、吃饭、披甲，吩咐下人继续干活后飞奔出帐参战。到热田的三里距离，他两个小时就走完了，并从笠寺奔赴善照寺。佐佐政次、千秋季忠看到信长向善照寺进发，便带三百多人向义元大军发起进攻。这只是为了掩饰主将的奇袭计划而蒙蔽敌人的双眼。信长方本就人数少，而且是从山下攻击山上的今川军，因此政次、季忠率领五十骑左右很快便全军覆没。义元见此难掩心中愉快，缓缓地唱起了歌来。

然而就在义元坐镇大营时，信长抓住他分神的时机直接到达桶狭间山的下方。义元在山上，信长在山下。今川方并不精通斥候之术，误以为山下的信长军比实际人数少。实际上，从山上看山下常会把人看少，今川方从一开始就轻视尾张势力，所以没能注意到此点。不知不觉，强敌已经逼近眼前。

此时还是正午，从地势上看也是山上进攻山下更占优势。对今川方来说，如果知晓了劲敌逼近，也并非不能重新布阵，抵御信长的进攻。可是天道未庇护今川氏，恰在信长于山坡召集士兵时，暴雨袭来，冰雹一样的雨珠打在今川方士兵的脸上。信长乘机而上。他们背对风雨，而今川方士兵则直面狂风暴雨，可以说天助信长。据传此时义元所在的沓挂，松树、楠树都被大风吹倒。信长见天要晴了，便拿着枪大声命令道"快进攻！""进攻进攻！"今川军乱了阵脚，全体崩溃，连义元的涂漆骄子也被丢弃在地。就这样，这场突如其来的战斗的结果，是可怜的义元向敌人交出了自己的首级。

桶狭间之战让以三河为境的东西两方势力发生巨大变化。在此之前，骏河国的今川氏势力很大，甚至在尾张国境内活动，尾张、三河的人心自然朝东边倾斜。比如丰臣秀吉生于尾张国爱知郡中村，年仅十六岁就游荡到远江国，成为天龙河畔势力弱小的大名松下石见守手下；同郡的樱村城城主山口左马助背叛信长投靠义元，也暗示了此时东西势力的风向。如果计算一下今川、织田争夺焦点的西三河距离两人城池的距离，则今川氏是长途作战，而织田就像在城外战斗一般。今川攻、织田守的形势十分明显。

然而桶狭间一役之后，此形势完全逆转。织田的势力自然而然地席卷了尾张、三河两国，远江国很快也变成信长的地盘。换句话说，一直以来倾向东边的人心，经此一役而逆转向西了。

第三章

平定三河

一 收回冈崎城

身在大高城的家康并不是全知的神仙，显然没有预测到桶狭间之战中义元遭遇如此之事。随着前线战报接连传来，义元战死的事情似乎已确凿无疑。家臣纷纷议论说，"事已至此，信长必然会乘胜席卷此城，到时虎口难脱。我们应当尽早脱身，保全己方"。家康却并不行动，说"虽然众口交传义元战死，但如果消息是假而我们听信后离开此城，则再无颜面见义元"，坚持等待确切消息的到来。小河城的水野信元（水野是苅屋、小河两城的城主）派使者浅井道忠带话说："吾不忍见贵方之疏忽大意。义元已战死，明日信长必然会向贵方逼近，请于今夜做好准备离城。我方愿为贵方带路。"家康终于决定出城。

也有一说，道忠带来信元的报告后，家康仍岿然不动，说："信元虽然是我的舅舅，但如今是信长的部下，所以他说的话不能轻易相信。让浅井再等一等，他日我会报同盟者之恩。"说罢，一直在外城等待的家康就移军内城，加固防护，准备迎接守城之战。他正准备向驻守冈崎城的鸟居详细汇报情况，外面传来了驻守冈崎城的今川家臣已经退散的消息，因此放弃了此城。夜晚道路昏暗，他们等到月亮出来时从城中退离，众人都恨不得早一些离开，家康却悠然沉稳，到了预定时间便让浅井举着火把在前面带路，按照久经沙场的武者习惯，夜半逼近敌国，则骑马者在前面一里处先行，士卒熄灭火把随后，到了难行之处便吩咐道忠点燃火把，一路上击退土豪，出池鲤鲋回到冈崎。此是《东迁基业》的记载，收在《岩渊夜话别集》之中。

义元战死是中午发生的事情。从大高城到桶狭间距离不过数里，即便因军队混乱，同盟在中午时难知义元战死之事，但到这天傍晚也必然得到了消息。因此"桶狭间的大本营遭袭，大人战死"这样的流言当天之内必定会传入大高城。这一消息如此不可置信，家康摇摆不定，不肯相信。从水野处接到了报告后，家康便不再怀疑，趁敌军压境之前撤离了大高城。但这种情形之下，认为舅舅信元身处敌方阵营而不肯相信其消息，偏要等到冈崎城来报才决定进退，则太过谨慎了。季文子说三思而后行，孔子说三次太多了，"再思可矣"。当时是夏天，即使日落之后，出城的道路也并不太黑暗，何况月亮不久就出来了。特意列举这种可有可无的理由而选择不行动，装出一副沉静的样子，显然是那些对兵学一知半解的赵胜之徒编造出的故事。不用说，家康肯定不是这样的学究。

此一战，家康的撤退的时机恰到好处。今川军因为败仗而吓破了胆，逃跑速度飞快，沓挂、池鲤鲋、原、鹧原诸城的驻城之兵全都无心守城而逃散回家，只有守护鸣海城的冈部元信正面迎接了信长方的攻势，在一攻一守后宣布开城投降。信长不仅饶了他一命，还将义元的首级给了他，之后他便回到了骏河。在信长的追击中，今川家臣中唯有此人保全了战场上的名誉。

此时冈崎城中除了骏河方面派驻的代理城主武田上野介、山田新右卫门之外，全都跟随义元的大军进军尾张。虽然还有三浦、饭尾、冈部等人作为编外人员在此留守，但正如前文所说，今川家臣慌张逃命，也自然无力防守冈崎城。家康从大高城折返到冈崎城时，骏河方面的人还在城中，因此家康讲究情义，在城旁边的大树寺扎营而未入城。没过几天，骏河方面的势力悉数撤退，冈崎城成了无主空城。家康此时才说"别人扔的城，那我就捡了吧"，便进驻了冈崎城。此时是正亲町天皇永禄三年（1560）五月二十三日。广忠去世十一年后，冈崎城终于回到原来主人之手。

二　与信长结盟

此时信长还未把家康放在眼里。义元已战死，国境之内的诸城皆空，想必冈崎的一众也该马上投降，或者后悔没有第一时间逃到骏河去。但令人意外的是，家康竟然留在冈崎，以小国直面大敌，且数次派使节到骏河送信，"氏真若为悼念亡父而出兵，我方愿打头阵，报信长的一箭之仇"。家康不仅频繁激励今川军卷土重来，而且与落于信长之手的举母、梅坪之敌交战。广濑的三宅右卫门佐、沓挂的织田玄蕃、中岛乡的板仓弹正、苅屋的水野信元等信长手下的猛将常常苦于家康的进攻。俗话说，惺惺知惺惺，好汉识好汉，信长开始觉察到三河众人不容小觑。

到了永禄四年（1561）春天，苅屋的水野信元向信长进言，劝其与家康讲和，信长也极为同意，派泷川一益为使者，到家康的家之长石川数正的住处商讨讲和方法。信元的使者跟着泷川一并去到那里，讲述主人的来意，劝双方讲和。他们走后，家康暗自与机密之臣商讨，酒井忠次第一个表示赞同。家康知晓今川氏真难以依靠，果断改变冈崎以往的政策，决定离开今川，与信长同盟。他派石川前往泷川一益处，表达了同盟的意愿，之后亲自前往清洲城与信长会面。信长大悦，称今后织田、德川两旗驰骋天下，所向披靡。用现在的话说，两人缔结了攻守同盟合约。

于是信长将此前从尾张国派到丹下、鸣海、沓挂、广濑、举母、梅坪、大高、苅屋、冈、寺部、长泽、鸟屋根等地的驻兵撤回清洲城，将兵力聚拢调转向西。自此之后，两雄同盟持续了二十余年，直到信长去世。不过，虽然叫作同盟，但信长方是盟主、家康方是属国这一点是毋庸置疑的。此后家康的政策也因信长的政策而被迫改变，多少折损己方，做出了不情愿的牺牲。我们在后文的叙述将会明白这一点。不过，家康并没有失去自我。加入了信长一方，但并没有完全与信长一致，可知他不仅是独立强大的武者，而且是优秀的外交家。

据传家康此次去清洲，信长修缮了往返要道的桥梁，郑重对待。"冈崎的家康今日是为了与我方和谈才登门，要让路人看看他的行头。"因此家康抵达之际，众多尾张国武士、平民站在城门边围观，颇为喧闹。家康的家臣本多忠胜，此时十四岁，拿着主人的长刀走在马前，看到这种情形后高声骂道："三河的家康为缔结两家之好而来，汝等如此无礼！"围观群众终于安静下来。信长至外城迎接家康，邀请其到内城。植村家政带着家康的刀紧随其后。信长家臣责问道："来者何人，前方不得入内。"植村听后说："我是德川家的植村新六，奉命保管主人的刀，为何盘问？"信长看到此番场景说："哎呀，这不是新六吗？真是毫不遮掩的勇士！你等不要无礼。"植村跟着主人进入内城。这场小型鸿门宴之后，双方缔结了同盟。以小国成大国属国，是家康与信长打交道时谨记的一点。这便是他与大国首领信长合作，却能独善其身的秘诀吧。

不过，家康选择舍氏真而投信长，即改变历史政策时，并非所有家臣都同意。拘泥历史传统之人强烈反对。那时家臣中流传着一句"听家康大人的，还是听将监大人的"，其中的将监大人就是上野城（冈崎城西北一里半）城主、第一重臣酒井忠尚。得知家康要与信长讲和，他强烈反对，亲自来到冈崎城面见家康，阐述己意："轻易舍弃祖辈以来交好的同盟而更换盟友，就是在最珍贵的弓箭上留下了瑕疵。"家康说："并不是。会不会在弓箭上留下瑕疵我心里有数。你们留在骏河的人质，和我留在骏河的妻儿将同生共死。"这是驳斥了家臣的异议，忠尚一脸不平地退下。

另有一说，忠尚到冈崎城对家康谏言道："信长是邻国也是强敌，若是为避其锐锋而暂时讲和，那么本人并无异议。但为了同盟而亲自奔赴尾张国这件事有待商榷。夫人、少主都在骏河，即使您去了清洲，信长估计也不会相信您的诚意。请三思而后行。"这两种说法稍有出入，但总的来说，在家康与此前的敌人织田信长结盟时，家臣中有强有力的反对者。这让人想起明治维新之前，骂萨摩藩人是奸贼的长州奇兵队，就不肯轻易认同萨长同盟。不用说，家康家臣派出的人质悉数留在今川方，若是因与信长联盟而惹起氏真大怒，他们妻儿、兄弟必然承受立刻被杀的命运，因此反对同盟的人自然不少。

然而家康深思熟虑，担任参谋的诸位重臣也认真思考，特别是酒井忠次第一个主张改变外交策略。黑田如水死前向长子长政交代遗言："世事莫测。花开最盛时，冷酷的决断尤为重要。舍弃人质五六人便能换来举国无恙，心系天下之人就会舍弃人质。舍弃五六名人质是小，失去国家、让多数家臣流离失所是大。"忠次如此决定，大概因为他有如水遗言中所说的那种"冷酷的决断"。

家康与信长同盟对当事人来说都是保密的事情，但欲盖弥彰，这件事自然传到今川氏的耳朵里，氏真自然大怒，遣使至冈崎："我方听闻你方欲更改旧约，与尾张言和。在我方还没有对你留在骏府的妻儿采取行动、没有向你国出兵之前，我方想把事情先了解清楚。"家康亲自会面使者说："曾几何时，我方受到故去义元大人的万般厚爱，此份情谊至今没有忘却。然而尾张是我邻国，且是劲敌，若不摆出与它言和的姿态，恐事态不利，因此我们曲意做出顺从信长指示的样子。这并不是真的握手言和。终有一日我方会为了报氏真大人的杀父之仇而出兵尾张。就像我数次说过的那样，到时我会亲自打头阵给信长一箭。"他清晰地对答，而且马上听取老臣酒井正亲的意见，派成濑藤五郎到骏府，讨好氏真的宠臣三浦右卫门，令其以美言向氏真哀叹家康并无异心：人质尚在骏河手中，家康及家臣怎么可能眼睁睁看着他们被杀呢？家康亲自说明内情，老臣又特意遣使到骏河解释，则三河的实情并不是像传言那样。氏真的怒气由此缓和了。

能做到这种程度，都因为家康是熟练掌握刚柔并济之外交术的英雄。

三 织田、德川联名公司

与信长同盟之后，家康的事业可以说是织田、德川联名公司的事业。更直白地说，家康是在东部地区代理信长的事业。至今为止，东海道的兵势侧重于东面，今川氏压制织田氏时，家康是今川氏的先锋。如今局势逆转，权力之争转移到了西边，织田氏兵势强大，则家康是织田氏向东进攻的前锋。对家康自身来说，不丧失本国独立且能自保的长久计划，也只能是根据大势来决定本国的方向。在此段时间里，最初跟随毛利氏的浮田氏追随了织田信长，最初跟随柴田氏的前田氏跟随了丰臣秀吉，也都是同样做法。而信长收拢浮田氏后，毛利氏失去了争夺天下的实力，信长成了天下之主；柴田氏失去前田氏后一败涂地，成就了秀吉的霸业；今川氏失去了家康，种下了亡国的种子。从此种意义上来说，天下之事仅靠一己之力是无法定夺的，实可谓出谋而后定。

这种"谋划"用今天的话来说就是外交政策，在家康的时代也叫作"调仪""调略"。即使是武道不振的弱者，也可使用贿赂、委托，依靠密计、阴谋，洞察列国的虚实和人心的权衡，以甘言美辞来引诱，以雄辩高论来压制，以合纵连横之策来保全国家。在这个时代，这依然会被敬重。然而不管怎样，最终能依赖的只有力量。如果领主麾下拥有多名功名显赫的武者，又以节制、训练、统御之术形成一股合力，令敌人害怕，让同盟者信任，则自然会与好的同伴结盟，自然可以实行好的调仪。因此信长与家康讲和，也是看透了他身上拥有此种能力。家康没有辜负信长的慧眼，以防御东方防线为己任并不断扩大领土，信长也因此可以将主力放在向西挺进上。

与家康领土接壤的诸大名，知道向家康宣战就是向信长宣战。家康便借这一威力强化自己的实力，先是统一了西三河，然后吞并了东三河，到了永禄八年（1565）成为三河全域之主。不过从他国来看，这是信长事业的扩张，家康只是承担了其宏图霸业一部分的代理人而已。东海的形势实际就是如此。

四　今川氏孤立无援

自永禄四年（1561）与信长结盟，到永禄八年统一三河国，这五个年头里，家康的对手只有今川氏真。在这期间，相模国的北条氏康成了氏真的岳父，却未曾为他出兵三河、找寻让他能够维持旧领土的办法。甲斐国的武田信玄也是氏真亲密的亲戚，却坐视信长、家康争夺氏真领地。究其原因，是当时关东平原剧烈动荡，诸强国的势力多数耗在此处，没人能调转锋芒向西挺进。

现在我们来说一下其中的详细情况。桶狭间之战的前一年，即永禄二年（1559）四月，越后国的上杉谦信进京，五月一日面圣，获赐天杯、御剑。谦信在京的这段时间，接幕府将军足利义辉的命令，协助关东管领上杉宪政，管制信浓国诸将领。谦信之所以会接到此命令有详细的缘由。在镰仓公方足利持氏的时代，京都的将军、镰仓的公方以兄弟之国反目，上杉氏作为关东管领，直接代表将军与镰仓公方战斗，之后也一直被当作将军一派。因此，上杉氏被小田原城的北条氏攻得节节败退时，将军自然不会漠视上杉家的诉苦而坐视不管。而且从很早开始，信浓国便是将军家的分国，甲斐国则被视作镰仓公方的分国，东西两方以此划定势力范围。甲斐国的武田信玄欲征服信浓国诸将，夺取其土地，就相当于要侵占将军家的分国。谦信以恢复将军旧日权威为由，强行要将军下令进攻信玄、氏康两家，而将军也同意。因此谦信回到越后。谦信在京时，摄关家[1]首屈一指的近卫前久还只是二十四岁的青年，愤慨于三好长庆、松永久秀之辈的专横而暗自期待谦信有朝一日可以洗涤天下，并赠予了他誓书。永禄三年（1560），桶狭间之战爆发。到了仲秋，谦信进入上野国，拿下沼田城，进而进入厩桥，席卷关东。近卫前久也在九月到了越后国。

1　源于藤原氏主家的五个家族，可担任摄政或者关白。

　　在此之中，武藏国岩槻城主是太田资正，出家后叫作"三乐"，是与关东历史渊源最深的歌人、曾经的英雄太田道灌的曾孙。此人继承了道灌之血脉，是位非凡的策士，媲美古时的苏秦、张仪。丰臣秀吉曾在关东遇到三乐，听其谈话后大为佩服，惊叹三乐这样的智者竟然没有出山，而自己这样的人竟夺得天下，简直是世间奇事。

　　如此人物担任关东管领上杉宪政的谋主，并指挥谦信行动。谦信自京都返回到进攻关东期间，此人迅速成了他的心腹，以重振管领家威势为名，频繁煽动关东诸位大名对北条氏的敌意，对小田原城势力不悦的关东大名多欢迎谦信，并加入同盟。其中，安房、上总之主里见义弘，从此成为谦信无二的友邦。谦信从北，义弘从南，合力夹击北条氏。此年三四月，上杉谦信亲自率领关东诸大名包围小田原城，北条氏康坚守不出。北条氏自北条早云从伊豆国的韭山崛起之后，时运日盛，关东大名大抵居其幕下，不屈服的大名也多心怀恐惧、如履薄冰。而谦信越过三国岭，进入关东平原后，此地的形势剧烈变化。关东的政治中心遭敌军践踏，出现了颠覆世界现状般的根本性变化。

　　根据可信的资料，此年五月一日，谦信召集了宝生、金刚两个流派的大夫到镰仓表演能乐。传说中有名的参拜鹤冈八幡宫之事也发生在此时。根据提及此事的资料，武藏国忍城城主成田长泰对谦信心怀不满，返回领地，并成了北条方盟友。形势稍变，再加上长期征战，兵粮难续，谦信便解除了对小田原城的包围并返回厩桥，氏康勉强保住位置。此后谦信以厩桥为根据地再次在关东活动，永禄五年（1562）二月攻陷上野国馆林城。此时近卫前久拥护谦信，时常坐镇厩桥的大本营。但谦信之意只在夺取关东，充实本国实力，并不想恢复天下秩序，前久因此快快不乐，此年六月就返回京都。

此后谦信丝毫没有放松关东经营。氏康按捺不住，终于向骏河的今川氏真、甲斐的武田信玄求援。信玄立刻进驻上野，先攻陷了箕轮城。谦信一面在信州川中岛这个甲、越两国的争夺地时常威胁信玄，一面以雷霆之威侵袭关东，因此信玄出兵上野也是以此为牵制，保护川中岛领地的安全。

然而离开山地繁多的甲斐（俗称甲州），来到关东平原的丰腴之地，信玄也忍不住染指此地，先是拿下东上野满足贪馋之欲。甲、越两雄的主力对准关东，氏康就被迫丢车保帅，三河国的问题自动冷却下来。今川氏真孤立无援，家康便趁机逐步扩张领地。若是没有这段时期，即使是家康、信长，恐怕也无法轻易达成志向。

五　今川氏开始狼狈

桶狭间之战大败后，今川氏的弱点被三河诸大名知晓。家康与信长结盟后，国中多数大名也日渐投降家康，截至永禄四年（1561），段岭、新城、武节三城城主菅沼定忠，长筱城城主菅沼贞景，设乐城城主设乐贞通，西乡城城主西乡正胜，野田城城主菅沼定盈等大名就背离氏真，依附了家康。

东条城的吉良义安是家康的姑父，难测有无异心，所以氏真计划将他调到骏府的薮田乡。而其弟弟是当时西尾城城主吉良义谛，是氏真的亲族，足以依靠，所以被任命为东条城城主，继承家主之位。忠贞不贰的牛久保城城主牧野新次郎驻守西尾城，以压制冈崎。然而义谛的弟弟荒川赖持投降了家康，开门迎接其军，义谛也就被迫投降。因义谛是名门，家康给予扶持并以客礼相待。

永禄五年（1562），家康攻打三河国西郡城，活捉鹈殿长照兄弟。鹈殿氏作为今川氏一门，与氏真渊源深厚。石川数正赴骏河，与家康的岳父关口亲永谋划，提议按当时的处理办法交换人质。多方安排之下，石川数正带着家康的妻子关口氏以及在骏河出生的长子竹千代（之后的信康）一起回来。家康的家臣在念子原迎接他们。

我们可以想象家康家臣的喜悦。此时这些家臣议论"但是啊但是，氏真真是个笨蛋，怎么愿意用鹈殿兄弟来换竹千代大人呢"，嘲笑其失策。在三河的君臣看来，氏真用鹈殿兄弟换竹千代就是俗话说的"金弹打飞鸟"。不过从今川氏来看，家康与长持虽有细微的家门差别，但都是属国。家康背叛当家、投靠信长是件棘手且不利的事情，但处在边界上的家臣随大局风向而动也是常事，不值得过度苛责。他们觉得这不过就是以一处属国领主之子，换另一处属国领主之子，于是未经深思就答应了。

交换人质后，在侦察敌情方面十分迟钝的今川氏也渐渐觉察到家康不容小觑，突然给他制造了麻烦。他们将留在吉田的松平清景的女儿，松平家广的幼子，菅沼定盈、西乡正胜、水野藤兵卫的子女弟妹共十一人带到龙念寺前绑起来，要求家康的岳父关口亲永切腹。这与其说是威吓家康，不如说是压制因恐惧家康、信长威势而有异心的三河、远江众人而被迫使出的拙劣手段。

因为这一年，不仅东三河的武士多与家康暗通款曲，连远江国嵩山城城主奥山贞澄也与家康、信长串通，因此城池被氏真攻陷；同国井谷城城主井伊直亲，因为被怀疑私自与冈崎同盟而被氏真所杀。风吹而树动。洞察世事的人从今川氏真的慌乱无措便可推断出他无策无谋，并察觉出此时东海道地区的局势已经是重尾张、三河，轻骏河、远江了。

六 挑起门徒一揆

家康的兵威统一西三河，余力波及东三河的奥郡（北部），抵达远江山岳地带。这时西三河发生了这个时代并不算稀奇的门徒一揆。从永禄六年（1563）九月到永禄七年（1564）三月的半年间，仍然年轻的家康颇为辛苦，特别是在永禄七年正月针崎之战，据说两枚一揆者的子弹留在其铠甲中。没有死只是天幸。因家康逃过此大难，一些人便认为此次骚动是飞来横祸，就像站在街边时突然被掉落的瓦片砸中头部的灾祸，然而事实绝不是如此。实际上这是家康自己招致的危险，经此大冒险后，家康才开始真正成了三河的主人。

旧史多误解了此事真相，未能理解家康的真意，认为他不过是遇到常见之事而被动应对而已。唯独太田资房的《信长公记》稍稍看透事情的真相，诚可信任。《信长公记》如此说：

三河国的边境有土吕、佐座喜、大滨、鹫塚等地，与海接壤，是理所当然的要害之地，也是富贵人多的港口。大阪派代坊主进驻此地，门徒繁盛，国中过半都是门徒。只有家康一人深知击退其一揆的重要性，不厌其烦地处理。家康在此事上十分聪明地亲自上阵数次，每一次都成功地达成了本意，统一了国内。

根据此文，家康以统一领地为目的，积极地、带有攻击性地迫害门徒，挫伤其威风，进而实现了自己的抱负。接下来可相信的史料是《三河物语》的记事。根据《三河物语》，此次一揆是野寺的本证寺有捣乱之人，家康的重臣酒井正亲强行入内逮捕而引起的。正亲身为家康老臣，厌恶门徒假借宗派权威而包庇不法之徒，以俗权压制教权。门徒不尊重法规而与政府产生了争斗，家康则努力镇压门徒。以上便是此事概略。站在引起争端的主动者之位的恰恰是家康，门徒反而是被动接受者。换句话说，家康为了统一一国之力量而积极地击垮门徒。如此解释，我们始知此次骚动的真相。

七　教俗之争

如果有人看到欧洲历史中宗教与政府的争斗，认为那是基督教国家的特色，日本没有这种事，那么此人并不熟知日本历史。不用说源平时代的南都北岭，就是战国之世崛起的本愿寺的实力，势头之猛也可以说超过梵蒂冈的威风。比如根据《加越争斗记》的记载，后奈良天皇享禄二年（1529），即家康出生的十三年前，本愿寺的坊官[1]中有一个叫下间的人，密谋掌控日本国，让当时的寺主证如上人成为国王，自己成为将军。即使是他们的门徒，也畏惧天命而不能认同这种做法吧。下间怀有如此恐怖计划这件事，不过是齐东野人所写的小说情节而已。然而这样的小说之所以出现，是因为事实上门徒的势力已经凌驾于当时的武人，时常蔑视将军、守护的命令，俨然可成为俗世之中的另一个王国。

加贺国的金泽，那时还叫作金泽御堂或者御山，是加越地带门徒的宗教中心，同时是此地俗权的中心。长享二年（1488）门徒一揆爆发，当时的守护富坚正亲丧命，举国上下变成了一揆的领土。直至家康的时代，该地都完全服从于教权兼俗权的法王主义之下。这只是当时门徒力量强大的一例。回望当时的日本国，本愿寺寺主一脉在日本群岛收拢信徒，建立了巨大王国。此处一述其大略：

（一）大阪。可以说是这一派的首府，本愿寺寺主所在地。本愿寺寺主的政令实际就由此处发出。那个时代的大阪也与今日一样，是怀抱内海的良港。不用说日本国内的，甚至唐土、高丽、南蛮的船只都在海上出入，五畿七道的人都聚集在此买卖，俗世之人的房屋鳞次栉比，是十分富裕的港口。本愿寺寺主首先注意到了此地形势，从加贺国招来建造城堡的人，将八公顷左右的正

1　侍奉于住持家族的俗家僧人。

方形土地划为寺院土地，在中央建造作为宗派中心的恢宏佛堂。从此，这里就变成散布在诸国的门徒日夜参拜之所。

但不管如何，若此地只是贸易利益颇多的港口，无法抵挡武人的兵威，那么按照战国的风俗，这里自然难免被俗权压制。然而在此方面，大阪也有绝好的后方防御。畿内的河流悉数在此相汇，加茂川、白川、桂川、淀川、宇治川等诸水在北面汇聚，形成中津川、吹田川、神崎川等大河，于二三里之间蜿蜒曲折；在东南方面，道明寺川、大和川的水流，新开渊、立田山的谷水汇合，三四里之间江河相聚，成渺渺之势。如此，此地便易守难攻。一方面据有汇集天下财富的优良港口，一方面坐拥足以抵挡天下之兵的天险，将本愿寺选址于此处的人，眼光诚可畏惧。

（二）长岛。位于伊势国桑名郡。在信长时代，此地至尾张国海西郡二江那一带，因河流环绕而被叫作河内郡，属于尾张国。此地也是门徒聚集之处。从美浓国流出的岩手川、大泷川、今洲川、真木田川、市之濑川、杭濑川、山口川、飞驒川、木曾川、养老瀑布以及山谷间的溪流汇成大河，在长岛的东、北、西三个方向三五里之间折回多次，其南方则是天海漫漫的伊势内海，因此这里地形与大阪相似，且更险要。天文年间（1532—1554）本愿寺寺主莲如上人的第十二子莲淳在此地创建寺院，称为川内御堂。

（三）富田。在尾张国中岛郡，是拥有俗家子弟七百户的富贵之地，有本愿寺派的正德寺。此地由大阪派代理人员管理，因为从尾张、美浓国守护那里得到了免除各种赋税杂役的文书，成为所谓"守护不入之地"。

　　这些是从《信长公记》等资料可以看到的关于门徒根据地的摘录。加越是门徒聚集之处，三河门徒之事前文也已经讲述。近江国对于本愿寺寺主来说，可谓后勤基地，富贵信众繁多。特别是北郡十个寺，傲视浅井、伊香、坂田三郡。这些寺庙皆以大阪的寺主为中心，遵从其命令，由己方的武士把守。坊官、家司等其实就是为门徒效力、相当于大将的武士。据家康的重臣石川氏家传文书记载，文安三年（1446）秋，本愿寺中兴之祖莲如上人巡游至下野国，传播一向派，遇到了小川政康。向其传教数日后，莲如对政康说："从前我派开宗始祖亲鸾上人巡游北国结束后回到京城，经矢作驿站的药师堂，做了长达十七日的讲法，自此三河国地区我派人士便多了起来。此外，三河国的佐崎、士吕、针崎三地都有我派大寺，但此时该国爆发骚乱，我方无法平定。我知晓您本是与三河有渊源之人，此次幸运见面，不知您能否到该国镇压国中骚乱，守护我宗门呢？"政康立刻同意，跟随莲如一同去到三河小川城，从此改姓石川。德川家重臣石川氏便源于此。

　　像这样，僧人任用武士为大将，建造城郭一样的寺庙，利用险要地势维持独立，并免于守护、地头的管制。他们以大阪的寺主为中心建立大寺，迎其亲属作寺主或称"院家"，并以此创建该流派的门阀，与有名望的大家不断联姻，加入贵族阶层。这些人不仅受到愚民的尊重，且能在不如意之时以保护信仰的名义煽动人心，令信众在各地揭竿而起。武士虽武力卓越，但势单力薄；门徒虽是百姓，个人力量微弱，但人多势众。根据多数压制少数的道理，门徒常常夺取武士的城堡，有时让武士的军队全军覆没。

因此大寺庙的寺主，在这样的时代过着几乎与大名一样的生活。况且他们自身本就是纯然的武人，比如三河的野寺本证寺（住持空誓），以及中岛的安乐寺、樱井的圆光寺三寺寺主都刚强勇武。《三州一向宗乱记》记载，本证寺住持使用铁棒，安乐寺、圆光寺住持挥舞樱木做的八角棒作战，足以让我们想象当时的寺风。这些寺庙均称其境内是守护不入之地，不仅不交租税、不服役，还藏匿违背法令、不遵从国主政令的大胆无赖之徒，甚至从各国各地的门徒那里收取喜舍钱，榨取该国财源。若是放任不管，将出现国中之国，任何制度、法令都无法推行。因此诸国的豪杰无不为了国内稳固而先镇压门徒，让其遵守国家法度，不惜为此掀起战乱。

这段历史与西洋历史中政府、教会之间争夺权力而爆发流血冲突，之后建立近代国家的状况一样。直到广忠时代，西三河都是没有纲纪的乱世面貌，因此教权、俗权交错。待到家康之威强大，西三河的权力全部落入其手。纲纪已立，骄横的门徒不得不乖顺。教权与俗权自此不再是两相对立的形势。

八 大势所趋

前文已述，这个时代门徒的状况与武力统治的发展终究无法调和。三河地区门徒一揆的原因就在于此，但此类事情不限于三河。信长因同样的理由，与门徒爆发更大规模的战斗；小田原城的北条氏禁止领内对一向宗的信仰，预先避免了教权与俗权的冲突。但不管是哪个国家、哪个时代，宗教之争必然不是单纯的教权与俗权之争。它还伴随其他原因，所以才愈演愈烈。三河的暴乱也是如此，不是门徒却加入其中的，在松平一门就有樱井的松平家次、大草的松平昌久、佐崎的松平信次。家康的重臣、上野城主酒井忠尚也加入其中，他不满家康改变了三河传统的外交政策，一直待在自己的城中，不去冈崎效力。

这些人大概是家臣中代表今川派的人。今川派将这位酒井忠尚推到前面做主谋，而担任参谋的是后来名盛一时的本多正信。此人后来做了家康帷幕中的谋臣，可谓萧何、张良一样的俊才，但这时还是忠心的门徒，一心想让家康灭亡，进而将三河国变成与加贺、越中一样的门徒天下，是一揆之人的智囊。这些人商议后，美言劝诱如今只是家康食客的吉良义谛大人，"您自己来当主人吧"。义谛接受了诱惑，与家康为敌，占领东条城举兵造反。义谛的弟弟、西尾城城主荒川赖持也与哥哥同心，宣布与家康为敌。大概酒井忠尚等人心中设想以家臣的身份违背主人，自然会遭到大多数人反对，但如果以将军同门的吉良大人为主，那就可以改头换面，与不过是三河乡士的主人对抗，不再遭人反对了。

对宗门忠心之人，把主人家康看作佛敌，将寺里僧人写的牌子放在盔甲中，上面写有"进足者往生极乐世界，退足者堕落无间地狱"。佩戴者盲信这句话，坚信自己是为佛陀而不遗余力地战斗。那些自觉不被重用而郁闷的人，认为重臣酒井正亲的政治有失偏颇，他手下的菅沼藤十郎的做法可称得上是毫不留情。不满家康的外交政策、不看好与信长结盟之人往上寻求传统，利用众人还没有完全抛弃对将军家敬重之意这一点，拥立将军一脉的吉良氏为主公。各种原因混杂的一场修罗战便开始了。

加入一揆之人中有不是门徒的人，比如吉田源太左卫门并不是一向宗门徒，但与本多正信是知己，所以被劝加入其中。身为门徒而未加入一揆的人也有很多。就这样，西三河眼看要陷入大乱，但这也只是原本就趋于统一的形势所催生出来的反弹。松平一脉人物众多，但加入暴动的也只有前面叙述过的三家而已。竹谷的松平亲善、形原的松平家忠、藤井的松平亲俊、御油的松平景忠、岩津的松平近正、深沟的松平伊忠、能见的松平亲友、大给的松平亲乘、泷胁的松平乘高、三木的松平忠清等始终对总领绝对忠诚。不仅如此，家臣之中首当其冲的上和田的大久保一族三十六人全部为主人奋战。小栗大六一族坐镇筒针，酒井正亲守护西尾城，本多广孝守护土井城。除此以外，酒井忠次、石川数正等后来的德川家名臣，大抵都没有误判方向，始终为镇压一揆而尽力。一揆没有成功几乎是顺理成章的事情。

而在家康与今川氏真领地的边界，长泽地区由松平康忠驻守。康忠牢牢把守此城，即使是骚乱中，东部的今川氏也未能动此城一指。伊奈地区则由本多忠俊驻守。他在与今川氏领地交界之处的小坂井、糟塚建造营寨，派兵把守，以备来自吉田的侵袭。吉田是今川方面在东三河的策源地。东三河的奥郡之中，有近期归顺家康的山家三方（作手、段岭、长筱称作"山家三方"），奥平、菅沼以及西乡、设乐都向冈崎派出人质。他们住在居城之中，抑制今川势力。

如前所述，氏真处于孤立境地，国势已走向衰弱，政治也诸事无条理，无法定夺。因此其国内虽无门徒暴乱，但国运日渐崩溃。反观三河，此时正值勃兴之运，纲纪严明故而滋生反抗。强弱之势在此可见。家康在边境配置的将领如此严正以待，孤立的今川氏自然无法趁乱动兵。

九 门徒一揆消散

天下向着统一大势前进，与其对抗者都将被击败。全国的一向宗门徒虽然暂时压制俗权，掌握了一国一州的政权，但他们本是平民百姓，与能将久经沙场的武士团结在一起的大名不同，所以轻易就被武士击垮了。武士自幼学习弓马之术，在狩猎中锻炼筋骨，也习惯了战场上的策略。他们聚于主人的城中，朝夕只挂念战场上的功名，服从纪律，整日思虑统治之术，与农民、工商业者聚集而成的群体自不一样。

这个时代的农民、工商业者自然也与后世不同，非常刚强。特别是有了火枪之后，只要有一杆火枪，农民也可以拿着它飞奔至战场，因此一揆也绝对不容小觑。大阪的本愿寺等令信徒配备许多步枪，进攻信长一方。只是武士一生都在战场，自小便被培养成这方面的专家，而农民、工商业者时常投身家业，有事时才带着竹枪、步枪，勉强成为兵卒，自然做不到前者那样进退如一。

农民一揆爆发时，一时像云霞漫天一样声势浩大，迅猛可畏，但训练有素的百名士兵足以击破没有训练的千名农民。门徒暴动未获成功，最终彻底丧失俗权就源于此。三河国的情况也是如此。这里门徒众多，可以说百姓皆是一向宗门徒。他们受僧人煽动，突然在国内起义，似乎没有任何势力能阻挡其浪潮。但如前文所述，其中担任领导的武士并不多。吉良大人虽是名家，但如今已是傀儡。酒井忠尚虽是家康家重臣，但已是落后时代的老人。这些人都不足以成为聚集人心的英雄。而且，那些为一揆助力之辈也并不憎恶家康，在心里仍认同他是位好主人，因此家康的身姿出现在战场上时，一揆方的勇士无用武之地，多就地遁逃。

比如说一揆方有位蜂屋贞次，是家康家臣中著名的用枪好手，经常自负地说"半之丞的枪头今天该对着谁"。骚乱发生时，蜂屋在某处战场上撤退，家康像往日那样跑过去，喊道"蜂屋你给我回来"。已被敌人召回、本该就此撤退的蜂屋顺势说出"领命"，就回到了家康的队伍。稍后意识到眼前召唤自己的是已为敌方的家康，蜂屋大为震惊，据说立刻就拖着枪转头逃跑了。在针崎战场，家康陷入苦战，命悬一线，一揆方的土屋忠治看到说"我们虽然身为门徒，成了主人之敌，但眼睁睁对主人见死不救我也做不到。即便堕入无间地狱，现在也不后悔"，便改变立场进攻一揆方，在家康马前被敌人杀死。可见一揆方没有彻底的意志，其锋芒消退也不奇怪。

一开始就没有节制、各自为政的乌合之众，因为所谓群众心理的作用而陶醉兴奋，产生浩大的声势。但天下没有不散的筵席，过了一些时日，这种狂热便冷却下来，兴奋消散而慢慢回归冷静。

家康趁此机会摧毁门徒僧众的俗权，一扫领内两种政治并存的社会状态。一揆方厌倦了，但家康没有一点厌倦的意思，始终作为战场上的先驱攻击一揆方。这也因为他正当青年，精力旺盛。一揆方的心理状态像渐渐酒醒了一样，何况敌我本是一族、朋友、君臣，掀起如此内乱，若导致敌国来袭就很难堪。骏河的家臣也是如此，觉得己方经历的种种心酸尚未远去，便想和好，回到为己国繁荣而鞠躬尽瘁的常识中去，暗暗萌生了投降的想法。

到了永禄七年（1564）春天，一揆首领蜂屋贞次秘密叫来大久保次右卫门说："请告诉殿下，一揆方中有很多人希望休战并像以前一样为殿下尽忠。"次右卫门立刻询问了家康的意向。家康也认为现在是平稳结束战争的时机，便说"那就赶快"。至此双方互通心意，开始内部讨论投降条件。蜂屋贞次、石川源左卫门、石河半三郎、本多甚七郎等都同意投降。这些人提出了以下的这些条件：

一、允许重建寺院内部；

二、宽恕策划此次一揆者的性命；

三、若是容许前两个条件，我们会将您方的人带入土吕，为您效力，则一揆立刻平定。

家康认为这些条件过于宽大，不想饶恕一揆组织者的性命，但大久保一族的长老忠俊（《三河物语》中称作"净玄"）多次劝谏，家康终于同意。此年二月二十八日，家康在上和田的净土宗净聚院（也叫"成就院"或"净珠院"）与蜂屋等人会面，给予写有下述条件的誓词。

一、参加一揆之人不会失去领地；

二、道场僧俗恢复如初；

三、赦免一揆组织者的性命。

蜂屋等立刻将石川家成带入土吕的善秀寺内，一揆方大为震惊，但他们交付性命的顽强武士已经倒戈，现已孤立无援，于是纷纷双手合十，请求饶命。这些人获免，被命令在以后战役中打头阵。

于是，驻守在佐崎、野寺的一揆门徒各随己愿地消散，曾经以为要演变成大乱的骚动也如幻梦般了然无痕。家康一门中，参与一揆的佐崎的松平信次领地被没收，大草的松平昌久等也战败逃亡，只有松平家次被赦免，甚至继续拥有之前的领地。酒井忠尚离开了上野，流落到骏河。吉良义谛虽然谢罪之后离开了东条城，但家康连扶持的米粮都拒绝发放，导致他成了京城地区的浪人，后来依靠近江国佐佐木承祯，最后在芥川战死。荒川赖持虽投降，但因为比哥哥义谛的罪行更重而未被赦免，在京城地区做了浪人，后在河内国病死。家康趁此时机，将土吕、针崎、佐崎、野寺之外的门徒寺庙悉数废除，并命门徒改宗。面对这一政策，僧徒自然反对，檀越之辈也多方哭诉。但家康仅将不遵戒律的恶僧流放，寺院领地则恢复如旧，僧俗便都高兴了。

另有一说记载，家康此时下令将门徒的道场悉数破坏，门徒听闻后说，誓词中有"道场僧俗恢复如初"，如今的命令违反誓词。家康听了之后说，"没有违背。以前这里是荒野，就让它还变成荒野吧"，便将领地内的门徒寺庙悉数摧毁。三河地区的门徒再兴是二十年后的事情了（参考《三河物语》《三州一向宗一揆宗乱记》）。此说大概是正确的。一向宗在家康的领地遭挫，再也无法妨碍国政了。

据说苅屋的水野信元劝家康赦免门徒之罪并待他们如初。也有人说，泷川一益接信长的命令出使冈崎，趁机劝家康赶紧赦免一揆之罪，并进军远江国。这两说都不是毫无根据。但在门徒一揆的平定并非因家康首先提出讲和、门徒疲惫厌倦而家康不厌倦这两点上，诸说是一致的。那种锐意、执着、不退缩的坚毅行动，正是家康最终成功的原因吧。

雨后地更坚。三河古老制度的代表者吉良氏因此一役而完全失去了存在感，家康家臣中以势逼迫主人的酒井忠尚也成了浪人，门徒僧众更是成了无针的蜜蜂。一国两种政治的教俗混乱状况全部消失，家康成了真正意义上的主人。本多正信是酒井忠尚一派，既已一败涂地，自然无法再待在本国，便立刻与弟弟正重远离故土。不过他是众人皆知的俊杰，所以被加贺国同宗之人招募，在此国成了一员大将。

十　统一三河

门徒一揆在永禄七年（1564）春天沉寂下去。家康与氏真此前平静的边界，便因家康的活动而出现事端。幡豆的小笠原安元，二连木的户田主殿助投降家康，寺部城的铃木日向守被击败，在田原（户田康光的领地，被今川方夺取）、御油（松平景忠居此，附近有今川方营寨）建造城堡以防备家康的今川方也败北。家康方则进攻吉田城，氏真的代理官员、统帅东三河诸大名的小原资良（或说是镇实）如坐针毡，等到家康的前锋酒井忠次劝他投降时，小原同意，履行手续后出城回到了骏府。家康此时派松平康俊（久松俊胜次子，家康的异父弟）、酒井忠次的女儿阿风为人质，与小原一同去了骏府。这样碧海、贺茂、额田、幡豆、宝饭、八名、设乐、渥美等东三河诸郡，大抵都归家康所有。

　　家康传记中久负盛名的"一宫之战"这一战绩也发生在这个时候。在小原还在吉田城中窥探冈崎虚实时，家康在喜见塚、槽塚建营寨应对，同时在面对敌城野田、牛久保的一宫也建造营寨，命令本多信俊看守。氏真率领一万余士兵向三河进发，以五千多人包围一宫。本多的士兵只有区区五百骑。今川方攻落佐胁、八幡的营寨，所以氏真也来到此地。家康仅率三千人从冈崎出发，立即支援一宫。氏真也预计家康一定会出战，派客将武田信虎率兵两千在途中迎击，但家康毫不费力地攻破了布防，放话说"氏真，是个男人就来参战"，并向八幡、佐胁中间地带挺进，攻入氏真布阵的本野原。骏河方惊恐万状，连虚张声势的迎战姿态都没做，就后退到了牛久保方向。家康无阻碍地进入营寨，与信俊会面，夜里在此驻扎，天亮后率领五千人不到的士兵毫发无损地原路返回。氏真没有追击。敌方少主如此旁若无人，己方却手足无措，那么今川氏费力率领大军出兵也就没有意义了。只能说，今川氏的武威如今已跌落无几。

　　面对此种弱国，家康毫无困难地夺取了东三河，一州尽归其所有。他随即将吉田城交给酒井忠次，命他统治东三河小名。《谱牒余录》记酒井接此命令是在永禄七年（1564）六月二十二日。次年三月，家康命本多重次、高力清长、天野景康三人为奉行[1]，司掌三河民政。"冈崎三奉行"便是此三人。他们皆未辜负家康眼光，善于治民，让因门徒一揆而疲敝的人民喘上一口气。其处理诉讼无延滞，裁判也公平，在战乱的时代打造出太平的国度。高力性格温顺，慈爱深厚；天野为人宽厚，深思熟虑；本多天性豪放急躁，横冲直撞，但果断明决、毫无私念，善于帮助同僚尽职尽责。连最初觉得任命此人是主人眼拙的人也颇为安心，转而佩服少主人善任。这个时期三河民间流行着"佛高力，鬼作三，哪边都不是的天野三"的俚语。

1　日本战国至德川时代的职位名，本义是"奉命执行"。

第四章

出兵远江

一　出兵远江

小原资良打开吉田的城门，将东三河交付给家康，是与主人商量过的。此时氏真放弃了今川氏对东三河的权力，以守住远江。家康似乎遵守了不出兵的约定。两人相约的事情虽在史书中无明文记载，但永禄八年（1565）到永禄十年（1567）的三个年头里，家康和氏真的边界没有战争的记载，可以推断确有此约定。

此时织田信长欲取武田信玄之欢心，送儿子胜长为人质，并将侄女作为养女嫁给信玄的儿子胜赖。这番举动是因为他想专心用兵美浓、近江，担心信玄从后方偷袭，所以讨这位恐怖恶鬼之欢喜。信玄此时与小田原城的北条氏康、骏河国的今川氏真是姻亲，也是同盟之国，所以信长也不想进犯氏真而惹怒信玄。他大概也将此意传达给家康，让其以三河为境暂时与氏真讲和。总的来说，家康的事业是信长、家康联名公司的事业，此事足以说明，家康无法依靠一人的思考和判断行动。

到了永禄十一年（1568），形势发生了变化。统一三河后暂时休息的家康出军攻打远江。此中的详情，归根结底是因为信玄与氏真反目。甲斐国的武田氏一开始就是今川氏的属国，其政治皆由骏河方面妥善掌管。据传今川氏亲时，武田信昌兄弟关系恶化，以致兵戎相见。信昌请求援兵，氏亲立刻出兵至甲斐。信玄的父亲信虎的时代也是如此。武田氏家臣不服信虎，每当国中发生骚乱，氏亲都从骏河派重臣过去，安慰双方，平定事端。之后到了义元的时代，信虎再度失去人望，义元便与武田氏家臣私下商量，将信虎骗到骏河。家臣拥立信玄为主人，义元也奏请将军下令其为武田氏家主。这些传说如果有所依据，那么足以想象今川氏、武田氏之间是盟主与属国的关系，武田氏万事都处在下风。放逐信玄父亲一事，就像李鸿章掳走朝鲜大院君一样吧。我们没有详细证实此事的史料，只能为信玄感到遗憾。

甲斐国的武田氏直至信玄时代都处在今川氏下风，在其羽翼下成长，与三河国的德川氏区别不大。不过信玄当上家主后，采取富强之术，磨炼兵锋，与信浓国诸大名开战并将之征服。到了义元在桶狭间战死时，甲斐已经是当时的强国了。信玄又在川中岛与上杉谦信争雄。谦信出兵关东，信玄更是援助氏康，出兵夺取了东上野。永禄八年（1565）五月十九日，京都的将军足利义辉被松永久秀等人杀害，国中无主。信玄觉得应该把此前耗费在关东的精力转向西边，便先与信长讲和，在信长夺取美浓、近江时，自己将心思放在夺取骏河、远江上。

水往低处流，国家的武力也流向抵抗力薄弱之地。何况甲斐、信浓都是山国，若氏真与氏康商量禁止向甲斐贩盐，其百姓就苦不堪言。且甲、信两国之主早想将骏河、远江这样的沿海地区纳入领土，以得用武时的交通之便。信玄的食指早已指向南海，看如今的今川氏衰弱，便欲出兵骏河。武田氏的家臣中自然也有拘泥历史、坚持旧习的人。他们认为今川氏与武田氏是旧交，氏真是信玄伯母之子，武田氏如同今川家家臣一般，氏亲、义元的恩情也不浅，如今背叛乃是无情无义等。武田氏重臣饭富虎昌等就坚持此说，信玄的长子义信是义元的女婿、氏真的妹婿，自然也跟父亲持不同看法。

于是信玄的家臣自动分为今川党和信长党。信玄则从最初就采取了远交近攻之策，觉得应与信长、家康讲和而进攻氏真。永禄十年（1567）十月，信玄命令今川党魁首饭富虎昌切腹，监禁义信，并将义信的妻子遣返回骏府。在此前后，他还派山县昌景为使者去冈崎，表示自己有意攻入骏河，家康可以大井川为界随意夺取，而骏河交给信玄来处置，并交换誓愿。

从信玄的处境来说，与氏真决裂，则必然要准备与氏真的岳父、小田原城的北条氏为敌。此举可能导致信玄在东、南两个方向上受到夹击。不止如此，此时越后的上杉谦信也暗暗与北条氏康讲和，并非不与信玄为敌。永禄九年（1566）五月，上杉谦信已在心中盘算此计划，并将自己从北、氏康从南夹击信玄，灭其国后再上京诛杀三好、松永之辈的誓文供奉在神前。我们由此可知其想法。如果此愿望得偿，那么信玄便会腹背受敌。不过谦信虽心怀希望，但上杉、北条之争由来已久，他也无法逆国内舆论而与氏康讲和，因此信玄就幸运地免于被两国夹击。

形势发展到此种境地，不知何时氏康、谦信、氏真的同盟军就会杀到甲斐。担忧此事的信玄便与信长、家康合作以求外援。若一举消灭今川氏，取得骏河，便可与家康、信长的领地连起来压制京都，那时取得天下也并非难事。信玄大概也成竹在胸吧。而从信长、家康的立场上来说，信玄成为己方同伴的这段时期，他们便没有后顾之忧。信长在这之后彻底占领了美浓国，直接插旗于京都，而家康也借此机会彻底占领三河，开始出兵远江。

二 "家的时代"变成"国的时代"

在讲述家康占领远江之前，我们稍微注意一下当时的世态。具体来说，统一三河之后，家康的历史性位置有了少许变化。不知晓这些变化，研究家康生平也就索然无味了。我们这里用了新词，但要问统一三河之后家康的"历史性位置"究竟如何，必须要先知道当时的社会，家变为国、小国变为大国。

试以家康统一三河的永禄八年（1565）为分界线来看日本岛的政治社会，则它与仅仅二三十年前的享禄、天文时代完全不同。比如今川义元的时代，骏河国的濑名、关口、新野等氏都被叫作"今川一族众"。除此之外，今川氏还有以三浦、朝比奈、冈部、庵原、葛山、由比、福岛、斋藤等氏为首的"十八人众"。加上上述三家合称"二十一人众"。他们都是实力小的大名。在今川的分国中，还有很多构筑城寨的大名、小名，前述浦原的孕石元泰就是一例。他们都服从守护今川家，但从实力上来说，他们是以守护为中心聚集起来的同盟者，在自己的领地内也有亲族、家臣，是正儿八经的独立主权者。如果他们不满意守护的命令，往往会直接拒绝听命，固守城郭而谋反。

这种情况下，守护大抵适可而止，然后再要求他们服从。所谓"诸国的住人"就是这样子。从这个时代的文学作品中观察诸国住人的生活状态，则他们无不割据一方、臣从甚多，利用自己的威势频频私斗，入侵其他住人领地或被入侵。守护、探题统辖这些住人，主要任务是裁决土地争夺相关的诉讼，维持领地分配现状。将军、管领说白了就是守护、探题的扩大版，将军家御教书最重要的价值，只是作为保障诸国住人权利的凭证。

比如应仁时期（1467—1468），细川胜元是摄津、丹波、土佐、赞岐的守护，同族的细川成之是阿波、三河的守护，族中还有和泉、淡路、备中等国的守护。畠山政长是纪伊、河内、越中三国的守护，同族的畠山义是大和、河内的守护，畠山义纯是能登的守护。斯波义廉是越前、尾张、远江的守护。以此来看，细川氏是九国之主，而畠山氏跨越五国，斯波氏拥有三国。这些人都像大藩之主，但其实只是诸大名之上的斡旋人、操持事务之人罢了。不管拥有多少国，其力量都无法与家康时代的国主、大名相提并论。这个时代真正具备可称作大名实力的，不是守护、探题那些地位高的贵族，而是匍匐在下、被称作家臣的诸国住人。

据《应仁记》，细川氏的家臣是药师寺、香川、安富、三好、长盐、奈良、秋庭、内藤、三宅、吹田、茨木、芥川、能势之辈。斯波氏的家臣是甲斐、朝仓、织田、鹿野、瓜生、由宇、二宫等氏。畠山氏的家臣则有游佐、誉田、甲斐庄等氏。这些人大抵都是独立的大地主，拥有与家道相当的兵力，如果对其上的守护、探题不满，他们或向将军要求换人，或结党与主人对抗。足利时代世间混乱大多由此而起。

这里举一两个例子：细川氏家臣、阿波国住人三好氏最初是信浓国的小笠原氏。在镰仓时代，小笠原长房成为阿波国守护，子孙都住在三好郡，所以称作三好氏。他们在细川氏还不是阿波国守护时就住在此地，历史悠久。到了足利时代，三好氏迎细川氏为守护，效忠这一大族，建立君臣关系，但实力并没有因此减弱；畠山氏家臣、河内国住人甲斐氏本是楠木氏；今川氏家臣、远江国住人井伊氏从前是朝廷一方，与井伊介同姓。追溯历史，他们都比主君更早住在那片土地上。对待这样门第的诸国住人，守护、探题大抵采取置之不动的策略，在其上以盟主的身份管理。

即使守护、探题更换，作为治理根基的家臣也不会变化。朝迎越客，夕送吴客。人偶脑袋更换，身体却始终不变，世间便始终是割据山河的诸国住人的天下。一言以蔽之，这时的日本是"家的日本"。日本岛星罗棋布地分布着无数称作诸国住人的家族。

按照《势州四家记》，这个时代的伊势国被划分为国司家、工藤家、关氏一党、北方诸武士四部分，其中北方诸武士多达四十八家。按此计算，日本六十多个州就有多达一千甚至两千大名。导致这种局面的原因之一，是前述那种导致领地越来越小的分配继承习惯。原因之二是，日本总体来说是山川河谷之地，自然形成的隔阂很多，以少量兵力守护住险阻之地，在这个时代的武器状况下，仍能保全一小片土地独立不受侵犯。楠木氏能以河内国山中为据点，自楠木正成以来六十年间，以一腔孤忠正面对抗贼人，总的来说就是因为地形。日本岛直到室町时代末期，星罗棋布着由诸国住人及其追随者或称家臣的人构成的小型生活共同体，成为"家天下"的光景，实际也是因为地形。

　　然而，此时却出现了不可思议的力量，迅速改变了这一形势，将"家的时代"变为"国的时代"。这股力量是什么呢？无他，唯运用火枪的军队而已。

　　我们无须细说枪是如何传到日本的。火枪用于战场是从天文末年开始的。根据《言继卿记》，天文十九年（1550）京都就已经有了火枪军。这是家康九岁时的事情。根据毛利家所传，弘治元年（1555），毛利元就在出征吉和的山里时，得到了富落七郎左卫门的火枪作为奖赏。这是家康十四岁时的事情。因此，火枪在家康少年时代已用于军阵之中，其制造大概也早就进行了。和泉的堺市那时以制造火枪为名，根来寺的僧人拥有许多火枪这件事散见于各种书籍。不用说，这个时代的火枪就是所谓的火绳枪，雨大的时候火绳点不着就派不上用场。夜晚的时候，火绳的火光也很难让敌人不知情。这种场合自然很难舍弃弓箭。不过，虽然弓箭手像从前一样奔赴战场，但毕竟武器已经更新，以少数几人守护险要之处就能保卫小山谷独立的时代从此消失了。如今是集中人员和财富，尽可能配备火枪，让尽量多的士卒上战场才会有胜算的时代。合则强,离则弱,自然淘汰的结果就是大国生存下来。

正因为此,家康成了三河之主的时代,信长合并尾张、美浓,信玄夺取了甲斐、信浓以及上野的一部分。这三人都拥有过去根本无法想象的广阔地盘。虽说此时依然延续守护、探题时代的形式,土地由家臣分领。国众之人各自拥有城地,应主人征召前往战场或修缮城寨,除此之外都住在自己的领地里,保持一种从前诸国住人的状态。但追求独立的气象、抵抗的精神已远不如过去兴盛,他们对主人极度顺从,十分配合地遵守命令。

信长、家康幼年时代那种亲族轻易对家主谋反、家之长可以欺凌主人的光景不知何时已经消失了。主人的威光渐强,庶流、一门、家之长都发誓对主人绝对忠诚,众心一致地听从中心人物的命令。比如天正三年(1575)被认为是信长亲笔写下的越前国法令中说:"不管是什么事情都要听从信长的命令。不管怎样都要崇敬信长,不得背后敌视。一定不可有违背他的心思。若是能做到此程度,则可得神助,武运长久。"信长要求家臣绝对顺从,显示出他作为一国之主后,要求国中所有人都必须遵守其指挥、命令的决心。这样的要求无非是因为武器的变化导致战争规模变大,对集中力量以及遵守中心人物指挥的要求增加了。

如此,家康成了三河之主,并不只意味某人成了三河守护。从前的守护默默悬置在诸国住人之上,类似于壁龛里的画。然而家康成为三河之主,意味着三河一国的人以家康为中心,听从他的指挥命令、宛如一体地行动。此时他不是壁龛里的画,而是真正意义上的三河之主。换个说法,则三河成为一个王国,家康是这里的君主。在信长的父亲信秀的时代之前，世间还流行着依靠互助的形式。信秀劝诱尾张诸武士进攻美浓、三河时，与信秀共同出战的诸武士就像是民间互助金融组织的同人一样，具有为自身谋取利益的权力。然而信长时代的尾张诸武士已经不能比作互助金融组织的同人，也不是在信长的请求下才在战场上战斗。武士是信长之物，将战果据为己有的权力也只有信长一人独有。

换句话说，坐拥着一千、两千骑的半独立诸国住人至此都归为沉寂。他们服从了中心的权威，放弃了从前以家为中心的恣意妄为。这可以说是从"家的时代"变为"国的时代"。

"家的时代"变为"国的时代"，且战争的规模更大，则战争的数量自然就减少了。同时，带有决战性质的大战不免每隔一段时间就会上演。在诸国住人的时代，几乎每天都会发生小战争，家康少年时期便是如此。但从他统一三河开始，战争的数量自然而然地减少了。比起发起战争，大多数事情都是通过"调仪""调略"也即外交政策来解决。即使不使用外交政策，也是在威吓、劝诱都达不到目的后才用兵，且用兵之时也会事先计算胜负，并不盲目开战。除了胜算既定或者没有胜算但不得已出兵之外，谁都不会率先浪费自己的兵力。

因此我们觉得所谓元龟、天正（1570—1592）的乱世应该是血腥的世界，每天都上演着杀人的行径。但实际上那时的战争数量远没有从前那么多，而且逐渐减少。战争数量减少，则每次战争自然都带有决定国家命运的决战性质。战争开始之前各国都采取一系列合纵连横的外交手段，做足准备，避免陷入击破前方敌人却腹背受敌的危险境地。换句话说，这个时代的特征是战争、外交像双手一样协作。知名的国主在战场上是优秀的大将，在调仪、调略方面也是精明的外交家。

若是读者无法领悟此时形势，恐怕会对后面的内容有隔阂，因此这里特意加以解释。

三 信玄取得骏河

说回甲斐国的武田信玄。他已决定与家康一道灭了今川氏真，瓜分其领地。永禄十一年（1568）十一月，信玄率大军进入骏河，在松野扎营。松野南距今天的东海道岩渊停车场仅一里半，位于富士川沿岸。氏真立刻出兵至清见寺，欲与信玄一战，但此时今川氏家臣中的重要人物，即濑名、朝比奈、三浦、葛山等氏，早与信玄内通，皆无战意。朝比奈信置首先逃走，回到领地，众人也相继撤退，无人与主人共同防御。氏真这时才大为震惊，抛弃骏府城，躲到志太郡土岐的山中。远江国挂川城城主朝比奈泰能是今川氏无二的忠臣，立刻迎氏真到自己城中，暂时为今川氏撑起一方之独立。

今川氏家臣并非一开始就全部加入信玄党。他们大多在山西坚守，对抗信玄。山西是指分割安倍郡、志太郡、益津郡的山脉西侧，以现在的行政划分来说，即志太郡一带。氏真的先祖氏亲幼年时，骏府内乱，他就曾逃到此地，可见此地是今川氏的避难所。坚守者中著名的是驻守在大井河东岸、面向榛原郡川根谷的伊久见山上的由比、浅原、齐藤等人；在益津郡高草山花泽城抵抗的小原资良、其子三浦右卫门佐；在藤枝驻扎、以豪门众多而名满山西的长谷川党二十一氏。他们都想伺机夺回骏府。

信玄攻入骏府，从投降的诸武士那里获得人质，而三浦与次郎把小原打开吉田城门时从家康那里得到的三河人质，即松平家俊及酒井左卫门尉的女儿阿风一并交给了信玄。信玄如获珍宝，欣喜地将他们带回甲州。《甲阳军鉴》中说，信玄攻入骏府，十二月十三日将今川氏府邸及诸武士住宅、神社佛阁全都烧光，但这可能也是军书之癖好，真伪难辨。氏真自此一直躲避在挂川，直至亡国。

四 今川氏为何灭亡

嘉永年间出版的淡路人士冈田氏所著《日本外史补》中有今川氏传。此文开头写道：

> 今川义元之事不足称道。但之所以记录此事，是因为今川以累世故家，领数国领土，人民之多，兵马之强，比肩当时群雄。他常继承父志，欲逐鹿中原，自不安于一方。然而我东照公实由此兴。昔刘表据荆州，带甲数万，刘备穷归。曹操击刘表而刘表亡。其子刘琮庸懦，不与刘备谋而降曹操。他日刘备据此地开鼎峙之业。夫义元以讨伐致败，虽与刘表偏安以观世变不同，但氏真孱弱而失国却与

刘琮无异。而今川氏故地竟归东照公，使其开创大业至今日之隆盛。此虽不敢比之刘备，但其时与势大略相类。盖氏亲平定远江，颇振其势。义元继之夺取三河，兼并三国。今川氏之昌盛至此而极，而其衰亦有征兆。及至氏真，凋散流离，苟延残喘而已。故今详叙义元之事，历述始终，为读者以治乱兴亡之间为鉴。

今川氏是家康少年时代寄身之家，冈田氏也特别注意到了这一点。写家康的传记也应稍论今川氏始终，解释其直至亡国的情况。世间都将亡国过错归到氏真一人头上，义元遗嘱中也赫然有担心氏真疏于文武、最终失掉家国的内容，诚有知子莫若父的先见之明。然而在那样一个时代，斯波、畠山、今川、大内、山名、土岐、京极、六角以及关东的上杉，这些昔日的守护、被称为"太守"的大家族都灭亡了，氏真不过是其中之一而已。

归根结底，妥当的看法应是今川氏这样的家族不管主人贤愚，都因一人之力无可奈何的事情而陷入灭亡命运。比如，室町将军足利义尚，年少就贤名远扬；被三好、松永杀死的将军足利义辉，也天性聪明。作为个人来说，他们没有失德之举，但都不足以挽救将军家的衰败命运。事实上，时代已经向着将军家灭亡运行，将军一人有德也没有办法挽救形势。斯波、今川、吉良等氏相继灭亡也是相同的道理。天下向着新气象迈进，诸家却固守古老习惯，不懂得与时势一同改变。或者即使主人强烈要与时势共同改变，家中一统的风俗依然如故，主人也束手无策，只得与家业一同衰败。这样的例子很多。今川氏也是古老的家门，家臣中门阀甚多。所谓十八人众、二十一人众（详见前文）便是如此。据说桶狭间之战败北，让敌人拿下主人首级的二十一人众深感羞耻，许多人再也不到国主之宅，于是氏真的娈童三浦右卫门专权，由此导致了国政衰落。

男色是此时代流行的一般风俗。信玄宠幸高坂昌信、家康偏爱井伊直政都是世人皆知的事实。以男宠身份博得主人宠爱不只有三浦，选娈童委以军国重任的也并非氏真一人。何况三浦右卫门从永禄十一年（1568）随父亲据守花泽城，直至元龟元年（1570）正月，并非丝毫不懂用兵之人。比起出卖氏真、在信玄出兵后马上奉上人质投降的二十一人众来说，三浦反而自始至终跟随。

毕竟今川氏重臣都是古老门阀出身，没有实力和才能，万事都留三浦一人处理，氏真也因此偏听三浦而渐失人望。无论哪个时代都是这样。一人专横跋扈，是因为没有其他有力量的人加以制衡。若是有力量的人物众多，就没有一人专横的机会，因为他稍加放肆就会被劈头教训，自然不会变为跋扈之人。今川氏家臣中有能力的人很少，"白痴殿下"增多，结果就是主人也深知他们不足依靠，自然只与少数人商议诸事。因此氏真偏信三浦也侧面反映了今川氏家臣都是蠢人的事实。此种情形并不是从氏真时代开始的。在义元的时代，他也只与临济寺雪斋商议诸事，雪斋死后其兵锋变钝，可知那时今川氏家臣中已是蠢人居多了。

形成这种蠢人居多的局面，是因为今川氏是以门阀为荣的旧家，一族之中的重臣大抵都出自门阀之家。《甫菴太阁记》中记载织田信长从卑贱之人中选出丰臣秀吉，从步卒中选出泷川一益，从信州榛原之谷选出顺礼的植原。天下已是实力的世界。今川家臣中能称作重臣的皆是昔日门阀，只靠主人一人奋进而家臣因循守旧自然无济于事。今川氏的难处在于，他不可能从根本上改变当时社会组织的力量，建立起统一国家，战胜家康、信长这样辛苦建立的新主义国家。

这就是今川氏最终亡国的原因。要而言之，今川之国的结构是建立在前文所述的"家的时代"的旧方式上，完全无法适应此时的时势。面对统一起来的新国家时，它便如向阳处的薄冰一般，必然消散得无影无踪。氏真擅长游艺，是蹴鞠的名人，不失居于诸国住人之上的守护大人的旧习。对于真正意义上的国主、任何事情都要亲力亲为的家康、信长来说，蹴鞠那样的消遣游艺是在天下归于我手且再无敌人之后才会考虑的事情，当下自然没有享受这些的闲心。今川氏的亡国，实乃无可奈何之事。

五 远江诸武士臣服

此时，家康一方面出兵远江，与信玄夹击氏真，一方面又派兵支援信长插旗京都，发挥同盟国作用。用数学表示这一形势，则信玄＋家康＋信长是此时代的一股国际势力。靠着这股势力，信长拥立足利义昭进入京都，信玄夺取骏河，家康夺取远江。按时间顺序，信长攻入京都在永禄十一年（1568）九月二十八日，信玄出兵骏河在这一年十月，因此记述信玄进入骏河一事之前应当先说信长进入京都。只是为避免故事混乱，本书就先从家康、信长两人的关系说起。

家康遵守与信长的誓言，在永禄十一年（1568）信玄攻入骏河前后从冈崎出兵，着手占领远江。此次出兵之后，臣服家康的远江国诸武士如下所示：

二俣的二俣左卫门佐、高薮的浅原主殿、头陀寺的松下之纲父子。这些人是最初投降的一批。头陀寺在远江国长上郡内，位于天龙河畔。丰臣秀吉十六七岁时投靠松下家，是世人皆知之事。

久野的久野宗能。久野位于远江国周智郡，现在叫久努西村。《和名抄》记载远江国山名郡有久努乡，应是这一带的总称。久野氏是远江国大族，宗能属于家主这一支，其庶流中有久野佐渡、久野日向、久野弹正、久野淡路、本间十右卫门等。"与久野为敌，则远江武士全部变成家康之敌。"久野家的影响力便是如此。三河国奉行高力清长请久野宗能的归依僧、远江国可睡斋住持劝其投降，宗能则于此年十月将儿子千菊丸作为人质送到冈崎，表示臣服家康。至此远江诸武士都臣服。

井伊谷的菅沼、近藤、铃木。井伊谷位于远江国引佐郡的山中，在气贺城北一里，今川氏家臣井伊直亲的居城便在此处。直亲被氏真所杀，附属于他的地方武士菅沼忠久、近藤康用、铃木重吉便成了此地主人。家康出兵远江时，野田（东三河）的菅沼定盈与菅沼忠久同姓，又是旧相识。通过他的斡旋，三人投降家康。家康认可了他们的领地，并给予誓词。这就是"井伊谷三人众"。

引间的饭尾氏、堀河的大泽基辅投降的日期不详。根据大泽的家传，二俣、浅原、松下、久野等国人望风投降家康后，大泽仍作为今川方驻守孤城，无意屈服。家康认为这是义，给予誓文，则大泽投降。那么大泽投降应该在久野投降之后。

总之，家康还没有用兵，远江诸武士就多像风过草丛一般，各自派出人质，表达了归顺之意。家康没有遇到太大反抗就将西远江、中远江收入囊中。永禄十二年（1569）正月，他直接向氏真居守的挂川城发起进攻。

五 氏真撤退

家康如入无人之境般包围了挂川城，马上要攻至城下时，形势多少变得困难，与信玄的同盟也有些奇怪。这是因为信玄一开始就相当轻视家康，虽同意以大井川为境，由家康取远江、自己得骏河，但想着有机会也要将远江收入囊中，并频露锋芒。

比如天龙川的右岸井伊谷的东北部有个叫爱宕的地方。信玄命令将领秋山信友从信浓来到此地。秋山占领这处外围之乡，欲招揽此地武士。追随强者是这个时代的习惯，远江国武士此时纠结该投靠谁。城东郡马伏塚（横须贺附近）的小笠原长忠想要投奔秋山氏，带着人质前往那里的途中，遇到同族的小笠原新九郎，结果改变心意，一同投奔了家康。秋山想招揽久野宗能，但宗能已经向家康交出了人质，不从其愿。秋山立刻包围了久野的城堡。家康听说后大怒，向秋山传话："我们已经定好以大井川为境，骏河为信玄的领土，远江为在下的领土，现在您方进入我方领土却像是毫无顾虑一样。尽快搬走！"秋山不敢抗辩，畏惧着放弃了久野之城，回到骏河。宗能特意来到不入斗的家康大本营，向其表示感谢。信玄的心意如此难测，远江国武士的心中也有动摇，家康便先放缓战局，先保证己方彻底占有新领地。此时今川方也知道挂川城无法长久支撑下去，有了和谈之意，因此与家康充分沟通后决定开城。永禄十二年（1569）五月六日，氏真从挂川出城，由挂塚海滨登船，退到伊豆的户仓去了。据传此时家康与北条氏康商量说，若是让远江归我，便立誓将骏河归还氏真，所以让松平家忠将氏真送到户仓。

　　一方面写了骏河任你处置的誓书给信玄，一方面又写了从信玄手中夺回骏河的誓书给氏真。若信玄违背盟约应受谴责，则家康也应受谴责。何况此时信玄还没有公然与家康为敌，秋山的举动虽值得警惕，但被责骂之后迅速撤退，并没达到值得深究的地步。据说氏真从挂川撤退后，远江一带归了家康。次年五月下旬，他率领五六百骑兵在榛原郡巡逻。信玄的武士、大将山县昌景带着三千余骑通过此地，在金谷相遇时与家康的家臣争执起来，进而将家康堵在此地。家康认为敌众我寡，难以应战，退后五六百米至有利地形后按兵不动。山县欲追击，但忌惮家康方勇威，就渡过大井川回到了骏河。信玄对山县无缘由地与家康开战之事大为恼火，将其禁闭许久，但他的本意其实也是想消灭家康。这则故事虽然难以全信，但总的来说，与信玄联盟对家康来说颇具危险。家康预料到有朝一日会被出卖，只是在表面上仍维持着同盟。

六　信玄占领骏河

　　家康按照上述顺序统一了远江，五月二十二日将挂川城交给石川家成，并居住在见付的国府（横跨今日的见付、中泉两邑。中泉镜町有国府八幡宫），也给家臣分配了宅地，令其集中居住。但因"此处不适合"，他随后在引间乡滨松筑城，元龟元年（1570）正月移居该地，将冈崎交与长子信康。因此，在家康占领远江之后为其效力的人称作"滨松谱代之士"。

　　家康在将远江纳入囊中时，为帮助信玄切实占领骏河也费了巨大劳力。这是因为有小田原城的北条氏康这位劲敌存在。氏康对信玄无故攻入骏河、逐出自己女婿氏真之事十分愤慨，永禄十一年（1568）与其绝交，后派使者远赴越后的上杉谦信处，欲联合他夹击甲斐。谦信口头同意，但像过去一样只承诺不行动。不过，氏康借此得以避免谦信的攻击，能专心对付信玄。永禄十二年，依靠骏河国的北条势力，骏府暂时被收回。氏真仍在户仓城，但冈部正纲、安部元真等今川氏世代家臣依赖氏康的援军，将甲斐势力逐出，并修缮骏府城，试图稍稍恢复今川氏的故业。这年秋天，信玄率兵进入关东，于小田原城下放火，归途又在三增岭（相模国）大破氏康的军队。驻守骏河的北条氏武士听此消息，皆放弃城寨返回小田原城。信玄乘虚而入，再次入主骏河，并将骏河彻底据为己有。这是此年十二月的事情。

　　过完年，到了元龟元年（1570）正月，信玄再次出兵山西，攻陷了小原父子把守的花泽城。伊久见、藤枝等地大抵也在此时落入信玄手中。远江国榛原郡的小山在大井川河岸，过去属于骏河、远江交界之处，此时也归信玄所有。世传家康此时与氏康同盟，让骏府城暂时归今川方也是家康的意思（《德川实纪》采用此说）。然而家康与信玄公然为敌是在元龟三年（1572）春，此时仍表面上维持信玄＋家康＋信长的国际性同盟，则家康与氏康达成约定一事颇为可疑。加之信玄夺取骏河后，为了稳固占领而修建的城堡，诸如持舟、久能、清水，都位于戒备北条氏海军之处。他严防北条氏，反映了此时家康还没有成为信玄的敌人。

七　家康协助信长重兴将军家

接下来把话题转到此时信长与家康的关系上。信长各种讨好信玄这一恶鬼，保证了后方安全。永禄七年（1564）八月，信长攻入美浓国，击败斋藤龙兴拿下稻叶山之城，不久便将住所从清洲搬到此地。然而美浓是山国，彻底占领绝非易事。到了永禄十年（1567），美浓国武士才悉数服从信长。足利义昭此时将重兴将军家的大任托付给他，信长便与信玄合谋，自己进入京都、信玄取骏河、家康取远江，三国共享利益。我们不清楚这个计划是由信玄还是信长提出，甚至不确定两人是否达成过此种协议。不过当时的状况让人觉得有过协议。

按，此时被义昭托付尽力复兴将军家之重任的，并不只有信长一人。永禄八年夏，义昭从南都一乘院逃出，先寄居在近江国观音寺城城主佐佐木承祯处。据说此时他写信给诸国英雄，请求诛伐三好、松永之徒，收信人就包括越后的上杉谦信。谦信在足利义辉活着的时候两度上京，深为其依赖，此时义昭又写信鼓动其尽力恢复将军的家运。信玄、氏康等人大概也收到了同样的劝诱。

然而，信玄、氏康面前都有强国，将其攻破而抵达京都绝非易事。只有谦信在北陆道没有比肩之敌，只要与越前国的朝仓氏达成协议，就很容易出兵。谦信欲插旗都城，凭借将军之威成为第二个三好长庆，则其劲敌武田信玄必然不快，觉得不如让同盟者信长先进入都城，断了谦信的希望，而自己则先夺骏河、远江，坐收渔翁之利。谦信也考虑长远，想要先与正面之敌北条氏讲和，消灭信玄后再上京，可惜他与北条的和谈未成，此事拖延下来。

于是，永禄十一年（1568）七月二十七日，信长先将义昭从越前国迎到美浓国西庄，安顿在立正寺，而后派出使者，随义昭的使者一起前往近江的佐佐木承祯处，要求义昭此次进京时沿途各处派出人质，并负责招待。使者在观音寺逗留七天，义昭允诺若是将军家成功再兴，将依照先例任命承祯为天下所司代，催促承祯答应，然而承祯仍不肯迎接信长之师。信长决定讨伐承祯，与妹夫小谷城城主浅井长政一起出兵，九月十一日进攻承祯父子三人驻守的佐佐木城、观音寺城以及箕作城。十二日，箕作城首先陷落。十三日，观音寺城也被攻克，承祯父子逃到甲贺山中。

进攻箕作城之时，家康派遣的援军将领松平信一三十一岁，以先手之势攻入城中，行动利落，信长脱下上衣当场奖给他："信一虽年轻，但真是有胆之人。"此前，信长派使者津田源八郎到冈崎请求家康援兵。如此，信长先于义昭一天，即九月二十八日进入东福寺，未去皇宫参拜就直接进攻畿内敌人，三好、松永之辈惧其猛威，或是投降，或是逃跑，顷刻间京畿地区归于静谧。十月四日，义昭从芥川回到都城，信长也随即入京。二十二日，义昭进宫谒见天皇，所谓再兴将军家的任务到此全部完成。《信长公记》所记"畿内逆徒虽分散各处，构城支持，但如草木望风而靡，十余日内悉数退散"，正是此番景象。

与信长平分战功的武将，还有小谷的浅井长政和家康。这一年冬天，家康向将军申请使用本姓"德川"，并通过左大臣近卫前久向天皇禀告，十二月九日得到许可。这大概是因为家康与信长共同拥立将军的大功。家康此前与今川家绝交，改"元康"为"家康"，此时又得到敕许，可以公开称"德川"这一姓氏，从此变成了当之无愧的"德川家康"。在西边帮助盟主成就霸业、统一畿内，在东边与信玄同盟获得远江之地。当时的家康可说是幸运儿。

八　彻底占领远江

自永禄十二年（1569）五月六日氏真失掉挂川城，到元龟三年（1572）闰正月，信长、家康、信玄之间姑且结为同盟的几年里，信玄不时向美浓、三河、远江边境出手，多少做了一些坏事，但没有公然显露出与信长、家康为敌的意思。信长、家康也知道"信玄是位绝不能掉以轻心的朋友"，感觉到好意过头成麻烦。如前文所述，相模国的北条氏康颇不满信玄的不义，一定要帮助氏真夺回今川氏的骏河国。对于劲敌上杉谦信，氏康让步求和，想要以谦信＋氏康的猛势从后方夹击信玄。幸运的是，谦信对与氏康合力讨伐信玄这件事兴趣不高，因此信玄免于受两国夹击的危险。不过，氏康已然将三儿子三郎交给谦信做养子，则两家自然不可能再打起来。此时若背叛信长、家康而树敌，那么背有氏康或谦信，腹有家康及信长，四方受敌，即使是信玄也难以承受。

正因为此，信玄在元龟三年（1572）正月二十八日甚至向信长的书记官武井夕庵写信说道，"纵使扶桑国过半落入您手，我也不会因旧怨而对信长心怀疏远"，深表自己并无他意。自谦信攻入关东后，谦信、信玄、氏康都全力争夺关东平原，搁置了骏河问题。在氏真孤立的这段时期趁机统一三河的家康，现在又趁着信玄忌惮谦信、氏康而切实占领了远江。连头挂脚的四年时间，对政治家来说绝非短暂。正因为有了这些悠闲的日月，家康才能驯服刚刚得到的远江诸武士的心，后日遭到信玄攻击时，也没有上演举国望风披靡的丑态，而是诸武士坚守滨松城，妥善保住了边境。这是这四年的悠闲岁月施与家康的好处。

第五章

义昭发难

一　足利义昭的阴谋

然而，信玄在此期间虽然表面上对信长、家康以同盟相待，实际上在不断策划消灭信长、家康两国。但这个阴谋的发起者不是信玄，而是比他道行还高的身居要位之人。这个人操作阴谋的丝线，让信长痛苦，进而也让家康陷入窘境。这个阴谋的谋划者是谁？别无他人，就是此次被信长拥立、可喜可贺地达成了将军家复兴目的的将军足利义昭。他出家之后，被称为"昌山"。

关于义昭的为人，世间传闻很少。《老人物语》将义昭写成被信玄诱骗做出谋反信长之举动的糊涂人，如同笨蛋一样，但这是颠倒了主客关系。事实并非是信玄诱骗义昭，而是义昭诱骗了信玄。义昭劝诱强有力大名，将他们当成掌中之物已不是第一天了。从南都逃脱之后，他先是依靠佐佐木承祯，看到佐佐木不可靠后便依托若狭国的武田氏、越前国的朝仓氏，其间还远派使节至越后国的谦信、相模国的氏康处求助，直到幸运地依托信长才顺利进入京都，达成了复兴将军家的目的。事实胜于雄辩，这段经历足以说明义昭其人。

由此来看，义昭即便糊涂，也会不时做一些巧妙之事博得强大大名欢心，进而惹起天下大乱。况且不管沦落到何种境地，他仍是足利将军家的家主。虽说注重名号的时代已经过去，但拘泥于旧事物是人之常情。如此之人居如此之位，可谓险上加险。信长知道义昭此种性格，拥他入京复兴将军家后不久，便劝告他说："将军家向诸国发送指示索要马匹等物资，前无先例。考虑到外界会对此事做出评价，相信您定然三思。此事若未达成，请将种种说与我听，由我附信。"

然而义昭无视这个约定，面不改色地频繁向诸大名发送秘密信件。永禄十二年（1569）三月十日，他写信给谦信，催促其尽快入京；在此前后，他又派密使到大阪的本愿寺、越前的朝仓氏、近江的浅井氏、甲斐的武田氏处，计划歼灭信长。自此之后，信长一生遭围攻的主谋者即是义昭。不管是怎样的豪杰，遇到义昭也只能在苦闷之中郁郁而终吧。丰臣秀吉看透了义昭的此种本性。人们推测义昭是将军之后，一向大方的秀吉必然会赐予他很多领地，结果却只有区区二百石，徒增众人嗤笑。大概秀吉也知道，只要义昭手中多掌握一些资源就会露出本性吧。

世传义昭从近江逃到若狭，泛舟琵琶湖之上时赋此诗：

落魄江湖暗愁结，孤舟一夜思悠悠。

天公亦慰吾生否，越白芦花浅水秋。

如果这真是义昭的诗，则其文采在此时代的武人中可谓杰出。但此诗记载于难辨真伪的军书，或许是好事者的伪作。我们无法仅以此来定夺义昭的贤愚、气度。自永禄八年（1565）兄长义辉去世至天正十年（1582）信长被杀的前后十八年里，义昭鼓动天下有力诸侯，鼓动比叡山、本愿寺，恒常不断且毫无休止地尝试复兴足利家。此种精力，确实有作为阴谋始作俑者的资格。与他相比，石田三成等人都略逊一筹。义昭毕竟是将军家的正嫡，世人怀古恋旧，难免在不知不觉中被其操纵。

因此种种，信玄很早就倾向于本愿寺＋朝仓＋浅井＋义昭的同盟，受要消灭信长的义昭劝诱，私下表示支持。但碍于背后还盘踞着谦信、氏康这样的劲敌，所以他无法公然与信长、家康对抗。瞻前顾后间，朝仓、浅井、本愿寺与信长为敌，中原生变，而信玄仍装作不知情地在表面上配合信长、家康。

二 金崎之战

京都的丰原统秋给骏河的宗长寄信中有"上月三日赐书，本月十九日送达，已拜读"等内容，见《宗长手记》。据此可知，京都到骏河的书信要四十六天送达。这个速度在当时也比较慢了。根据《古本家忠日记》，天正十年（1582）六月二日早晨发生本能寺之变的消息，在该月四日传到三河。这个速度在当时可谓神速。在交通、通信设施还不发达的世界，星罗棋布的大名之间难以沟通感情，彼此交流的意思也含糊，就像今日日本人不通晓欧洲人事一样。

因此，义昭劝诱信玄，信玄回应义昭，朝仓氏、本愿寺联络义昭、信玄这个过程，毕竟是通过不完备的机制进行，实施时或者贸然行动，或者行动太慢，很少恰当配合。此时诸国发生的种种惨剧，大抵都是因此种沟通问题而产生。

朝仓、浅井之徒收到义昭的请求，又听闻甲斐的信玄同意，自然认为一旦举兵信玄也必然会起兵响应，于是元龟元年（1570）春天，朝仓氏先向信长发起了挑衅。据《朝仓义景记》，信长作为天下的副将军，没收了诸国的寺院神社领地，其中美浓国有一处寺院领地原属朝仓氏。这是一块距离本国遥远的飞地，其祖辈为了佛法将它捐给延历寺。信长将其没收，寺院便向将军申诉。将军命令返还，信长虽答应，但迟迟没有执行手续的意思，因此延历寺大为光火，秘密向朝仓义景派出使者，鼓动其讨伐信长，以清君侧。

因此，义景对信长心生不快，这年春天京都室町的将军府邸落成仪式，他不顾信长催促而故意没有到场，信长便出师讨伐。就这样，两方都有了出兵的理由，但毕竟如前所述，这是以义昭为中心的阴谋，义景只是先露出谋反之意而已。为了这个落成仪式，家康特意从远江上京，四月十四日参列，随后就与信长的军队会合，往近江北部移动，前往越前。家康已事先从信长处得到帮忙讨伐越前的请求，因此带了许多人上京。

　　信长、家康四月二十五日抵达敦贺，首先攻下手筒山城，据传杀敌一千三百七十余。二十六日，他们进攻金崎城。城中将领朝仓景恒退出城堡并投降。引坛城的守军也撤退，信长、家康由此可以攻入越前。这时传来江北的浅井长政突然谋反，断了后路的消息。即使是信长也大吃一惊。信长、长政的同盟由来已久。信长还在清洲，仅仅是尾张之主时，长政就娶了信长的妹妹，成了他的同盟。信长消灭美浓国的斋藤氏，自然也是因为长政据江北助力才迅速取得成功。因此，三河的家康、飞驒的国司家（姊小路氏）、江北的长政等人虽领土有大小，兵力有强弱，但对于信长来说都是同门一样的同盟者。长政靠着信长的庇佑而占领半个近江国，只要将观音寺的佐佐木承祯赶出，在此国中便无人能敌。因为此种关系，信长做梦都想不到长政此时与他为敌，与朝仓一起要置自己于死地。

　　但从浅井氏的角度来说，背弃信长改投朝仓并不是毫无理由。浅井氏的居城小谷（近江国浅井郡）本在高山险要之处，山间交通直通越前。从地理上来说，这里也应该以越前为后援。因此他常常向朝仓氏求助，借他的兵力确保自家威信。比如后柏原天皇永正十四年（1517）九月，京极高峰、江南的六角氏（观音寺的佐佐木氏）合兵包围小谷，守城都困难时，长政的祖父亮政就请求越前支援，而义景的父亲孝景立刻出兵从后方包抄，亮政则从城中突击，大破京极、六角之军，由此确立了江北守护的权威。在此阶段，浅井氏与朝仓氏的关系，和德川氏与今川氏的关系是一样的，且朝仓氏给予浅井氏的恩惠更深厚。因为此种关系，浅井氏家臣具有怀古思想的人会认为背叛朝仓是不义之举。再加上，将军家的秘密网络从京都延伸到各处。虽然浅井氏身处僻地，鲜少知道天下的形势，但也觉得义昭＋信玄＋义景＋长政＋本愿寺的密约已成，则天下无可忌惮之事，突然对信长谋反也就不那么奇怪了。

此时信长、家康所在的敦贺，地形如口袋。前有越前的大敌，后有江北的浅井氏隔断，他们就像袋中之鼠。不管手下士兵何其勇猛，坠入袋底，信长之谋略、家康之勇猛都无处可施了。浅井、朝仓此计真是巧妙。据《三河物语》所记，此时信长觉得保命最重要，没有和家康打招呼便在天刚黑时撤退。天亮之后家康才知道信长弃自己而去，在丰臣秀吉的带领下最终逃了出来。

此段应该是根据当时的口传所写，但我们可以据此想象信长狼狈逃出危险地区的样子。信长传中有名的"越朽木"说的便是此事。朽木谷位于近江国的高岛郡。今天从京都北面的八濑、大原进入谷中，有通向若狭、越前的道路。此谷南北长、东西窄。松永久秀此时雌伏于信长而随军征战，说"既然浅井叛变，您应当穿过朽木谷回到京都。此谷领主朽木元纲曾是鄙人知音，如蒙允许，鄙人前往其宅拜访，拉拢他成为我方同伴，带回保证人。若是元纲不同意，则是我的误判，宁愿一死"。信长马上允许，久秀前往朽木宅邸，美言劝说并让他派出了保证人。信长此次虎口脱险可以说全靠久秀的帮助。

就这样，信长在这年四月三十日带着大军回到京都。撤退之时，他将丰臣秀吉留在那里，仅给了七百骑。家康四月二十八日从秀吉那里知道了信长已经撤回京都的消息，并知道浅井谋反的原委。在与秀吉一起撤退的途中，朝仓军在身后急追，秀吉多次陷入危机，据传都是家康回头相救，甚至在马上开枪解围。不久，家康与织田军分开，出若狭国西津至小浜，穿过根来谷（若狭国远敷郡），越过针畑经鞍马山回到京都，与信长相会。信长、家康跋涉深山幽谷才得以回京，足可见浅井、朝仓的妙计。但初学围棋之人常有不守角之处，往往在胜算在握时输棋。初次布兵也大抵如此。浅井、朝仓以为对方是瓮中之鳖，但信长、家康却顺利逃了出去。既然已逃脱，他们就不再是老鼠，而是老虎，是真真正正的老虎。义昭大网般的诡计，在第一步就露出了破绽。

三　姊川之战

前文已述，义景、长政向信长宣战，完全是因为足利义昭织出的蛛网试图捕捉信长这只蝴蝶，逃到甲贺的佐佐木承祯也信了义昭。于是江南、江北全部与信长为敌，西面大阪的本愿寺也已经与义昭密通，暗暗煽动门徒。逃出敦贺谷的信长被四方逼入京都，进退两难。

因此信长在这一年五月九日从京都出发，踏上归国的旅途。浅井已经变成敌人，他便无法再经中山道回，于是从小路出伊势国。承祯探查到这一情况，本就清楚此地地形的他试图在途中阻挡信长，先将长政等人迎入鲶江城（近江国爱知郡），又与市原乡（近江国蒲生郡）的一向宗门徒合谋掀起一揆。然而信长也不

是全无同盟。日野（近江国蒲生郡）有蒲生贤秀，香津畑（在近
江国蒲生郡，与市原郡接壤）有菅谷左卫门。这两人过去都是承
祯的家臣，此时已看清他难当大任，成了信长的忠心同盟。信长
得两人帮助，于五月十九日越过伊势、近江边界的千草崖进入伊
势，回到岐阜。跨过千草崖时，有一位名枪手杉谷善住坊应承祯
所托，埋伏在信长通过的道路旁，在二十四五米的地方瞄准信长
开了两枪，所幸信长只是擦伤，没有成为哈尔滨的伊藤博文。此
时家康从什么道路回国我们就无从知晓了。

信长回到岐阜后不久便准备出兵，也像往常一样要求家康协
同。六月十九日，信长从岐阜出兵，用意自然是向浅井、朝仓复仇。
此时信长还在岐阜，但二十九日后将马头调转向西。大概是甲斐
的信玄没有表现出敌意，信长料定他不会在自己与近江、越前大
战时放冷箭。听说信长已经出兵，此前一直是浅井氏盟军的近江
国坂田郡大名堀氏、其重臣樋口氏背叛浅井而投靠了信长。同郡
的长竞城（在美浓国与近江国交界处，两国的山脉像是竞争高下，
由此得名）、美浓国郡上郡刘安城自古就归浅井方，听闻堀氏已
经倒戈便撤退了。信长自金崎退回岐阜后，江北的长政、江南的
承祯共同与之为敌，则近江国已非信长所有。但事实上，浅井氏
只是小国，并没有突破信长强兵的实力。承祯煽动了江南诸郡门
徒一揆、四处暴动，人数虽多，但不过是乌合之众。

用欧洲中世史来比喻，承祯麾下的甲贺、伊贺武士就是瑞士
的山兵，其奔走于险阻之地、善于射箭，是此时代具有特长的精兵。
但其人数不多，大多数只是身为本愿寺门徒的百姓。在信长出兵

前的十余天里，他们在野洲河岸的落窪乡被信长的武士柴田胜家、佐久间信盛击溃，直接撤退，长政期待的江南地区早早恢复了平静。二十一日，信长逼至小谷城城下，在各处放火示威。二十二日，信长暂时收兵，第二天包围了由长政将领三田村国定、野村直隆等人把守的横山城（位于近江国坂田郡，邻接姊川的南岸），扎营于城北端面临姊川南岸的龙鼻。

此日家康也至龙鼻与信长会合。在此之前，长政频繁催促越前出兵，义景一族的朝仓景健作为包抄小谷的部队，率八千多兵力支援，驻军于大寄山（小谷东侧，东西向山脉），六月二十七日黎明拔营，二十八日天未亮与信长、家康隔着姊川对峙。长政也出小谷，与其会合。据传浅井、朝仓军总共一万三千人。这一天，信长、家康对阵景健、长政，朝仓、浅井大败，史称"姊川之战"。

四　义昭的包围圈

与信长敌对的义昭＋义景＋长政＋本愿寺＋信玄的秘密同盟，并没有就此停止行动。姊川之战结束后不久的八月末，在美浓做无主武士的斋藤龙兴，此时被称作"南方浪人"的细川昭元、三好长逸、三好康长、三好宗渭、安宅信康、十河存保、岩成友通、篠原长房、香西长信等聚集了八千人，背后又得到大阪本愿寺的援助，在野田、福岛（离摄津、大阪很近）两地筑城与信长为敌。信长立刻率兵出战，扎营天王寺。这些人本就是乌合之众，士心无法凝聚，八月二十八日夜晚，三好宗渭、香西长信来到天王寺投降，信长因此移阵到中岛，再移至天满森，又移到海老江。义昭也率兵助阵。眼看敌城已无法防御时，九月十三日月夜，此前一直化装成佛面、带着中立面具的大阪本愿寺突然向信长军队开枪，公然与其为敌。对信长来说，事态颇为棘手。

因为早有密约，浅井长政、朝仓义景也迅速从本国率兵入京，两人的兵力加上近江本愿寺的共有三万，于九月十六日至本口。十九日，驻守宇佐山城的信长将领森可成、织田信治等相继战死。二十日，长政、义景军乘胜在大津、马场、松本等地放火。二十一日，其先头部队跨过逢坂，烧光了醍醐、山科，即将入京。二十二日，这些消息送达坐镇中岛的信长处。信长立刻停止进攻野田、福岛两城，随义昭一起返回京都。本愿寺见信长撤退便开始追击，织田方大败。不过信长对军队进退之策反应极其迅速，顺利与义昭一同返回京都，长政、义景的先头部队没能进入京都就撤退了。信长则在九月二十四日离开本能寺，越过逢坂，欲与长政、义景一战。扎营于下坂本的义景、长政则登上比叡山。比叡山延历寺自然是义景、长政的同伙。至此，公然与信长为敌的人有越前的义景，江北的长政，近江国的本愿寺派，大阪的本愿寺，承祯、龙兴等失去属国的无主武士，其他佛教门徒等。

其中近江国是本愿寺门徒分布众多的地方，各处都出现了一揆，信长回尾张、美浓的道路也因此时断时通。丰臣秀吉、丹羽长秀等信长将领在近江国诸郡四处镇压，然而门徒此起彼伏，颇为难缠。信长先是想与延历寺交涉，使其倒戈为盟友："如果贵寺助力，我分国中的佛领如旧奉还。但出家人不应战争，请您放弃长政、义景，保持中立。"他使用巧妙的外交辞令试图离间敌人，然而延历寺不为所动，则信长也无计可施了。至此，信长被迫从九月末到十二月初一直在志贺督战，与山上的长政、义景对阵。

十月二十日，信长派使者上山传话："这样对峙只是浪费日月。若想一战决胜负，那么我们定下日期，共同赴约。"长政、义景并没有就此下山。此时家康派重臣石川家成率军到志贺出战，又命本多康重、松井忠次到佐佐木承祯煽动的该国野洲郡镇压一揆，援助信长的将领。不久，信长便像往常一样施展外交之术，与佐佐木承祯讲和，并以巧语引诱其党。佐佐木氏的武士三云、三上等人到志贺效忠，其势力范围内的江南一揆自然也就平息了。

然而信长一直坐镇志贺，无法回到美浓、尾张。在大阪本愿寺的指挥下，以尾张国河内郡、河内御堂（见前文）为中心的长岛一揆蜂起，此年十一月二十一日攻占了用于镇守长岛、由信长方建立的小木江城，城将织田信兴战死。信兴是信长的弟弟。

信长欲一举灭掉长政、义景，并没有改变包围状态，若义景、长政不下山，那就用消耗战取他们的性命。《三河物语》记这场对战称，信长认为北国很快就会积雪，那样山上粮食就会耗尽，可以饿死敌方。然而山上可以从寺院那里借兵粮，且长政、义景如信长所料的那样没有屈服。山上人数有三万多，加上近江国大部分都是越前的党羽，退回岐阜的道路被堵塞。信长方人数仅一万，几乎没有胜利的把握，此时当先争取讲和。于是信长致信山上说"就把天下给朝仓殿下，我不会再觊觎了"，以此顺利撤回到岐阜。

但这种说法也只是当时流行在三河街头的小道消息罢了。事实与此说法完全相反，求和的一方不是信长，而是义景、长政。他们依靠寺院的支持在山上布阵，但并无下山与信长一战的勇气。信玄按兵不动，大阪的本愿寺也没有夹击信长的势头。由义昭诡计促成的合纵连横之术，到了如此境地也是远水救不了近火。若再如此僵持下去，义景、长政必然真的像信长想的那样饿死山中。他们多次向义昭抱怨，而策划此计的义昭当然不能让他们死。打算先暂停这场角力，然后上演第二场的义昭劝告信长："这次就让我们忍一下，与义景、长政缔结和约吧。"仅此劝告，信长自然不会同意："虽然您这么说，但他们实在可恶，请务必让我把他们饿死。"义昭又和关白二条晴良一起到三井寺见信长，以圣旨说服信长。信长觉得如今到了讲和的时机，恭敬地接过了旨意。此年十二月十三日，义景、长政与信长的和谈可喜可贺地取得成功：（一）信长带兵过湖，撤回势田；（二）义景、长政退兵至高岛，接收信长的人质。双方履行了条件。十五日，义景、长政下了比叡山，各自返回本国。

以此推测，此出戏作者义昭策划的人事大多与预期相反，好不容易张开的蛛网也有很多出乎意料的破绽，于是落入网中的蝴蝶信长逃了出去。义昭心中无法再保持平静了吧。

第六章

对抗武田氏

一 以信玄为敌

元龟二年（1571）五月，信长顺势进攻河内郡的长岛，在各地放火后回到大本营，报了去年冬天弟弟信兴被杀之仇。不过他此时也难以处理与本愿寺为敌一事，便请求义昭以将军身份命信玄居间调解，促成双方和谈。事实上，义昭是包围网的主谋，信玄是拥护此行动的参谋，而本愿寺不过是参与行动的同伙。但表面上，义昭是信长拥立起的将军，君臣之间应当是鱼水之情，而信玄是信长的友军。因此义昭不得不按照信长请求的那样去做，信玄也不得不服从将军的命令，劝说本愿寺和谈，而本愿寺也表示同意。浅井、朝仓退回本国再未出来，本愿寺已经与信长和谈，则比叡山延历寺自然成了孤立之势。信长趁此机会，至此年九月攻上寺院，将堂舍、僧房等悉数烧光，屠杀许多僧众。构成以义昭为中心的包围网一角的延历寺势力，到此彻底崩溃。

　　此处有一事需要注意，即从姊川之战至元龟二年（1571）年末，信长多次陷入危险，但此前每次都轻易出国协助信长、履行同盟国义务的家康，这一年半从未离开滨松。信长有事时，他也仅派将领为援军。

　　从各方考虑，家康在滨松如此按兵不动、不轻易伸出拳脚，是因为此时的信玄虽表面上与信长、家康同盟，但暗地里已经被义昭拉拢，在背后支持义景、长政、延历寺、本愿寺。信长、家康自然有所感知，在信玄怀有异心的情况下，三河、远江的边界最为危险，因此家康不轻易离开居城前往京都参战。这是信长、家康两雄商议后的决定。家康始终守在滨松，大概是打起万分精神留意着信玄的一举一动。于是，信玄与信长、家康的关系表面上是同盟协约之国，暗地里却如敌国一般互相猜疑、各自较劲。元龟二年（1571）十月十三日，小田原城的北条氏康去世，东国形势一变，信玄便开始公然与信长、家康为敌。

　　家康早就怀疑信玄的心思，对于国交破裂也有了准备。最终在元龟三年闰正月，家康在远江边境巡回，到了大井川边时，信玄突然派使者前来诘问："旧日与您方约定以天龙川为界，分治远江，为何您违背约定，巡回至大井川？"誓书上写的"分河而治"本是以大井川为界的意思，信玄故意模糊，将其解释成以天龙川为界，向家康抛出难题。用现在的话说，这相当于向家康发出了最后通牒。

　　至此，信长、家康对信玄的同盟契约便告以结束。但是信长、家康在国交如此变化时，自然不是束手无策。二人先后对信玄起了戒心，与远在越后的谦信沟通，尝试从背后钳制，以为应对之策。谦信答应，因此信长＋家康＋信玄的旧联盟结束，信长＋家康＋谦信的新联盟就此诞生。

　　谦信与信长、家康结盟事出有因。对他来说，阻碍其统治北国的只有加贺、越中两国的本愿寺门徒。如今本愿寺联合朝仓、浅井欲迎信玄。信玄可以说成了本愿寺的保护者，加贺、越中的一向宗门徒大概也觉得以信玄为护符，是抵御谦信猛威的良策。这就是谦信始终无法与信玄讲和，进而插旗京都的理由。加之北条氏已经与谦信绝交、与信玄结盟，则在此层面上，谦信已处于孤立状态。因此信长、家康此时向谦信寻求结盟，他自然迅速答应。

　　信长与谦信沟通在元龟三年（1572）。之后双方交换誓词，谦信向信长请求质子，信长则在这一年十一月七日回信给谦信的家臣直江兼续，二十日再写信给谦信，告知进攻小谷的战况，说"以谦信之手，二三十日间便可将加、越门徒全部扑灭；若局势不那么明朗，那暂时搁置加、越而前往信州，从信玄后方攻击，则击退信玄甚易"。从这些往来书信分析，谦信与信长在此时明显已经达成了充分协议。

　　家康与谦信的沟通大概要先于信长。将家康介绍给谦信的是今川氏真。今川氏自今川义元以来一直与谦信交往。谦信要复兴上杉管领家、从越后攻入关东时，义元从骏河出发，与其合力攻击氏康。因为此种盟友关系，此次北条氏政加入与氏真敌对的信玄一方，则氏真不能再依赖北条氏，只能逃到远江成为德川氏门客。于是他借义元与谦信的旧交，做起中间人的工作，促成谦信与家康结盟。不过此事诸说不同，难考详情。总之，与谦信结盟牵制信玄，是信长、家康达成一致后实行的政策，可谓相当成功。

因此，我们不能认为这个时代的武将只有武功卓越。信长、家康这样的外交名手即是明证。一边与大国之主北条氏政结盟，一边与大阪的本愿寺、加越的本愿寺门徒、朝仓义景、浅井长政结盟，并蒙受将军义昭旨意的信玄，自然难以抑制称霸上野国的雄心，频显其用意。传言信玄此次定会攻到京都，都城的人自然惊慌，河内国若江城城主三好义继与坐镇该国高屋的畠山氏开始私斗，大和国志贵、多门两城城主松永久秀父子为三好助力，大和、河内两国即将成为乱国。久秀是当时的智者，或许觉得信玄、信长矛盾是个好机会，便煽动三好氏争斗，趁乱获利。此外，前一年因信长而被迫隐居的伊势国司北畠具教也暗地联系信玄。

二 三方原之战

京畿地区帮助的力量很多，信玄此次必要达成宿志，便于此年十月以山县昌景为前锋，出兵远江，攻下多多良、饭田两座城池。暂时收兵后，到了十一月下旬，他再次出兵进攻二俣城。此时小田原城的北条氏政派出近藤纲秀等人参战，作为信玄的援军。不仅如此，三河山岳部的山家三方众奥平贞胜、菅沼满直、菅沼定忠也纷纷舍弃派到家康那里的人质，向信玄投降，此次应其要求加入甲州大军。敌军如此强大，家康必然正面迎战信玄，奔赴这场赌上国运的大战。他认为事态颇为严重，早早向信长求援。信长派重臣佐久间盛次、平手泛秀，再加上家康的舅伯水野信元援助。

援军到达滨松后不久，十二月二十二日，二俣城最终陷落。信玄乘胜进攻堀江城，家康从滨松出来，在三方原先展开步兵交战。不久，佐久间、平手等人赶到，两军大战。信玄率领被称为"水股者"的三百士兵作为先锋来到战场。他们是投石作战的兵种。之后，依照甲州一流的军法，密集的数团大军打着进军的太鼓、迈着整齐的步伐如巨浪一样涌上来。家康方大败，信长的后援平手泛秀、家康的武士成濑藤藏等人战死。这一战役史称"三方原之战"，在家康的传记中是著名的败仗。

按照诸书记载的三方原之战过程，信玄的本意并不是包围滨松，而是在攻下二俣城后直接进军三河，再向着东美浓方向逼上三方原。如果家康坐镇滨松城不出，信玄应当会从三方原攻入井之谷，然后至长篠。然而家康从滨松城冲出来，率兵行进三里，最终大败。《三河物语》所记载的正是如此。在《信长公记》中，信玄当时不顾滨松，想从二俣城直接绕到堀江，而家康从滨松城冲出来到三方原参战。《甲阳军鉴》认为家康打上三方原是因为血气方刚，做事急躁，是家康挑起的战争。诸说多少有点差异，但此战是家康积极对信玄采取行动这一点确定无疑。

家康如此血气方刚是有原因的。信玄的武勇天下皆知，其眼中本就没有家康。在远江地区，多多良、饭田、二俣诸城已落入他手，三河的山家三方也早归他旗下，远江、三河的诸武士渐渐要望风披靡。信玄轻视家康，觉得他不管怎么硬挺，最终也只会投降。若是他懂得其中利害，自然会待在城内不出头。然而家康并非信玄想象之人。"即使是信玄，也不是什么鬼神，其率领的大军也不足为惧。""若是有人从我城内践踏而过，无论如何都要还击。不管武田多么厉害，蹂躏城下便没有安然旁观的道理。弓箭之耻不过如此。否则到了后日，敌人从枕头上踏过去也毫无起身之意，被世间所有人嘲笑为胆小鬼，成为历代背负的耻辱。"说出这些话的家康无老成持重的样子，丝毫不露恐惧的神色，愤然冲向信玄的阵地。

这是家康独有的气质。他在面对特别困难的问题时，经常选择正面面对。被信玄无视的家康反过来也无视信玄，出城三里，面对强敌仍积极进攻。这虽像血气之勇，但话说回来，它也是面对强国时振奋小国群众心理的必然之举。此时家康若是畏惧信玄之威，在滨松城躲着不出，那么刚刚臣服的远江地区武士会比三河诸武士更加明确地、像水往低处流般自然地归附信玄。那么家康就会孤立而自灭。此时正是速战速决、一战论成败的时刻，正是要拿出"信玄是什么东西？"的气势，敢于参加无胜算之战的时刻。若世上有无用之用，那也有无谋之谋吧。家康这样的人，自然通晓其中道理。

何况家康此时正值三十一岁的壮年，精力旺盛，充满进取精神。宁愿赴死也不苟活，决心进攻，对他这样的年轻大将来说确实是与年纪相符的决定。只是敌人是在东国被称为"弓矢柱"的信玄，其率领的士兵是在战场上千锤百炼的甲州武士，而且敌众我寡，所以家康再精于战斗，最终也自然以失败告终。

　　这场战争家康成了彻底的败方，甲州军队断了家康的退路，他决意拼死战斗，单骑从三方原的崖道上杀出一条道路，撤退到滨松。战血染红了盔甲，他成了浑身朱红的武士。敌人知道此人是家康之后纷纷阻挡住其退路，然而家康是弓箭的能手，即便在马上也接二连三射倒敌军脱险，勉强归城。家康的家臣夏目吉信此时留守在滨松城，听说己方战败的消息后，披挂上阵，中途见到家康危险便劝他回城。家康毫无所动地说："我们是败军，有什么脸面回城？何况敌人从后袭击，回城绝非易事。不如在这里痛快地死。"夏目各种劝说后，假称是家康，与追来的敌人战斗而死。松平忠次看到家康全身染红，容易被敌人发现，让他和自己互换铠甲以骗过敌人。

　　在这样的臣下守护下，家康得以回到滨松城。我们可推测出当时九死一生的激战状况。家康回城之后，直接到起居处，吃了三碗侍女久野端来的热水泡饭，拉过枕头一头倒了下去，鼾声如雷。听闻此事之后，众人也就安心下来。城中诸武士根据家康的命令敞开城门，在门内外燃起篝火，以便后面的人能迅速归城。

　　总之，这场战争无疑是家康方战败了。面对信玄这样的大敌，以寡兵积极进攻、拼死交战已足以扬其武威。虽然信长的援军平手泛秀、家康的知名家臣等战死，但整体来看，诸家臣都安全撤退（据《三河物语》）。信玄深知兵法，赢了此次战争，但也察觉到家康难以欺辱，滨松没那么容易攻陷。若是屯兵于坚城之下，信长、谦信趁机从两面攻来，他反而进退两难，所以没有特意追到滨松城下而是选择退至信浓。此时他身体已不如常，过完年的天正元年（1573）二月十四日便暂时撤回甲府。据传是因为患病。越后的谦信听说三方原战败，遥寄书信慰问家康，而家康也于次年二月四号答谢其好意，约定谦信出战信浓时响应，夹击信玄。

三 义昭公然背叛

信长、家康与谦信的结盟很好地牵制了信玄。即使信玄已经决定攻上京都，但碍于后方仍迟迟无法行动。他在三方原之战打败了家康，但没有追击并围攻滨松，甚至连美浓都没有去，而是在次年二月因病暂时返回甲府。于是，都城便有人认为信玄不可依靠。松永久秀等也暂时停止了趁乱牟利行为，在元龟三年（1572）冬天再次向信长投降。

在此情况下，最感到危险的自然是将军义昭。他本来就是与信玄结盟、欲灭掉信长这一伙人的魁首，因此担心信长某天会脱下表面臣服的伪善面具，而信长也隐约觉察到操纵信玄等人的应该就是义昭，此后秘密命令其将士做事故意惹义昭生气。到了元龟三年冬，他最终呈给义昭十七条谏书，要求其反省。其第一条称：

> 进宫谒见之事，光源院殿（义辉）长久懈怠，故而失去祖先庇护。自入洛时，我就时刻劝你不懈怠此事，但近年来您已遗忘，实在遗憾。

这是责备说，义辉因缺少尊王的诚意而蒙受天罚而死，义昭进入京都再兴将军家时，信长教育他尊王大义，谏言绝不可马虎地对待朝廷之事，然而如今他似乎完全忘记了，实在过分。此时可能信长心中对义昭已经没有感情，不再想关心将军家兴废，只仰仗于皇室之威，以自身剩下的岁月来执掌天下，所以才在谏书开头这样说吧。第二条是责问义昭背弃约定，没有告知信长便向诸国发送私信之事。除此之外还有很多条目。虽说这是谏书，但其实是在控诉义昭背信弃义，罗列其罪行。

即使义昭脸皮够厚，事已至此也不得不露出真实面目了。元龟四年（1573）二月，义昭终于在石山、坚田筑城与信长公然敌对。此时义昭向信玄、义景、长政、本愿寺派出使者，告诉他们自己不得已而出兵，根据此前的秘密同盟，请各方派出支援。信长听此消息后，直接从岐阜出兵，二月二十六日攻入石山、二月二十九日攻占坚田，随后暂时撤兵回岐阜，三月二十五日再次从岐阜进京，四月四日与义昭和谈。事实上，这是义昭向信长投降。

自此之后，义昭仍是征夷大将军，但实际上只是信长的俘虏。在此种情况下，甲斐国的武田信玄如果按照预定计划上京，义昭未必不能借其力量从被俘状态下脱身。然而，对义昭以及加入秘密联盟的诸大名来说，唯一可以依赖的信玄猝然病逝了。他在元龟四年二月因病暂时率兵回甲州，三月出兵三河国，筑造山寨，四月十二日攻下野田城。不幸的是，此时旧疾再发，回程时病逝于信浓国的伊那郡驹场驿，据传此时五十三岁。诸国形势急剧变化，他们深表失望，而信长、家康因为这位年迈的英雄强敌去世而松一口气。

四　忍耐与锻炼的十年

自元龟四年（1573）四月信玄去世，到天正十年（1582）三月其子武田胜赖在天目山自杀，这十年里家康的正面敌人都是胜赖。其兵锋甚锐，家康只能勉强维持三河、远江的领地。随着时间推移，胜赖的兵锋逐渐衰弱，家康慢慢稳住脚跟，坚持到了胜赖的灭亡。对于与信长结盟之后五个年头便统一了三河，之后的五个年头便取得远江并成为二州之主的家康来说，这十年只是努力确保自己旧领地权力的时间。盟主信长在此期间占领了日本岛中央十九国，被诸大名尊称为"大人"，取代足利家成为统治日本的武将。与之相比，家康的成功可谓姗姗来迟。

三方原之战时三十一岁的壮年家康，在武田氏灭亡时已经是四十二岁，即将进入老年。人生易老，光阴如矢，家康想必也对此感慨颇深。不过这种经历对他来说，倒不一定是不利的境遇，毕竟他因此培养了忍耐的美德。世间流传着家康的遗训说：

> 人的一生犹如负重前往远方，当不可急。把不如意当作常态便无不足。心中有所奢望之时，当回想起穷困之时。忍耐是安稳长久的基石，愤怒是大敌。若是只知胜利而不知挫败，则害至其身。责己而非责人，过犹不及。

这种文章多是好事者的伪作，不可信以为真。不过家康一生的行动证明他忍耐力很强，此文虽是伪作，却很好地表达了他的心境。家康养成如此强的忍耐力，实际是要归功于面对胜赖这个大敌时，十年间不急不慌，得寸取寸、得尺取尺，循序扩张领地的努力。而且三河、远江的武士在此期间，与信玄以来武力强盛的甲州武士为敌，常常驰骋战场，平时也尽心坚守本国，自然成长为天下无敌的精兵。

在容积上无法增加，就在重量上增加。若信长的成功是大农场式的激烈改革，那家康的执政就是集中人力的小农精细生产。家康将三河、远江两国的武士打造成日本最精锐的军团，则这十年的忍耐并非无意义。何况在这需要极端忍耐的十年，家康的事业并非如止水般完全静止。其脚步虽徐，但一直朝着光明的方向前进。作为这显著成果的第一步，是天正三年（1575）的长篠之战。

五　胜赖攻、家康守

根据成败论人是世间常态。武田胜赖失掉国家，毙命于敌方刀刃，则后世史学家以墨涂其面，加以种种恶评，称他宠用长坂长闲、迹部胜资这些佞臣，排斥老将旧臣，遂至亡国，乃是恶政之主。然而一国之盛衰兴亡绝非靠一人之德行。亡国之势已来，此时贤人守国也最终与其一并灭亡。刻薄地将胜赖批判为亡国之主，只是这些史学家随意的评价罢了。比如家康，若是在镇压门徒一揆时射入盔甲的子弹再强一点儿，当场丧命，那么这些史学家大概会说"快看，三河的家康果然年轻气盛，企图压制门徒，结果却跟富坚的下场一样，真可谓笨蛋"。

归根结底，人事九分都在命运。不走运时成了败军之将，便立刻恶评其人，则这样的批评实在不公平。我们考察胜赖的一生，知此人绝不该被辱骂。甲州的武勇并没有因为信玄的死而衰弱。十年之间，胜赖当仁不让地尽全力守护本国，且经常以连横合纵的外交策略让信长苦恼，由此可知其作为武将绝非毫无力量之人。然而信玄已死，胜赖即使有父亲的器量，但世间常态是人们并不信任接替良将的年轻大将，甲州的威力自然减弱。

信玄死去的那一年（1573）七月五日，义昭再次对信长露出敌对之意，前往真木岛举兵。信长七月七日入京，十六日挥马逼近真木岛，义昭再次请求和谈，这次彻底成为将生杀之权交于敌人的俘虏。信长深贬义昭之为人："义昭已经忘记了因我方助力而成为将军的情义，与信玄、义景等人为伍，成为我方的敌人，实为忘恩负义之人。"但他毕竟是将军家嫡流，信长没有取其性命，只是将其从京都放逐出去，于七月十八日命丰臣秀吉将他护送到河内国若江城。八月十七日，信长从敦贺越过木目崖，侵入越前。二十四日，义景一族的朝仓景镜提着义景的头，来到府中龙门寺献给信长，朝仓氏至此灭亡。信长回程又挥兵向小谷出发，二十七日，久政、长政父子自杀，浅井氏也就此灭亡。守在鲶江城的六角义治听闻信长之威，于九月二十四日逃跑。信玄死后仅仅几个月，义昭如犯人一般被流放出京都，浅井、朝仓灭亡，佐佐木氏（六角义治）逃跑。他们欲靠信玄包围信长，在信玄死后迅速衰亡，不免让人觉得胜赖不堪。

把信玄当作鬼神般恐惧的三河国武士，在其死后也渐渐背离了武田氏，作手的奥平贞能、其子信昌离开一族，走出作手城，在泷山建立要塞，舍弃了交给武田氏的人质再次向家康投降，并回头攻打作手城。家康派出援兵助其攻城，于七月十九日攻下同为山家三方的菅沼满直驻守的长篠。胜赖此时派出武田信丰（信玄的侄子）至凤来寺黑濑增援，然而长篠已陷落，信丰失去了目标而返。穴山梅雪（信玄的侄子）也作为长篠的援军，特意到远江国森列阵，在各处放火、毁坏庄稼以牵制家康，然而家康在攻下长篠的归途中将其击溃，梅雪也只能丧气而归。

长篠位于三河国设乐郡的山谷之地，是此时代甲斐、信浓士兵从三河、远江上京而不得不通过的关口之地。家康拿下它后，自然让胜赖十分痛苦。何况信玄去世不久，世人对年轻的将军还没有足够的信任。因此，信玄时代既存的攻守之势自然一变，家康占据攻势，而胜赖落为守势。

远江国的天方城，三河国的武节（田峰之内）、足助、可久轮、凤来寺、六笠、一宫等地悉数落入家康手中。二俣城（远江）外也出现了家康的要塞，在信玄时代丢失的地盘大致都重新回到其手里。从这些事实来看，也许胜赖真是个不肖之子，对家康的势头毫无抵抗之力。

但从这一年（1573）冬天到了次年，胜赖突然反击，家康反而落入了守势。此年四月信玄病逝后，甲州一时沦为防守之势必定有缘由。遗憾的是我们不能详知其中的事实。当时自然是迷信横行的世界。据传信玄在高野山成庆院修行《大威德明王法》来咒杀谦信，而谦信也持戒灌顶四次，或修护摩，或参禅断肉戒色。

英雄之士尚且如此，普通人更是严守禁忌、拘泥于吉凶。此外，甲斐是山国，存留诸多古老习俗，宗教信仰也深厚，则国主去世时自然会举行葬礼，祭祀七七四十九天等做法甚是繁杂。国主换代时，难免也有些法令、地方管理的事需要改正。胜赖大概是被这些琐事羁绊，一时无法行动。

这些事情既已完成，岁末胜赖便亲自策马至远江，在前往久野、挂川的各处放火，而后越过天龙川支流，摆出要进攻滨松的姿态，并与家康隔着马笼川（在滨松东面）稍微交手，随后撤到了蟹田原扎营。在这期间，他在诹访原建城堡，派兵驻扎，一方面将此作为攻打远江的根据地，一方面作为切实占领骏河的据点。诹访原位于远江国榛原郡，也被称为牧野原、金谷原。胜赖建造的城堡位于横亘榛原、城东两郡的高台上，在今天的金谷站西侧，相当于高台北端。他跨过大井川在此处建城，足见其严控家康踏足骏河哪怕一步的气魄，以及窥视远江、达成亡父夙愿的野心。第二年正月，他移兵至美浓国岩村口，包围了明智城（在可儿郡），二月初攻落此地。信长从岐阜出兵，听闻此城已陷落就返回了。

胜赖的攻势并没有到此为止。六月五日，他再次出兵远江，包围了由小笠原氏总领驻守的高天神城。信长听闻胜赖已经出兵，认为这是给他致命一击的好机会，于是带上儿子信忠，并与家康约定一起参战。信长于六月十四日离开岐阜，十七日到达吉田城。十九日，父子二人决定此次行军应当渡海，在船只已经扬帆准备起航时，接消息称城将、同属小笠原一族的小笠原信兴被胜赖以利所诱，将城中总领赶了出去，并向甲斐投降。信长、家康失望地返回。胜赖自从继承父亲家业以来，首战直接逼到滨松城城下，二战夺取了高天神城。高天神城在远江国横须贺东部的丘陵地带，距大海仅有一里距离。胜赖据此一方面确保了与诹访原的联系，一方面与隔着小山、大井川的田中、持舟诸城相应。这是甲州军队出兵远江时的要地。去年长篠被家康夺去，对胜赖来说是莫大的损失，然而他今年夺下高天神作为补偿，就难论输赢了。

就这样，胜赖一方面从二俣城威胁西远江地区，一方面从高天神城进逼，且这年九月亲自率大军自中远江至天龙川，与家康隔江对峙。这种对峙没有取得实质性战果，不久胜赖就撤退了，但大体上说胜赖取得攻势、家康处于守势是清楚的事实。信长、家康应当也觉得胜赖作为信玄之子，是位当之无愧的勇将。

六　大贺弥四郎事件

信玄虽死，甲州的武力却并未衰弱。儿子胜赖以少主的活力，很好地在美浓地区守住了岩村，而且占领了明智城，又在远江建造诹访原城，甚至取得了信玄都无法拿下的高天神城。三河、远江的人闻此，必然对这位强敌警惕戒备起来。其中有一位叫作大贺弥四郎，最初是家康的仆从。因他善理民政，精通算数，在事事算计的战国时代是个稀有人才，便受到家康的宠用，任三河奥郡二十四乡的代理官员。他住在滨松，但常常前往冈崎，为信康（家康的长子信康是冈崎城城主）效力。此人自然没有攻城参战的功劳，但通过执掌会计、租税之事也有了自己的势力。在家康要分给家臣新领地等时刻，弥四郎因为本职工作自然会参与其中，因此家臣感谢主人恩典时也会感谢他。他就狐假虎威，用主人的财产获得私人人情，渐渐成为家康家臣中的跋扈之人，权威大到老臣都对他多加顾虑。

不管在哪一个时代，管理钱粮、租税、会计等事的人都容易有这种行为。管理帝王财务的宫内官能拥有一国元老、大臣都忌惮的力量，也是这一原因。弥四郎得到家康的信任后，就恣意行使私权，随着家康势力变强，弥四郎也越发嚣张。武士看不起财务官员等人本就是世间常理，对其狐假虎威自然不满，恶评甚重。家康的家臣都反对他，弥四郎意识到难以维持其位，便与甲斐国密谋，引其士兵取冈崎，为日后生活铺路。于是他与密友小谷甚左卫门、仓地平左卫门、山田八藏协商，暗暗催胜赖出兵，约定胜赖进军至筑手（三河国设乐郡）时向冈崎派出前锋，则弥四郎假冒家康之名进入冈崎城，杀害信康，夺回冈崎城中三远诸将的人质，将其带往甲州。此事已按计划准备，山田八藏突然反水，全盘说出了弥四郎的计划，家康大为震惊，立刻逮捕了弥四郎拷问，最终处以活埋的极刑。

一说家康的武士近藤是个刚直之人，家康也深知其为人。一天近藤突然来到老臣身边，辞去家康新赐的土地说："鄙人不管有多贫困，也做不出巴结弥四郎，让他赐予我土地的肮脏事情。"此事传到家康耳朵里，他就秘密召问近藤，后者便说出弥四郎凭着君宠中饱私囊的事情。家康大为震惊，将弥四郎投入狱中，抄没其家财，这时发现了弥四郎与胜赖勾结的证据。据此说法，弥四郎入狱前并没有显露与胜赖勾结的罪状，入狱后才被发现有阴谋。不管遵循哪个说法，弥四郎勾结胜赖这一点是毋庸置疑的。

胜赖因弥四郎的内应而出兵，但弥四郎入狱，其计划付诸东流。为免无功而返，他调转矛头顺路攻击了二连木。信康立于山中的法藏寺，家康驻兵吉田，两军的步兵在姜原（二连木的平原）交战。之后胜赖返回领国。家康家臣中出现弥四郎这样的人，说明到了胜赖这一代，武田家的武力并未衰落。若是胜赖的武力不及其父，三河、远江的武士看不起他，那么弥四郎这样的人就不会有野心地选择他作为同盟以图富贵。

七　长篠之战

以此来看，胜赖很好地继承了父亲的遗志，维持甲州武威不坠，并延续信玄的政策，仍是信长、家康的劲敌。但少将军总是年轻气盛，只知进不知退，誓要收复被家康夺走的长篠。天正三年（1575）四月，他率大军再次进入三河，包围长篠。该年二月，长篠成为奥平信昌的居城。如前所述，信昌与其父贞能下定决心离开本族，抛弃了交给胜赖方的人质而转投家康。胜赖大为愤怒，将其妻子处以极刑。因信昌异常忠心，家康便将长篠赏赐给了他。

于是，长篠被胜赖包围后，信昌自然坚守城池。但敌众势大，且攻击极其猛烈，不知何日就会陷落。此城一旦沦陷，武田氏的兵威更胜。家康认为此时应尽全力进攻敌后，击溃胜赖的大军，以安定领内人心，便向信长请求援兵。信长去年想作为高天神城的援军与之交战，但胜赖快速拿下此地使其碰壁，所以此次定要分出胜负、一决雌雄。他带着儿子信忠于五月十三日从岐阜出发，先到热田驻军。十四日，他们到达冈崎，短暂逗留，十六日离开冈崎至牛久保城，十七日扎营野田原。十八日，信长在志多乐郡极乐山寺、信忠在新御堂山、家康在辰巳坂上的高松山列阵，与长篠外围的胜赖军对阵。家康驻扎的这一带总称"有海原"，隔山谷一里远的地方就是长篠，因此两军遥遥相望。

此时，信长将丸毛光兼、福田三河守派到牛久保城，作为战败时撤退的防线，并且从家康那里要了酒井忠次七岁的次子作为战败时的人质。此一战，信长是要正面较量以武威闻名天下的甲州主力部队。因此，胆大心细的他谨慎再三。

五月二十一日，两军相交，信长、家康大胜，胜赖遭致命性重创，让群雄闻风丧胆的武田家武名，直接从九天落入九泉之下。

究其原因，是胜赖太过依赖武田家的武力。长篠城未落，信长、家康又出兵，此时撤回包围军就无事了。非要一战，长篠城旁边有鸢巢山，胜赖上山扎营，信长、家康也不容易攻击，无论胜败都可进退自如。但听说信长、家康出兵，胜赖偏偏执着于一战决胜负，留下七位将领在长篠防御城兵的追击，自己跨越龙泽川，沿单兵通过的小路行一里半，面对有海原之谷与信长、家康直接对阵。信长、家康料到胜赖一定会出来迎战，命酒井忠次带着信长的武士，配备大量火枪，在五月二十日夜晚悄悄出发，次日黎明占领鸢巢山，从山上攻击包围长篠的七位将领。这些将领意外受袭而败走，忠次直接进入城中与守军联合，不断放火烧毁武田方的营房。这是趁胜赖离开大军的空当，夺了其根据地。

与信长、家康隔谷对峙的胜赖方，也不是没有信玄时代的功臣宿老。其中有人认为此次决战对己方有利，也有人建议撤退。然而鸢巢山已经落入信长、家康之手，局势已变成援军与城兵合力在后面追击，武田方进退两难，除了正面冲锋别无他法。所以他们敲响了武田家标志性的进军鼓，但信长、家康并不轻举妄动，而是在阵前布置了结实的栅栏，命持火枪的步兵待在其后，等敌人攻过来时就一轮齐射。武田方面几次攻到栅栏前，但每次都被痛击。三县昌景、小幡昌盛、横田康景、河洼信实、真田信纲、土屋昌恒、甘利信康、名和重行、惠光寺快川、根岸甚平、土屋真纲、和气善兵卫、马场信春等信玄时代以来就武名颇高的甲斐、信浓、骏河武士都战死此处。

自负于武道锻炼上不输于日本任何人的武田之士，在火枪成为重要兵器的时代，兵法自然就落伍了。据传此战信长方面用枪多达三千支。据《信长公记》，进攻鸢巢山时，信长的士兵准备了火枪数百支，信长阵前栅栏处也准备了火枪千余支。再加上家康的枪支，则三千挺枪并非虚张声势。武器既已改变，战术也不得不随之改变。信长最能理解这一道理，其财富也足够用来置备这些数量的枪支。

山县、马场之辈以甲斐宿将老臣的身份自夸，但仅以密集方阵、跟随太鼓进攻这种过时的战术是无法适应新时代的。《三河物语》记载，此辈被雨点一样密集的枪弹打死。面对密集的枪弹，即使是信玄的士兵也无力抵抗。胜赖战败可谓毫无办法。但鸢巢山若未落入信长、家康手中，胜赖也不会前后受敌，进退两难，那样也不会落得如此大败。当他凭着一腔热血踏上一里多的狭窄小道时，就成了瓮中之鳖。这真是年轻气盛过头，只知进不知退了。

八　武田氏衰败

据《东武谈丛》记载，长篠之战前，本多、榊原等家康武士无不以三方原之战为戒，担心家康的安危，面带愁容。酒井忠次就表演"捞大虾"这幕狂言曲目。忠次的样子滑稽至极，惹得军中阵阵发笑，大家对武田氏的恐惧也就消散了。信长、家康在这场谨慎谋划的大战中意外胜利而归时，信长家臣建议乘胜追击胜赖，攻入甲斐国，但信长不因胜利而自傲，说"此刻若是因胜而傲，继续进攻，必然会受到天魔的妨碍。先这样三五年按兵不动，武田国必然会出现反叛之人，家臣各有异心。等到那时候我们再出兵讨伐"，就撤退了。这是《川角太阁记》中的说法。

而按照当时的形势，武田氏和北条氏政的友谊仍在，两国是同盟之势，即使是信长也无法仅凭此一仗就可以轻易欺辱胜赖。而且越前国此时受门徒一揆管理，与胜赖遥相呼应；大阪的本愿寺也因信玄以来的旧交而支持胜赖；中国地区的毛利氏此时露出与信长不合的姿态。信长若是忘乎所以地攻入甲斐、信浓之境，与胜赖战个难解难分，必然有被这些敌对势力袭击后方的危险。不管从哪一点来看，信长选择撤退都是自然而然的。

回到岐阜后，此年六月十三日，信长将长篠的捷报送给越后的谦信，并请他出兵信浓、甲斐，给战败而士气沮丧的胜赖更为沉痛的一击。信长虽赢了胜赖，但若与谦信为敌，就是前门防狼、后门防虎的状况，因此依然想维持信长＋谦信＋家康的现状。我们不知道谦信在得知长篠之战的捷报后做何感想。

另一方面，长篠一战后甲州兵力受重创，不值畏惧，于是那些多少有些二心的三河、远江武士彻底臣服家康，属于武田方的高明城、二俣城、诹访原城（均在远江）不久都落入家康手中。如前所述，诹访原城不仅是连接高天神城的重要之地，而且隔着大井川直接与武田方的城堡——骏河的田中、持舟城相连，地势最为紧要。胜赖派室贺、小泉等武士在此死守，但八月二十四日夜晚，这些人知此地终将陷落，逃出城堡撤到小山。家康修筑此城，让松井忠次驻守。为应对高天神城的甲州势力，家康又命大须贺康高守卫横须贺作为先锋。甲州势力只驻守而不出战。因此，诹访原、横须贺就成了家康领地的东境，直接处于武田势力的面前。

九　信长镇压长岛、越前一揆

此前信长与大阪的本愿寺开战，于是诸国门徒响应住持号令，多与他为敌。信长为此相当烦恼。元龟元年（1570）十一月，长岛一揆，弟弟信兴被杀，此后长岛一直与信长为敌；天正元年（1573）十月二十五日，信长从北伊势经过多艺山崖下时，擅长弓箭的伊贺、甲贺士兵与门徒占据险隘埋伏他，首屈一指的重臣林新二郎战死；次年正月，越前爆发门徒一揆，朝仓死后，由信长推举的代理官员前波吉继被迫切腹。一揆方占据国境要害之地，派人驻守，如此越前为一揆者所控，政令悉出自门徒之手。

简而言之，就是信长在义景死后占领的越前地区，又被门徒夺走了。这皆是因为本愿寺与信长敌对。尤其是本愿寺在信玄调停后，表面与信长和平，暗地里却一直磨刀以待时机。信玄去世，义景、长政也相继死去，信长的实力渐渐不再能容忍本愿寺，而本愿寺也无法保持不动声色，陷入兔子急了也要咬人的窘境，到了这年四月初再次公然对信长显出敌对之色。

大阪、越前、长岛的门徒皆与胜赖联手对抗信长，而长岛的寺主（河内御堂住持）娶了胜赖的妹妹，双方联姻。长岛处在尾张国、伊势国中间，毗邻岐阜及清洲城，对信长来说实在是心腹大患。于是信长在增援高天神城无功而返的这一年（1574）六月二十三日从岐阜出兵，抱着要将贼人尽数歼灭的决心包围了长岛，发起猛烈进攻。一揆者渐渐无法支撑，请求投降，但信长自然不允许，发起了更加强烈的攻势。一揆者无力支撑，八月二日晚，守卫大鸟居城（长岛外城之一）的人趁着风雨交加的恶劣天气，夜半打开城门逃跑。此时城中尚有一千人左右。

其他门徒尚在坚守，所以信长在九月二十九日接受其投降，允许他们随意撤退。门徒如笼中之鸟想念天空一般，出城前往船只集中之地。然而信长早在此安排，引他们出城，突然将枪口对准并开始射击，或者将其投入江中。一揆者愤懑于信长接受其投降却背信弃义、趁其不备发起进攻，而且觉得眼下就是为佛陀献身的时刻，七八百人脱衣拼死一搏。一旦有了赴死奋战的气概，则土民、百姓也不可辱，信长一方以重臣为首的许多人都战死。一揆者清晰至极地展现平民对抗武士猛威的愤慨后，趁着信长一方惊惧的状况，跨过河流，各自撤退到多艺山、北伊势口，多数又逃入大阪城。信长常年视作眼中钉的川内郡门徒，至此全都消散。对胜赖来说，他又失去了可以依靠的同盟。

天正三年（1575），信长借着长篠大胜的余威，于八月上旬攻入敦贺，同月十六日跨过木目岭讨伐越前门徒，十九日将各处抓住的门徒男女共一万二千二百五十余人悉数斩杀。越前地区由此完全臣服信长。他又带着先头部队挺进加贺，取下能美、江沼两郡。像这样，家康清除三河、远江方面的胜赖势力，信长则击溃作为胜赖党羽的长岛、越前地区的门徒。本愿寺目前落入孤立无援的境地，十月二日再次与信长求和。信长则趁势在十一月十四日从岐阜出发攻打岩村城，二十一日攻下。胜赖想从岩村后方包抄，已经带兵至国境，但因为信长攻城速度太快，只能原路返回。岩村位于美浓国惠那郡，最初是信长的领地。信玄与信长反目后，信玄的将领秋山晴近夺下此城，它就成了武田方的城池。此处是从信浓出兵的必经之路，至此重归信长之手。胜赖的领域就这样为信长、家康蚕食。

十 谦信、辉元与信长为敌

如前所述，很多人可能觉得长篠的大胜为信长、家康带来了好运，二人的事业之后就像在平坦大道上驾驶汽车一样平稳前进，但事实绝非如此。此后诸国形势大变，信长、家康的联盟意外陷入四面受敌的境地。追寻事情的详情，引起这场异变的中心人物还是足利义昭。

义昭在天正元年（1573）七月被流放，从京都到了河内国若江城后，八月派使者到十州之主毛利辉元一族的吉川元春处，告之与信长战败的消息，委托毛利氏为将军家再兴尽一份力。俗话说，瘦死的骆驼比马大，足利家虽然在事实上已亡，但人心总是有因循守旧的惰性，人们犹称其使者为"上使"，奉义昭为主，并将其视作天皇之外最高贵的人物。毛利氏接到这样一位贵族的请求，难免心中动摇。穷鸟入怀，狠心的猎人恐怕也不忍将其杀死吧。

冷酷拒绝天下之主的将军大人委托是武门之耻。然而，毛利家此时的当家、重建家门的英雄辉元，也难以违背祖父毛利元就"我死后不得觊觎天下"的遗训与信长争霸。信长知道义昭请求毛利氏，认为此时与毛利氏为敌颇为麻烦，所以同年九月二十日致信辉元，辩解自己的位置。信中称越后的上杉谦信与自己多年交好，既是博取毛利氏欢心，也暗含威吓之意：毛利氏若帮助义昭，谦信就会成为我方同伴，中国地区的武力也不足以抵抗。毛利氏得到此信二十天左右，又接到了义昭寄给元春的信。信中说毛利氏若为再兴将军家而出兵，东北诸侯自然会联手助毛利氏一臂之力，大阪的本愿寺也会作为坚固内应帮助辉元入京。

信长想得毛利氏欢心，义昭也想说动毛利氏。两人穷尽外交之术，极尽辞令之妙，而毛利氏宛如两人争抢的风筝。不过，毛利氏终是认为与信长为敌不是上策，派出安国寺惠琼这位有口才的使僧至信长处，劝信长与义昭和谈，允许义昭回京。双方非常平和地商谈，但信长自然不会答应这样的请求，惠琼只好折返。这是这一年十二月发生的事情。

如此一来，尽管义昭这一年施以种种诱惑，毛利氏依然没有与信长为敌。不过此后，山阴道的尼子氏残党山中幸盛等人请求信长帮助尼子氏恢复家业，令毛利氏担忧起来。

天正二年（1574）三月二十日，去年十一月移居到纪伊国宫崎的义昭遣使至胜赖处，提议他与谦信、氏政和谈，甲、相、越三国联合大阪本愿寺打倒信长。三国联合是义昭最在意之事，所以这样的使者并不是单独派往胜赖处，氏政、谦信大概在此前后也收到同样的劝诱。不过这一年对义昭来说，也是徒劳无功的年份，诸强国之间的关系并没有因他的种种劝诱而改变。

到了天正三年年末，义昭从纪伊坐船来到播磨，遣使至浮田直家处说明委托之意。直家没有答应，义昭则离开播磨至备后的鞆，遣使至广岛，表明将军家再兴事业只在辉元协助。毛利氏之前对此请求只回应以"请允许在下与信长谈过之后，一同策划您再次入洛之事"，但义昭厚颜地来到毛利的领地。此时若是为免与信长关系闹僵而拒绝将军的请求，就有损十州太守毛利氏的颜面。辉元不得已回禀道："在下接受您的委托。"据说这是此年六月的事情。强行推进事情是策士的性格，义昭在这一点上是不折不扣的策士。毛利氏因此开始与信长为敌。不过，山中幸盛私下接受信长的命令，四处游说中国地区的武士复兴尼子氏的旧业。

计划显露后，毛利氏也就意识到信长对自己的恶意也难以遮掩了。

就这样，义昭既已得到辉元的承诺，趁机再次派遣大馆兵部至谦信处，游说甲、相、越三方联合。此时正是谦信接到信长长篠大胜的消息时。面对这一游说，我们不清楚谦信心中是否如义昭所想。然而信长既然已经挫了甲州的威风，又攻入越前平定一揆，稳固其统治，甚至取得加贺国两郡，那么将北陆道认定为自身势力范围的谦信，自然到了必须与信长对立的时刻。

另外，义昭之后也持续遣使，以三方联合之策劝诱胜赖、氏政，谦信最终抛弃了从前的政策与胜赖和谈，欲与信长一战。此年十一月，胜赖向谦信送去了誓词，甲、越两国自此抛却前嫌，缔结新交。简单来说，信长、谦信、家康对抗义昭、本愿寺、胜赖、氏政的形势至此变成信长、家康对抗谦信、辉元、胜赖、本愿寺。加之氏政与胜赖之间依然亲密，事实上信长、家康必然要与东面的谦信、胜赖、氏政，西面的辉元、本愿寺为敌。思及这些大动向的中心人物是义昭，不得不说他策划阴谋的手段让人畏惧。

十一　联合军的弱点

没有这种变化，信长、家康就会趁长篠之战大胜、一挫武田氏锐气的机会，渐渐扩大领土。但列国的形势一转，本愿寺再次行动，胜赖也恢复了力气，则信长、家康必然更加劳累。既然已经与北国的谦信为敌，信长便将居城从岐阜移到近江国安土城，并快速完成城堡建造，于天正四年（1576）二月搬入。安土山位于近江国蒲生郡，山脚是琵琶湖沿岸，沿水路至京都很近，而且是往来北国的要冲。信长从岐阜向北移至此处，距京都更近，与中国地区的毛利氏冲突时也更好指挥，利用湖船也方便往返于北陆地区。在与谦信、辉元为敌时，此地正适合作为己方根据地。

至天正六年（1578）三月十三日谦信去世前，信长、家康一直被谦信、辉元、胜赖、氏政、本愿寺围攻。双方的兵力、领土自然不足比拟，仿佛这两位英雄豪杰会被敌方巨威压溃。但事实并非如此，信长反而常常主动出击，慢慢增强自己的国力。个中缘由是，对于同盟这种联合体来说，盟主很难统一各方力量并予以一定的节制，其力量总和很大，但实际效果却相对较弱。再加上各方虽都视信长、家康为敌，但氏政和谦信依然旧怨未解，互为对手；胜赖和谦信虽然讲和，但并不会安心听从谦信指挥。

而且在交通不够发达的时代，各方消息不能自由传递。辉元和谦信在天正四年（1576）上半年已互通消息，但胜赖与辉元到这年九月依然无书信往来。由此可见，想要包围信长、家康的诸将之间没有坚固的约定，没有统一的战略。与之相反，信长、家康之国虽小，但信长废除国内关卡，投入精力修建道路、桥梁以便武士、平民自由往来，于是国中畅通无阻，诸国消息集中至一国中枢。《川角太阁记》记录了以下内容：

> 信长公帮助将军取得天下之时（指信长夺下京都、再兴将军家时），打开了领地的诸多关卡，允许人们自由往返，各国渐渐听说此事，纷纷认为其能治理六十六国。

开四门达于四方，恰好道破了信长的政策。国家的神经中枢至神经末梢通畅无阻，号令严明，武士和平民都听从指挥。信长以这种严明的纪律对抗除了"再兴将军家"这个口号之外没有中心、不统一、难以协同的联合军。

信长、家康不惧成为诸国敌人也可以说是自然之势。联合军之中，能够独立对抗信长的只有谦信、辉元。谦信是比肩信玄的猛将，若下定决心不灭掉信长不罢休，从北越直线逼近，信长也难以处理。但谦信并不是个爽快之人，志向一直在于扩大自己的领地。看天正六年（1578）正月十九日谦信给手下将士的命令，可明确知道他是想先击破北条氏政，之后再西上。这样的行动可以说是一心二用，最终毫无所获。如此以自我为中心的人物，作为同盟伙伴是绝不值得依靠的。

因此，信长在天正五年（1577）闰七月与远在奥州的伊达氏联系，希望伊达窥伺谦信的后方，牵制其行动。他又向加贺地区派出了包括柴田胜家在内的几名勇将，以备谦信攻来时挡住其去路。两军先锋在此年九月于加贺国能美郡手取川边轻微交战，之后谦信方未继续挺进。到了第二年春天，谦信在春日山城频频准备调转矛头向关东行进，然而三月九日得病，十三日去世。信长终于可以卸下肩上的重担了。

与谦信并称的辉元，则给信长带来实质性的重创：天正四年（1576）七月，能岛、来岛、儿玉大夫、栗屋大夫、浦兵部等毛利方海军，驾驶着七八百艘大船，突破了信长方面的包围军，将兵粮输送至大阪。毛利氏此时握有中国地区的海权，是海军国。

信长从这一年四月开始进攻大阪，到了五月悉数拿下周边的防御小城，将一揆者赶入本城，堵塞四方出口建立堡垒，驻兵把守，铜墙铁壁般地将其包围。辉元的海军突破包围网一角，将大量兵粮运入城中，对织田方来说诚可谓重大失败。

战败的消息传开后，与信长为敌的周边国家都庆祝辉元的成功。越后的谦信据说就要挥兵南下，毛利氏又取得海上大捷，有人便觉得信长到了穷途末路，暗自企图谋反，试图趁乱谋私。松永久秀就是其中之一。他早早与越后的谦信内通，催促他尽早进入京都。然而信长并不是畏惧敌人众多就要防守的胆小者，选择了以攻为守的策略。天正五年（1577）二月，他带兵攻入了纪伊国杂贺，杂贺的地方豪强次月向信长投降，根来寺也臣服。根来、杂贺之地多锻造枪弹之人，而且杂贺是一向宗门徒的巢穴，地方豪强多有兵船，支援大阪本愿寺。信长知道这一点而进攻杂贺，轻易征服此地，断了本愿寺的手足，使其成为笼中之鸟。八月上旬，他以柴田胜家为大将，向北国派出大军进攻加贺，在御幸塚、大圣寺筑城以抗谦信。

一直等待机会的松永久秀父子见到信长的大军前往北国，想要与谦信遥相呼应，于八月十七日在大和国志贵城突然反叛。此前他一直响应信长的要求，加入大阪包围军之中，并驻守在天王寺营寨，但此刻离开天王寺举兵造反。然而织田方军直接进攻，十月十日晚攻下志贵城，久秀在天守阁放火自杀。

志贵城既已陷落，大阪之外的畿内地区也归于平静，信长便令丰臣秀吉为大将向中国地区进军。秀吉在十月十三日出兵，二十八日开始夜以继日地在播磨国征战，悉取国众人质。十一月十日，此国已经成了信长的地盘。秀吉接着进军但马，不仅攻下岩渊、竹田诸城，当月下旬还攻取了播磨、备前、美作三国交界处的上月城，派山中幸盛驻守。山中与旧主尼子胜久共同守城。至此，信长对辉元也取得了攻势地位。

这样一来，即便辉元是大国，夹在他与信长中间的中国地区诸武士也难定去路。到了天正六年（1578）二月，播磨三木城城主别所长治与辉元联络，据城反叛信长。而在此之前，备前国的浮田直家撕毁与辉元的协议，与秀吉联络。信长就像大鹏张开两翼，一面与谦信、胜赖抗衡，一面与辉元敌对，皆取攻势而不断进攻。其间谦信突然去世，东方诸国的关系为之一变，信长、家康的联盟也走上坦途。

十二　信长、家康、氏政的联合

谦信去世，继承家业的自然是他的侄子长尾景胜。谦信在世时就将景胜定为世子，让家臣称之为"中城大人"，称自己为"奥城大人"，天正三年（1575）正月十一日还亲自给景胜加冠，将"上杉弹正少弼"之名头让给他。但北条氏康的儿子三郎在元龟元年（1570）四月过继为谦信的养子。谦信把自己名字中的一个字给了他，起名"景虎"。于是谦信死后，国中立刻分成两派，景胜、景虎争位。

景胜、景虎像一山之中的两虎，要决一雌雄，那么小田原城的北条氏政当然会帮助弟弟景虎。甲斐的武田胜赖从信玄时代就是北条的同盟国，而且最近娶了氏政的妹妹为妻，双方更加亲密。对景虎来说，氏政是兄长，胜赖是妻兄弟。胜赖若与氏政一起帮助景虎，则景胜即便继承家督之位，也免不得要败北。然而此时不知胜赖做何想法，并没有帮助景虎，反而帮助了景胜。

据说是景胜派使者到胜赖的宠臣长坂光坚、迹部胜资处，提出以下三个条件：景胜迎娶胜赖的妹妹；景胜长久归属武田麾下；将上野一国加上黄金一万两送给胜赖作为谢礼。使者赠予这两人厚礼，请他们居中斡旋。于是胜赖撕毁与氏政的契约，转而帮助景胜。景胜既已与胜赖同盟，便不再惧怕氏政，放心大胆地进攻敌方。天正七年（1579）三月二十四日，景虎于越后国颈城郡鲛尾城内切腹自杀。此年七月，胜赖的妹妹菊姬嫁入越后，成了景胜的妻子，景胜和胜赖成了亲密的同盟。

与此同时，氏政因胜赖的出卖而大为愤怒，想与信长、家康合力袭击胜赖。他首先与家康商议此想法。九月四日，氏政的家臣朝比奈弥太郎作为正式使者来到滨松，谒见家康。通过家康的居间，氏政的儿子氏直将鹰三足香炉赠予信长。同月十三日，织田、北条、德川三家交换了誓词，表示协同攻击或者防御胜赖。

景胜虽成了胜赖的同盟国，但内乱尚未完全平复，并不会向外攻击。即使能够向外进攻，越后与甲州相隔遥远，也很难与胜赖合兵。与之相反，氏政、家康、信长之国与甲州相接，容易协同行动。即使是信玄，在与氏政不合的时候也没有公然与信长、家康为敌，但胜赖打破了父亲的遗策，东、南、西三面承受强敌威胁，可谓过分相信了武田家的武力。

这样，景胜在平定内乱之前暂时没有精力将矛头指向外面，胜赖则变成了囊中之鼠。信长、家康在东面已没有隐患，形势就此大变。

十三　与胜赖相持

我们的视角再转回家康。从长篠之战胜利至信长、家康、氏政三人交换誓词后的五个年头里，家康和胜赖之间并没有什么值得注意的战争。

天正三年（1575）：九月，家康进攻天龙川右岸的小山城。胜赖听说家康出兵，出甲州至冈部、藤枝。家康退入诹访原城，胜赖进入小山城。

天正四年（1576）：三月，胜赖进攻远江国横须贺。家康自滨松攻其后，胜赖撤退。为开通从海上给高天神城运送粮草的道路，胜赖在相良建立新城。七月，家康进攻远江乾城。守护此险要之城的将领天野藤秀，自信玄以来就隶属武田氏，在二俣城归属家康后独守孤城抵抗。此次藤秀已无法守城，逃回甲州。

天正五年（1577）：十月，胜赖从小山移到横须贺。家康从滨松出发向横须贺行进。胜赖退兵。

天正六年（1578）：三月，家康移军至骏河国田中，割掉城下的麦子。无战争。其后家康退回牧野原城，命令加固城堡，完成后回到滨松。八月，家康发兵至小山，欲往骏河田中割掉稻子。

家康从田中回到诹访原城，不久回到滨松。十一月二日，胜赖在小山、相良一线移动，家康、信康在马伏塚扎营。三日，胜赖回到高天神城，四日甲斐军队至横须贺。家康在小笠扎营，接消息称胜赖在挂川一线移动，准备应对但无事发生，胜赖退回本国。

天正七年（1579）：四月下旬，胜赖出兵至骏河江尻，先头部队在高天神、国安扎营。家康、信康扎营马伏塚。甲斐军队又从国安撤退，胜赖回到本国。

以上以年表形式展现胜赖、家康两将的相持。家康返回滨松，胜赖就欲侵入边界；家康出兵迎战，胜赖就调转马头回国。同时，家康想要越过大井川侵入胜赖领土也绝非易事。他只是在田中城下掠夺对方收成威胁敌城，待敌人出来就撤退。双方小心谨慎，集结的兵力不够决战程度。这种状态就像赛场上的相扑选手先用手指尖试探，尚未双手使劲、正面较量。胜赖的兵力虽已经衰弱，但毕竟是信玄以来有名的武国，家康也极难出手。

氏政与家康、信长结盟之后，形势对家康来说就颇为有利。可是这时家康的家庭却发生了意想不到的风波，英雄不得不陷入断肠之悲中。风波所指何事呢？那就是家康杀了正妻关口氏，并命长子信康自杀一事。

十四　德川信康

家康的正妻关口氏，是今川一门关口亲永的女儿，母亲是义元的妹妹。前文已述，家康寄居在骏府时，听从义元的安排娶了此女为妻。她在德川家被称为"骏河的御前"或"筑山殿"。家康与关口氏育有一男一女。哥哥是家康的世子信康；妹妹是龟姬，也就是嫁给奥平信昌、被称作"加纳殿"的那位。信昌守护长篠城时防住了胜赖，以致信长、家康大胜，信长便居中要将龟姬许配给他。家康没有异议，但信康不快，说"九八郎岂能当我妹夫？"此时信康已是信长的女婿。作为天下大将军、大纳言（信长在天正三年十一月被任命为权大纳言）的女婿，而且是三河、远江两国国主家康的世子，他自然觉得亲妹妹嫁给乡野武士奥平信昌不合适。或者也可能是心气颇高的关口氏认为，最爱的女儿应该嫁入名门，如今要去适应奥平家令人哀叹，所以跟信康说了意见，让信康反对。

家康觉得信康的话不无道理，将此意思告知信长，但信长坚持己见，说"信康所说的有些道理。然而信昌完全效忠信长、家康，且是守护重要防线之人，应当与我们关系更亲。因此信康就算是反对这次联姻也应该忍下来，听从家康的决定"。信康也说"若是父亲母亲这样决定，我没有意见，听从您的决定"。于是龟姬嫁给了奥平氏。此事到此结束，但由此可知，信康并不是完全听从父亲或岳父命令的人，而是位有独立想法的少主。

总的来说，信康是位既勇猛又温柔的少年。据《三河物语》，信康经常召集身边的武者彻夜探讨武道，除此之外只对马、鹰感兴趣。正因他是如此优秀的大将，所以说过的话在死后依然留存，"三郎殿下这样说过"这句话到后来还在德川家臣之间出现。胜赖曾经骂三河的杂兵让人害怕，自然察觉到信康是位勇将。也有人说信康是位粗暴大将，比如在正妻织田氏面前杀了她的侍女，还撕开了侍女的嘴；比如他喜欢看跳舞，但舞者的装束不好、舞姿不好时就用弓箭射杀；比如在猎鹰归途遇到和尚，就说今天毫无收获是遇到他的缘故，于是把绳子系在和尚脖子上，另一头系在马鞍上，将其拖死。根据家康的家臣榊原康政家流传的说法：

> 康政住在三河时，信康的行迹颇多问题，于是康政经常讽谏，信康反而讨厌康政。某次康政进谏言时，信康特别气愤，拿过身边的弓搭上箭就要射杀他，而康政纹丝不动，说："若是我为您好而说的这番话让您不满意，那么射杀我怕会让家康大人对您生气。少将真的想让我死，并不用亲自动手，只要吩咐即可。"说完坐在原地等待，信康终于醒悟过来，脸色也有所缓和，就这样进入屋内。

信康勇猛过头而致性格粗暴的事情，看来是毋庸置疑的事实。不过在那个以残忍为常态的时代，信康的这种暴行也只能说是年轻气盛的小过错。比如《信长公记》记载，天正二年（1574）正月元日，信长将越前的义景、小谷的久政父子这三人的头盖骨镶上金箔，当作杯子献上新年的祝酒；斋藤道三对小罪之人实施牛裂，或者架起锅，将罪人的亲兄弟、妻子放在火上烤，将罪人放在锅里煎死；在信玄的时代，甲斐国对大罪之人也用大锅来煮。日本国内的风向就是如此，信康的行为放在今日是性格太过极端，但在那时大概是倚仗武力而多少自负的年轻大将都有的毛病。

另一方面，信康也是绵绵柔情的少年。家康有位侍女叫阿万，是池鲤鲋明神之宫的神官永见吉英的女儿。家康与此女发生关系，有了孩子，但习俗规定不可在城中生孩子，于是她怀着身孕来到远江国敷知郡宇布见村，天正元年（1573）二月某日生下一个男孩，就是后来的秀康。这个孩子脸像广濑鱼（ぎぎ），所以取名"于义（おぎ）丸"。

此事也有诸多说法，总之信康知道后，心想那是自己堂堂正正的弟弟，父亲究竟顾虑何事而不见呢，不管怎样我都要让于义丸拜见父亲大人。天正五年（1577）于义丸三岁时，家康有事到冈崎城，信康便事先培训了于义丸，之后推开家康座位旁的拉窗，唤着"父上，父上"。家康听到之后从座位站了起来，信康拉住父亲的袖子说"信康的弟弟，今日想参见父上"。家康觉得此时若再不相见，会遭信康怨恨，且对孩子来说很可怜，便坐了回去。信康便拉着于义丸的手来到家康面前，说"小孩，快上前参见父上大人"，于义丸便跑到家康面前。家康让于义丸坐在腿上，父子两人首次见面。信康见到这一幕无比高兴，其对兄弟的感情足以让人落泪。

他就是这样一位颇有前途的少年，可以说是"未成的英雄"。然而不幸的是，他的母亲关口氏是个不通透的女性，难掩妒妇的本性。家康已不再是冈崎时代的小大名，而是三河、远江两国的国主，滨松城的后宫自然有争宠的妃子。关口氏在父亲去世之后，无后盾也无人辅助。原本她就好强，如今遇到这种境遇，嫉妒心更增，让周围的人都难受。后来家康也苦于不知如何是好，夫妇之间自然疏远，关口氏大多数时候都住在冈崎附近的筑山，以信康夫妇的辅佐人自居。

关口氏如此嫉妒，以至于看到信康与正妻织田氏和睦也想插手，惹得织田氏很不高兴。织田氏名为"德姬"，是信长的长女。她与信康同岁，嫁给信康后生了两个女儿。关口氏劝信康说："举凡大将，需尽早有儿子。只有女儿没有什么意义。身为国主却只守着一位妻子像什么样子？应该多有孩子才行。"胜赖的家臣日向昌时的庶女因为嫡母的谗言而被赶出家门，流浪到三河，关口氏劝信康纳她为妾。信康虽然畏惧信长之威，但觉得只守着德姬一人没有做男人的意义，便生出了二心。

于是此前琴瑟和鸣的年轻夫妇自然有了隔阂。而且关口氏品行不端，难忍长久独守空闺，与从甲斐来的中国医生灭敬私通。丑闻流传出去，为人议论。所谓破罐子破摔，关口氏行事如此，瞒也瞒不住，反而就要那样生活。而且她劝信康与胜赖内通，迎甲斐之兵入冈崎，灭了信长、家康后自己嫁给胜赖家臣，享半生欢愉。她让灭敬牵线，告知胜赖此意。胜赖大喜，恰好其家臣小山田兵卫最近丧妻，就答应将关口氏许给他。此事虽然隐瞒，但不意走漏到德姬耳朵里。德姬大惊，列举信康、关口氏的十二条行径，秘密报告给了父亲信长。

家康当时也听说冈崎多有风评不好之事，不堪其扰，天正六年（1578）九月发布禁止三河国众居住于冈崎的命令，并在这年十二月来到冈崎探视信康母子的状况。到了天正七年七月十六日，家康遣酒井忠次为使至安土城，赠予信长良马。此时，信长将忠次招进内室，展示了德姬送来的书信，询问他是否知道其中各条内容。信康是位猛将，整日像对待奴仆一样对待老臣，忠次等人素来对其不悦，于是回答说十二条中至少知道十条。信长说："你作为德川家重臣，既然已经说了十二条中有十条是真的，那么剩下的两条就没有必要再问了。这样的话，信康这个人真是不成器，告诉家康让他切腹吧。"忠次领命，回国后未在冈崎停留，而是直接到滨松城拜见家康，告知此意。家康八月三日从滨松出发到达冈崎，四日让信康闭居到大滨（三河），十日在冈崎城中召集国众，要求其出具不联系信康的誓词。二十九日，野中重政奉家康之命，至小薮村杀死了关口氏。

信康被从大滨贬到堀江城（远江），再由堀江迁至二俣城（远江），这一年（1579）九月十五日在此切腹。最后时刻只说"我从来没有想过与胜赖联手谋反，我死之后，请一定好好告诉父亲"。家康也为信康母子的结局感到悲伤，但说"我也面对着大敌，万万不能惹怒信长、与其关系破裂"，所以抛却恩爱、斩断人情而为家国的安全考虑。与大国同盟的小国，有时候不得不做出巨大牺牲，这是古今共通的道理。虽然是家康、信长这样的同盟关系，最终免不了也发生这样悲惨的事情。后人应以此为鉴。

十五　攻克高天神城

家康家庭的悲剧，是英雄也肝肠寸断的命运，今日写下时仍替他感到哀伤。此事之后不久，家康与北条联盟，但信长、家康、氏政的三国同盟，并未发挥"与北条结盟，甲斐势力便会直接衰弱"的速效。胜赖不管什么时候都不失猛将风范，与北条为敌后，他在相当长一段时间里，不屈不挠地应对家康、氏政两方的攻击。

比如，天正七年（1579）九月，三国同盟已成，氏政、家康约定夹击胜赖。氏政先出兵到三岛附近，胜赖听闻后欲迎击，扎营黄濑川，相隔尺寸之间。氏政忌惮甲州武威，迟迟不肯交战。此时家康已如约渡过大井川到了田中，在远目（骏河国益津郡）扎营。性急的胜赖听说家康出发后说："我们这次请家康入瓮。我们直接折回骏河，翻过宇津谷崖，迂回到田中，从后与之交战，非要打败他不可。"于是他在黄濑川留下抵抗北条的士兵后，迅速转移战地，喊着"大家抓紧，不要错失机会放走了囊中之鼠"，驰骋在东海道上。氏政闻之大惊。若是胜赖折返打家康一个出其不意，则家康就危险了。于是他遣使向家康报告"胜赖向你方去了，尽早撤退"。此使者大概是从伊豆走了海路。胜赖着急地来到了富士川岸边，此时有大雨，河水上涨，他们费力渡河，勉强到达骏府。

九月二十四日，家康听说甲州军已经到了骏府，立刻启程离开本国，跨越大井川撤到了井龙（远江国榛原郡色尾，大井川左岸靠近河口处）。此时胜赖从持舟城追击家康。同月二十八日，氏政的报告送达，家康马上进入诹访原城。胜赖错过时机，遗憾煮熟的鸭子跑了。（大久保《三河物语》误记此事在天正五年。此处参考《古本家忠日记》，记其大意）。我们由此可以想象胜赖两面受敌却依然不退缩的样子。

不过此后胜赖不得不分心对付两方敌人，渐渐失去精力。家康在天正八年（1580）八月定下包围高天神城之策，在城四周挖掘广而深的沟渠，堆起高高的土垒，搭起高墙并将土墙连接，在面向沟渠的地方设置七八重大栅栏，隔一段距离配备士兵一人，敌人出现则增加人手。此后为了防止甲州军队从后方包抄，他们又挖掘另一道广而深的沟渠。《信长公记》记载说，"远州高天神城，武田四郎命人驻守，家康推进，结鹿垣围城，自身也在军中"。

此前胜赖都是越过大井川至小山城，再由小山城到高天神城。但这次他没有沿此路线。而且氏政与家康结盟后，胜赖被氏政的优势海军压制，从海上运送兵粮的道路也断绝，高天神城成了孤城。家康想要将援军全无的城兵耗死，所以才定下了长久围城的计划。前文已述，北条氏掌握着骏河湾的海权。骏河湾之中，骏河、远江两国除了骏河的清水之外并没有好的港口，独伊豆国海港众多，君泽郡重须港被群山环绕，是一处波涛静谧之地。北条氏在此处多置备兵船，让海军大将在此居住，作为己方海权的根据地。信玄夺下骏河后，为与北条氏的海军抗衡，以清水为港训练海军，然而直到胜赖去世，甲斐海军依然无法与北条氏海军匹敌。因此氏政和家康结成同盟后，胜赖无法从海上援助高天神，高天神城如今完全变成没有运粮道路的孤城。

胜赖若能保持此前的精力，大概会排除万难、出本国救出要饿死的同伴，但此年他并未出动。天正九年（1581）正月，据说胜赖带着甲斐、信浓的大军增援。信长、信忠认为这次是给予胜赖致命一击的好时机，也准备出兵，首先派水野胜成、水野忠重率越前国大野郡武士前往高天神城增援。然而胜赖来援只是风闻，最终并未出现。城中粮草不济，饿死者众多，三月二十二日夜晚亥时开城。家康方面等候这一时刻多时，高兴地迎敌，并将其残杀。据说家康一人取下的首级就有六百八十八个，由此足以想象当时的惨状。

自天正二年（1574）胜赖攻下此城已经过了八个年头。甲斐、信浓、骏河三国的荣光之士据此城威慑信长、家康之国。然而甲斐之武渐衰，无援军至此，他们或是饿死，或被虐杀。人生惨事莫过于此。最无趣的乡里之人也会在遇到旅人时，说起在悠闲春日之樱花飘香、远江潭波浪平静的夜晚，这里突然出现了修罗的战斗，勇士遭残忍杀害的往事。

十六　武田氏末路

胜赖的一生很似一鼓作气之棋，也即一直以先手痛击对手。赢了的话固然好，但这种方式会用尽力气，无法持续输出，成为后手时自然成了败军。信玄的强敌谦信是善于持家之人，志在富强。虽然他在后世取得了义人、侠客的名号，但其实是以不吃亏的方式处事，与他国的约定也未必一定执行。胜赖则与谦信相反，常怀与身份不称的期望。他始终记得信玄的遗志，心系天下，想要插旗于京都，所以烦闷异常。

天正七年（1579）正月二十五日，辉元一族的吉川元春给胜赖去信，告知"元春当出兵摄津、和泉，辉元一族的志向由元春继承，我将插旗京都。海陆道路不可掉以轻心"。这封信在四月五日到了胜赖手中。翌日他回信表示要从东西方夹击信长，与村重一起救助本愿寺，并将义昭带回京都，"如与贵国所约，我方定会出兵尾张、美浓，毫不犹豫地行动"。无论是元春说要带着毛利氏之兵进攻摄津、和泉，还是胜赖说要进军尾张、美浓都只是叙述希望、虚张声势，但从中也可看到胜赖一直记挂着进京。辉元未能挽救别所、荒木的灭亡，胜赖也没有出兵与辉元携手合作，则本愿寺就知道现在与信长敌对没有任何好处，遵照敕命与信长和谈。天正八年（1580）四月九日，门主显如上人带着夫人以及僧官下间、平井、矢木等人退出了大阪城，同年八月二日新门主教如上人做出让步，开城相让。

至此，相当于罗马教皇的本愿寺门主的俗权彻底消失，内海的咽喉、天下无可比拟的要害之地、优质的港口大阪落入信长之手。若是辉元、胜赖的兵威真的从东西两方压制信长，大阪也不至于此。本愿寺投降，就意味着辉元、胜赖已经不能与信长为敌。于是信长不再忌惮，一方面出兵稳固对加贺、能登、越中地区的占领，一方面侵蚀毛利氏领地。远国僻地的大名认为如今天下已定，多与信长暗通款曲。奥州的伊达、芦名之辈便是如此。

信长的势力如此高涨，高天神城又被家康攻下，胜赖的自负心自然受挫。同年（1581）七月左右，他在甲斐国韭崎建造新城，十二月自甲府移至此处。世人所称"新府"就是此处。信玄一生未筑城郭，在甲府住的也是老旧样式的房屋，而胜赖此时开始建造府邸，便是一鼓作气之人停了先手，由此可知其窘状。据《信长谱》，这年十一月，信长的小儿子从甲斐回到安土，信长让他元服，起名"源三郎胜长"。信长与信玄结盟时，将这个儿子送至甲斐作为信玄养子。大概因为胜赖此时心虚，所以将胜长送回以讨信长欢心吧。此时的胜赖忧心如何让国家走出困局，暗暗显出想与信长和谈的样子。信长自然不作回应。胜赖苦闷忧愁之际，祸起萧墙，最终走向亡国。

武田氏的领地横跨甲斐、信浓、骏河、上野四州。其中甲斐是本国，在此居住的家臣是胜赖的"内众"或称"谱代众"。剩下三州的武士则类似附庸一样，最初是独立的大名，被武田氏征服后被迫归其麾下。信浓的诹访（诹访郡）、大草、千久、下条、小笠原、保科（以上属伊那郡）、屋代（埴科郡）、芦田（佐久郡）、真田（小县郡）、木曾（筑摩郡）之地均是在信玄时代投降，成了王国的一部分。这些地方的武士平日服役，战时出征。他们本就被迫屈服于强国的武威，心中自然很难与甲斐共进退。上野国的小幡、藤田等应该也是如此。

而骏河国一侧有北条，一侧有德川，且处于往返畅通的东海道，稍微放松缰绳就会成为他国之地，所以信玄、胜赖用心统治，后来将甲斐武士移到此地，使之成为第二甲斐。时人称"武田真正统治的只有甲斐、骏河两国"（三浦净心）。信玄、胜赖不是没有想过在信浓等地实施更加周密的统治，将之变成武田氏王国的州郡，但信浓是山国，从他国进入极其艰难。若一直在甲斐掌握国政大纲，统摄诸武士效忠，就顾及不到细微之事，只好暂时尊重诸大名的现状，维持附属体制。武田氏之武运渐衰，最终从此处开始生出裂纹。

　　详细说来，信浓木曾谷有位木曾义昌，驻守谷地中央的福岛城，是家门悠久的豪族子弟。被信玄打败后，此地成了属国，他也娶了信玄女儿为妻，算是武田氏一族。信玄派千村、马场、荻原等人作为义昌妻子的随从，从甲斐来到木曾谷，监督此地的政务，则此地就比甲斐低了一等。近来胜赖的武运衰微，美浓的岩村城落入信长手中，远江的高天神城因为没有胜赖救援，城兵大半饿死，最终悲惨陷落。听闻此消息的义昌认为现在是放弃胜赖的时候，天正九年(1581)末与美浓国苗木的武士远山久兵卫联系，想要投降岐阜的信忠（信长之子，信长移居安土城时，将岐阜给了信忠）。苗木马上向信忠报告，信忠再告诉安土的信长。信长说："听闻木曾是绝无仅有的险要之地。若为义昌所骗，引军进入此地，则必陷困境。义昌要先送人质。"木曾同意，派出人质。信长便定下攻入甲斐的策略，在这年十二月下旬将兵粮运到要地，与家康、氏政约定同时进攻。

　　天正十年（1582）二月朔日，义昌的人质上松义丰到达安土。甲州听闻木曾意图谋反后，胜赖大惊，派武田信丰、仁科信胜为大将朝着木曾城进发，但在鸟居岭被义昌击败。胜赖认为敌军下一步就是朝自己来，所以出新府来到诹访的上之原布阵。这是二月三日的事情。听闻甲斐内乱，信忠二月十二日从岐阜出发，自伊那口挺进。甲斐方面比想象的弱，密通、投降的人渐渐多了起来。信忠如入无人之境，同月十九日攻陷高远城，三月六日闯入甲州。

　　在这之前就从诹访退回的胜赖，如今也无法待在新府，三月三日（依《甲阳军鉴》。《信长公记》说是三月四日）在城中放火，欲依靠郡内的小山田，然而小山田有异心，把守关口不让其进入，他便只能四处逃亡。三月十一日，胜赖在东山梨郡田野这个地方被信长的将领泷川一益打败。胜赖的夫人北条氏（氏政的妹妹）、长子太郎信胜一起自杀。胜赖享年三十七岁，信胜十六岁。田野的远处是天目山。世人说胜赖战死天目山就是指此地。

信长三月五日从安土出发，六日跨过美浓国吕久川时得到了高远城被攻克的消息，命人将信忠送来的城将任科信盛（胜赖的弟弟）的首级拿回岐阜，挂在长良川河滩。十四日，他到信浓国波合检视胜赖父子的首级，十九日扎营诹访。二十日，家康由穴山梅雪陪伴来到诹访，会见信长，恭贺其大获全胜，并让梅雪谒见信长。木曾义昌也在这一天谒见信长。

家康在二月十八日从滨松出发至挂川阵中，二十七日自持舟城将朝比奈信置手中接受此城，三月一日接见江尻的守将穴山梅雪并准其投降，梅雪献上马和鹰。九日，家康从万泽（在甲斐国南巨摩郡，从骏河国兴津进入甲州的入口）到富士山脚、甲斐国八代郡文殊堂市川，进入甲斐平原。二十八日信忠从甲州到了诹访，谒见信长，甲州征伐之功至此全成。

氏政在二月末出兵至吉原，在大宫浅间等地放火，但没有进入甲州。三月二十一日，他遣使至诹访营中祝贺信长全胜，送上马、江川酒等，二十五日送千袋大米作为马料至诹访大本营，以表同贺之意。

十七　天下渐统

武田的灭亡一是因为胜赖的外交策略没有发挥作用，与信长、家康、氏政三国为敌；二是山国之人有着强烈的自我意识，缺乏协同一致的精神；三是武田氏的财力已经消耗殆尽。总而言之，以胜赖为首的甲州武士缺乏保障国家的有效策略，最终不得已而灭亡。不过，这是不管大势推移而只着眼武田氏历史的小观察。若将眼界打开，观察整个日本岛的状态，则武田氏的灭亡并不是某个人的错误。事实是时运变化、天下渐治，五畿七道悉数都归到一个政府的统治之下。胜赖没有察觉到这一变化，强行建立一国之武，以致灭亡。

这种时运的详情在第四章第二节中已经说过。随着火枪流行，日本星罗棋布的诸国武士已经不能再保持独立，"家的时代"变成了"国的时代"，催生出大国。信玄极盛时，将甲斐、信浓、骏河、上野四州合并；谦信巅峰时，将五国纳入势力范围；辉元成为中国地区十州的太守。诸如此类都是大势的变化。然而大势既已至此，时运更是急转，朝着日本全岛统一前进。

日本岛原本就是一个完整的国家。从此岛开辟以来，即使是群雄割据之世，天皇依然威严地坐在宫中，诸大名的爵位全由天皇赐予，与《大宝律令》以来的盛世没有区别。授予位阶的文书、口宣都由公卿奏宣，并传给本人。将官位传给儿子等事情，虽像是把天子的器物当作私有物，但也只是将从天子那里暂得的土地传给儿子，文书、口宣仍需京都方面授予。即使是八分天下的群雄割据时代，日本人也没有忘记京都有君临万民的天皇。因此日本岛的人们分属小的独立部落只是一时的特殊情况，其大势定然会在某天转变，朝着全国统一的治世发展。

日本岛本来并不是只有一个人种的国家。古代有虾夷、隼人、肥人、国栖、韩人、秦人等，与建立日本国的狭义日本人杂居在一起，各自归属于自己的部落，与异人争夺生存的空间。然而随着年月的积累，诸人种融合。南到萨摩最南处，北到南部、津轻，武士平民的爱好都大致相同。连歌师在区分敌我、相互交战的诸国之间仍能毫无障碍地游历，乡下的武士也往往跟他们一起，参加俳谐比赛。(俳谐比赛的事情见《古本家忠日记》)。

不仅限于连歌、俳谐，吟咏和歌也在日本全岛流行。萨摩是九州最南边的国家，但国主岛津氏一族世代都出歌人；安房与萨摩相反，位于关东的半岛，其国主里见义弘也曾在路边写歌讽刺郡吏。文学既已如此，成为国民性文化，宗教自然也是国民性的。一向宗的门徒遍布北陆、东海、九州各处，诸国的武士一般也有禅学的素养。禁忌、迷信等并没有山河的隔阂，同样遍布日本岛。由此可见，即使英雄豪杰以山为城，以河为池划分疆界，以独立国自居，但在精神层面上日本仍是统一王国。若再观察经济，则这个时代的日本岛绝非允许这些小独立国继续分裂的状态。比如《碧山日录》长禄三年(1459)的一则记事中说：

连年关东逆臣(足利成氏)不败，以故道路堵塞、商旅不通、方物不贡，而中国虚耗为天下之忧处。(原文汉文)

据此记录，这个时代的商人从关东运货物至京都，赚得买卖利润，商业区域可以说已经扩展到日本全岛。同书还说："某年诸道谷米多入京师，其价较秋更贱，天下皆喜。"各地的稻米进入京都，导致京都米价便宜，便说明一地之经济变成了全国性经济。供给需求区域若未扩大到日本全国，绝不会发生这种事情。在这个时代，日本岛的经济不限于大名小名的国界，而是将全岛作为货物集散的区域，至千村万落贸易。因此货物集散要地的港口等地，此时显出城市的雏形。

《梅花无尽藏》中记载文明、长享时代（1469—1488），越后柏崎的市场，有门面的三千余家，位于深巷的有五六千家。远江引间据说也有富屋千家。这些都是在武士势力之外自然发展的工商业者势力。从这一点来看，也可以说日本人的经济生活早已远离割据独立的状态，向着全国性经济的方向发展。不过，那时武器还不够发达，好不容易发展成全国性的经济，因为缺少保证自己权利的手段，在武士割据一方拿起剑戟时，经济界那张遍布日本全岛的蜘网就被撕破，不得不听从武士的指挥了。即便是现在，想要保证人民和平安稳但并没有武力的国家，也只能靠强国的恩惠或者默许来获得将贸易扩展到世界的机会，一旦强国干涉，就立刻品尝贸易区域受限的痛苦。

因此，足利氏权威衰弱，诸国的大名就心怀独立志向，各自在道路设立关卡征收关税，破坏了好不容易扩大到全国的经济，并将经济限定在小区域。商人自不敢抱怨，只能服从。然而火枪这样的武器传到日本，催生了大国。曾经切割经济界的诸国武士的武力渐渐衰弱，原来已经向全国层面发展的工商业再次复活并发展。于是，经济变成全国性经济后，政治也自然随之变成全国性政治。这也是促使日本岛全国性统一的有力原因。

著者谨白。提笔之时曾希望家康传可以写完完整的一卷，但没想到却变成了拙劣的冗长评议，著者之笔到了武田灭亡已写了将近四百五十页。若是继续以这个势头写下去，到了家康去世，此书就会变成接近一千页的大部头。这已经跟前期预售的不是同一本书了，因此暂时在此处停笔。若是此书有幸得到江湖的垂爱，被要求出续篇，那时我再另起稿续写天正十年（1582）之后的事情。著者还有其他著作要写，其事结束后才能再度提笔，因此这里将腹稿总结记录，做成让读者能够明白前后事情发生顺序的年谱，让它至少看起来像是家康的全传。事情的详细经过只能留待续篇，敬请期待。

（一）　　　占领骏河、甲斐、信浓

（二）　　　小牧、长久手之战

（三）　　　家康、秀吉讲和

（四）　　　移封关东

（五）　　　关原之战

（六）　　　丰臣氏灭亡

（七）　　　德川家康论

第七章

占领骏河、甲斐、信浓

天正十年（1582）

三月十一日，胜赖战死。

三月十九日，信长到达诹访。

三月二十日，家康在诹访与信长相见。

三月二十八日，信忠从甲斐回到诹访，谒见信长。

三月二十九日，信长将骏河给了家康。

四月三日，信长离开诹访到达甲州台原，一览富士山后出骏
　河，从三河回到安土。

四月五日，信长进入甲斐的古府。

四月十日，信长离开古府，宿姥口。

四月十一日，信长宿本栖。

四月十二日，信长宿骏河的国大宫。

四月十三日，信长宿江尻。

四月十四日，信长宿田中。

四月十五日，信长宿远江挂川。

四月十六日，信长宿滨松。

四月十七日，信长宿古田。

四月十八日，信长宿池鲤鲋。

从四月十二日至此日，信长都在家康的领地。

《信长公记》称："家康修整各处道路，在江河上架桥，在路
　　边安置警备，路旁驿站、马厩鳞次栉比。为了进贡御膳良
　　品，他派人去京都、堺市购买诸国奇珍，崇敬有加。除此
　　之外还招待士卒伙食，建造一千五百间住处。家康殷勤招
　　待，令信长感动。"

四月二十一日，信长回到安土。

五月十五日，家康与穴山梅雪同至安土，感谢此次信长之恩。

五月二十一日，家康进京。

五月二十九日，信长进京，家康到达堺市。

六月二日，拂晓，明智光秀在本能寺刺杀了织田信长。

六月四日，家康逃脱战乱危险，抵达三河国大滨。

六月五日，家康进入冈崎城。

一

　　家康在大阪时碰上了本能寺之变，但幸运地脱离战乱危险，
从伊势的白子乘船，六月四日到达三河国大滨。翌日他回到了冈
崎，家臣才终于安心。家康准备出兵京都为信长复仇，此时很多

伊势、尾张的武士都向家康遣使，要共同讨伐明智光秀。因为一些障碍，出兵比预期稍晚，六月十五日家康军到达鸣海后，光秀被杀的消息从伊势的神户传来。

不过家康与酒井忠次等重臣仍一路到了津岛。津岛是当时的要塞，家康大概是想要获得都城方面的更详细报告。很快秀吉那里传来话说，光秀已经被其手刃，都城也已稳定，家康应尽早回到领地。秀吉的消息十九日到达鸣海，二十一日家康撤回了滨松。

二

家康一面决定往京都方向出兵，一面又对甲斐倍加注意。六月五日，家康排除万难回到冈崎后立即给冈部正纲寄去书信，给予他经营下山城的权力。下山城在甲斐国南巨摩郡，是穴山梅雪自古以来居住的城池。梅雪在此居住时，领有八代、巨摩两郡。胜赖还在时，梅雪就已经与家康内通，之后投降了信长。因为家康的斡旋，信长宽恕了他并保留其领地。然而梅雪今年与家康一起到都城，归途经过堺市时听说了本能寺之变，对家康起疑，仓促撤退，在缺少领路人的战乱国中寻找回城之路，被百姓杀死了。

家康担心梅雪的领地因失去主人而发生骚动，命令正纲安抚。同月六日，家康又派本多忠俊、名仓喜八郎奔赴甲斐，将都城之事告知驻守在新府的河尻镇吉，并良言劝慰。镇吉在武田氏亡国时，被信长授予了除穴山领之外的甲斐一国之地。信长还拜托家康留意邻国之事，因此家康派忠俊等人前往。然而镇吉反而怀疑家康的用心，六月十四日晚杀死忠俊，率领家兵出新府欲归京都。国人听说河尻杀了家康的使者，发起了一揆，六月十五日杀死河尻主从一行。另说河尻被杀是在六月十八日。至此甲斐重燃战火。

三

家康得到甲州骚乱的消息，正是接到秀吉发来的捷报并回到滨松的时候。他认为再插手京都已没有意义，此后应该专心经营甲斐、信浓。信长在武田氏灭亡时，将武田的领地分给以下诸大名：

骏河国：德川家康

甲斐国（穴山领除外）：河尻镇吉（住在新府）

甲斐国的八代郡、巨摩郡：穴山梅雪（住在下山）

信浓国高井、水内、更科、植科四郡：森长一（住在川中岛）

信浓国安云、筑摩二郡：木曾义昌（住在福岛）

信浓国伊奈郡：毛利秀赖

信浓国诹访郡：河尻、犬山分掌

信浓国佐久、小县二郡：泷川一益

上野、武藏两国内的武田氏旧领：泷川一益（住在厩桥）

这只是国郡的大致所属。若是详细叙述，则在这些新大名之下，也有不少奉信长之命而保住旧领地的人。比如，信浓国伊奈郡有以松尾城主小笠原信岭为首的大草、千久、下条、藤泽氏等；佐久郡有前山的伴野刑部少辅、岩尾的岩尾小三郎；小县郡上田城有真田昌幸；更科郡有屋代胜永，川中岛有春日周防、高坂源五郎。上野、武藏两国有小幡、长尾、由良、本庄、安田、仓贺野、涉川、高山等氏。这些均是本地豪族，表面上欢迎自京都来的统治者，表示自己别无二心，但实际上与之水火难容。

因此，信长这样级别的重压消失后，他们直接回归独立状态，新家与旧家的争斗随时爆发。何况刚刚得到封地的信长诸将统治不长，与国人、民众交往不深，双方的感情无法疏通，相当于是旅居此地。他们听说主君信长的惨剧后坐立不安，对京都形势如何发展的担忧也让他们心急如焚，所以争相放弃封地，选择西上。

比如从信长那里接受关东管领职位、在上野国厩桥驻守的泷川一益，在六月七日傍晚接到信长父子自杀的消息后，立刻决定回到西边，且将上野、武藏二州武士的人质放回。十九日，他与北条氏直决战，之后通过木曾路回国。川中岛的森长一为了讨伐景胜而出兵越后，攻入关山、三本木。此时他得到了本能寺之变的消息，于是返回城堡，击溃沿路的国人一揆，跨过飞驒回到了都城。小诸的道家正荣、伊奈的毛利秀赖也早早弃城上京。简而言之，信长遇刺使得京都武士的身影彻底从甲斐、信浓、上野消失。

四

水向下流，力量向薄弱处突进。甲斐、信浓、上野诸国没有了信长武士的身影，当地的武士又恢复了独立的状态，似乎此地又重回乱世。邻国见此情景都蠢蠢欲动了起来。北条氏直首先攻破泷川一益，命令织田氏势力范围的武藏、上野的诸位武士到小田原效力，并窥探信浓、甲斐。上杉景胜援助自父亲上杉谦信以来就关系友好的村上国清（村上义清之子）、小笠原洞雪（长时之侄）出兵复兴各自父祖的事业，前者插旗信浓国川中岛，后者进入同国的深志城（今松本城），更取得佐久郡。

群雄都已跃跃欲试，家康又岂甘于人后。六月下旬，大久保忠世、石川康通、本多广孝及其子康重、冈部正纲等奉命带兵驻扎到甲斐。甲斐的武士平民多从一开始就想归附家康，所以前述将领很快平定此国。依田信蕃也按照家康的命令，攻入信浓国佐久郡，集结旧识。武田氏亡国后成为浪人的诹访赖忠趁京都武士退回，鼓动过去的家臣，夺取了父祖以来就居住的诹访郡高岛城。此时他听从大久保的劝告，归降了家康。随后伊奈郡松尾城主小笠原信岭以及大草、知久、条馆等同郡国人也向家康投降。

此时上杉景胜控制了信浓国川中岛四郡，势力波及小县、佐久二郡。今天所谓的北信地区大都归他所有，且其影响波及松本平地区。家康取得甲斐国，则信浓国诹访、伊奈二郡的武士皆有臣服之势。佐久郡的一部分也想归顺家康。到了北条氏进军佐久、小县时，局面又发生了些许变化。

五

在国中无主、四周强敌出兵欲占此地的混战局势中，经常出现通过离合聚散之巧计壮大自身的土豪。上田的真田昌幸就是著名的例子。昌幸最初臣从景胜，在景胜还未进军信浓时就长期向其送去臣从誓词，此年六月十八日景胜出兵川中岛时，他前去谒见表示臣从。但此后他改变了主意，率川中岛武士高坂源五郎与北条氏直暗通，请求氏直出兵夺回川中岛。

氏直在七月越过碓冰崖向佐久郡进发。景胜闻后扎营贝津以防其入侵，并吊死高坂源五郎以惩罚他背信弃义。氏直以昌幸打头阵，越过筑摩川逼近善光寺，景胜则隔着千曲川、国平川与之对垒。氏直没战就退到了尼之渊。一说是景胜将源五郎的头送到氏直的营中求战，并趁夜色在上风处点火，闯入氏直阵地，氏直败走。总之，越后国武士骁勇善战大抵是兵家们的捏造之言而已。家康、景胜合谋断了氏直的后路。氏直畏惧，再退到轻井泽，昌幸则在尼之渊与景胜遥遥相对。川中岛四郡此次再归景胜，他将更科郡交给村上国清，将剩余三郡交给上条、藤田、上仓，命其与先方众一起守护贝津。小县、佐久二郡则成了景胜、氏直相争之地，家康的武士仅占据了佐久郡一角。

六

如前所述，这一年（1582）七月下旬诹访赖忠背叛家康，归附了氏直。甲信形势至此又发生了变化。七月三日，家康从滨松出发，九日到达甲府，十四日向酒井忠次发信，命令信浓武士听命忠次的指挥。赖忠大怒，"我们作为家康的同盟前来，没想到成了忠次的手下"，于是据守高岛城，并向氏直求援，展现敌对之意。二十二日，忠次率东三河之兵包围了高岛城，但未攻破城池。

家康再派出大久保、本多、大须贺、石川、冈部等人。

八月一日，氏直从佐久郡海之口进军梶之原，支援诹访。听闻氏直大军到来，包围高岛城的家康军退到白须，三日退至乙骨。氏直军在其后紧逼，号称率兵五万。乙骨之众不过三千，且从乙骨到新府有七里。八月六日，乙骨之众未损一兵进入新府城。这叫作"乙骨撤退"，在德川战史上是值得自豪的一段。此时家康恰好在古府，八月七日听闻氏直要来便退出古府进入新府，八日在麻生原与氏直对垒，氏直不战。十日，家康再次进入新府。此时氏直拥兵驻扎在若神子城，家康以不足八千的寡兵驻扎新府。

十二日，北条氏忠率一万余兵跨过甲斐、骏河的国境御坂，到达黑驹。此日守护古府的家康出兵应战，大胜并斩杀三百余人。氏忠立刻撤退。二十日，家康从新府至甲府。此时北条氏士兵萎靡不振。氏直屯兵不动，氏忠又吃败仗而逃走。兵之强弱在精与不精，而不在多与寡。窥见强者并及时归附的真田昌幸知道已无法从氏直那里取得好处，于是与家康暗通。家康命昌幸及依田信蕃扎营碓冰岭，断绝北条氏的后勤补给之路，氏直便萌生退意。

到了十月二十九日，氏直与家康和谈。条件是：（一）甲斐、信浓两国交由家康，氏直不再争夺；（二）上野地区交给氏直；（三）上野国沼田郡是昌幸家数代的领地，昌幸既已离开，沼田应归氏直，昌幸由家康再分配领地。同月三十日，家康承诺将二女德姬嫁给氏直。至此北条、德川再次建交，家康得以在甲斐、信浓二州自由施展拳脚。

七

家康虽彻底占领了甲斐，但信浓仍是其与景胜的相争之地，要彻底占领仍需一段时日的努力。景胜利用家康与氏直在甲斐对垒而无法顾及信浓时专心经营此地，很多佐久、小县的武士再次归附。与氏直讲和之后，家康马上出兵信浓，十一月七日于佐久间攻下属于景胜的前山城，随后顺路攻下高棚、小田井二城，不少当地武士又归附了家康。

第二年（1583）二月二十二日，依田信蕃兄弟三人进攻岩尾城时战死，但该城翌日被攻落。到了三月，大久保忠世与信蕃的遗子一起进攻小诸城。城将宇佐美定行弃城逃走。家康之兵由此占领佐久郡。景胜因防守川中岛而未出战，小县郡武士又多归附家康，埴科郡的屋代胜永也前来归附以保全领地。至此信浓国的政治地图大致划分如下：

诹访郡：诹访赖忠（在高岛城）

伊奈郡：保科正直（在高远城）

　　　　小笠原信岭（在松尾城）

　　　　大草氏、知久氏

筑摩郡、安云郡：木曾义昌（在福岛城）

　　　　小笠原贞庆（在深志城）

佐久郡：诸武士听从大久保忠世的指挥

小县郡：真田昌幸（在上田城）

埴科郡：屋代胜永

以上归家康，而川中岛四郡（除埴科郡部分）归景胜。木曾的归属不详，或许是因为它处于西边，被险阻所隔，既不属于家康也不属于景胜。诹访一时背叛了家康，又因其安抚回归。保科正直趁乱收复了旧领高原，之后大概也归属了家康。小笠原贞庆是小笠原长时的三子，久居京都。信长死后，他听闻信浓之乱，随旧臣沟口贞泰回到故乡，命表弟洞雪切腹，并收复了深志城。天正十一年（1583）四月二十八日，贞庆与赖忠、昌幸、正直一起到甲府谒见家康，可知此时已是家康的家臣。

八

天正十年不过是三河、远江两国之主的家康被信长授予了骏河，得以君临东海三国。信长已被杀，京都形势巨变，家康就占领了甲斐，并在次年春天占领了信浓国大半，突然变成了五国统治者。不过新收入的三国之中，能够增强其实力的只有骏河、甲斐二国，信浓只是附属国，最终从属哪一方还难以定夺。到家康成为秀吉之敌时，信浓的武士更生叛心，家康便被迫放弃此地。骏河、甲斐未受到新收复国的影响，一直像忠实的长子一样跟随家康，可见其作为政治家的高超伎俩。我们将在续篇详述此事。

第八章

小牧、长久手之战

天正十年（1582）

六月十日，秀吉杀光秀。

十月十一日至十五日，秀吉在大德寺为信长办法事。秀吉暂
    将宝寺城当作城郭居住。

十一月三日，前田利家为了柴田胜家，前往宝寺城与秀吉谈
    和。秀吉同意。

十二月十一日，柴田胜家的使者至滨松谒见家康，贺其平定
    甲斐。

天正十一年（1583）

正月十八日，织田信雄与家康在冈崎会面。

此月，秀吉进入伊势讨伐泷川一益。

三月，近卫前久出京都，投靠家康。家康因此蒙受与光秀合
    谋的嫌疑。

四月二十一日，贱岳之战。

四月二十二日，家康向秀吉去信询问江北形势。

四月二十四日，胜家自杀。

五月十八日，织田信孝在尾张国内海自杀。

五月二十一日，秀吉修筑大阪城。此日石川数正作为家康的
　使者，在大阪谒见秀吉并献上初花小壶，恭喜其迁居。

七月二十日，德姬嫁给氏直。

此月家康欲与景胜开战。

八月六日，秀吉的使者津田左马丞谒见家康。

八月二十五日，家康到甲斐颁布国中法令。

十二月四日，家康回到滨松。

十二月，秀吉声言要进攻织田信雄。

一

织田信长的事业由丰臣秀吉继承，但后者并非凭一己之力统
一了信长之国。当时有很多人与他合力阻止信长所创王国毁于一
旦，其中最杰出的是丹羽长秀、池田信辉。他们是信长将领中仅
次于柴田胜家的大将，但从最开始就认同秀吉的功劳，时常让步，
与之协同，毅力非凡地压制了柴田胜家。于是秀吉＋长秀＋信辉
的力量胜过了柴田胜家。

胜家并不是没有同伴。他是信长的家之长中最有实力的人，
还是信长的妹夫；信长的杰出将领泷川一益是他的亲戚；信长家

臣中被称作"无双之刚"的佐久间盛政是他的侄子；佐佐成政、前田利家是他的盟友。他们若同心协力对付秀吉、长秀、信辉，胜败就不好判断了。

然而秀吉拉拢了越后的景胜，牵制了成政的行动，因此成政离开了富山，没能协助胜家。秀吉又以情谊说服前田利家，让他发誓保持中立。所以胜家实际上是被孤立而亡的。这就是贱岳之战的结果。

二

在胜家与秀吉的战争中，家康反而支持秀吉，并遣使至大阪祝贺后者胜利。不过他也以对待敌国的礼数对待秀吉。秀吉一战拿下光秀，再战杀了胜家，气势高昂，信长诸将都不得不臣服，尊其为盟主。丹羽、池田之辈如今也只能处于其下了。《甫庵太阁记》说，丹羽长秀、池田信辉一同派家司到京都处理天下政务，但天正十二年（1584）正月后，这些人都自发离开，只有秀吉的人员独自留下。长秀与秀吉一同灭掉胜家，避免信长的旧业分崩离析。所以秀吉也说"秀吉如今能执掌天下，是得益于长秀的支持"（《川角太阁记》）。

秀吉肆意行使胜者的权力，将柴田胜家的遗产赐给长秀。"你们之前都比我高贵，如今为何从我这里领取封地？"长秀只得连声感谢。主从之名分已然划定。秀吉如此取威定霸，几乎将信长的旧业全部收入囊中。独织田信雄是信长的次子，领国也很庞大，尚未屈尊到秀吉的王国俯首称臣。他原本就平庸轻信，遇事无思虑，当断不断，毫无才能。他是贵公子，擅长跳舞，虽非完全没有勇气，但一切都比不上父亲，也就是所谓的不肖之子。不过他毕竟是信长之子、大国之主。天无二日，国无二王。秀吉若想在信长建造的国家上树立统治权威，两人就必然要一决胜负。

三

然而信长的遗臣、女婿没有选择信雄而是选择了秀吉。信雄的重臣冈田重吉、津川义东、浅井田宫丸等都暗暗倒戈。他觉察到地位难保，反而不自量力地想要主动进攻秀吉。信雄唯一可依靠的盟友其实是家康。他提前找道家康说明自己的意图，请求援助，家康一口答应。家康这样的人必然知道与秀吉为敌的风险，但信雄若像信孝一样被秀吉打败，接下来被攻击的肯定是自己。他无论如何都要与秀吉决一雌雄，因此听了信雄的请求后便答应了援助。

天正十二年（1584）三月三日，信雄在伊势国长岛城杀死了三位将领，公然向秀吉挑战。他也向与信长渊源深厚的诸将求援，但无人回应。池田信辉驻扎在美浓国大柿，其子池田元助在岐阜城。他们不仅是信雄亲近的邻居，而且信辉与信长是同奶兄弟，是织田氏长久以来的家臣。二人最初答应，但最终毁约。如此所示，信长的亲戚及将领全部选择帮助秀吉而与家康、信雄对立。战争概要如下：

三月三日，信雄杀三将。

三月十日，家康从滨松出发。

三月十三日，家康到达清洲。

三月十四日，池田信辉取得犬山。

三月十七日，德川氏士兵驻扎小牧山。森长可在犬山与酒井
　忠次交战，败。

三月二十一日，秀吉从大阪出发。

三月二十七日，秀吉跨过鹈沼川到达犬山城。

三月二十八日，家康将营地移至小牧。

三月二十九日，信雄将营地从长岛移到小牧。

四月朔日，秀吉军包围小牧。秀吉离开犬山，扎营乐田。

四月九日，长久手之战。

四月二十二日，氏直使者到达小牧营地，庆贺长久手大胜。

五月一日，秀吉撤军。堀秀政留在乐田，加藤光泰守犬山城。

五月三日，信雄回到长岛。

五月四日，秀吉包围加贺井城。

此月，秀吉攻下加贺井、竹之鼻二城，进入大垣城。

六月十一日，秀吉出军多艺，建造直江寨，后引大军回到大垣。

六月十二日，家康从小牧进入清洲，命酒井忠次至小牧城。

六月十六日，泷川一益支援秀吉，驻守蟹江城。家康自清洲
　出兵进攻此处。

六月十八日，夜晚，家康、信雄进攻蟹江城，大破之。九鬼
　嘉隆乘船逃跑。此前嘉隆用船向城中运送粮食。信雄乘大

船追击九鬼。取得了一益的马印大旗。一益逃入城中。

六月二十一日，秀吉撤退到近江。

六月二十二日，家康、信雄进攻蟹江城。

七月三日，一益杀蟹江城将前田与十郎，将城献给家康、信雄，
　　自己乘舟撤退。

七月五日，家康至桑名。

七月十三日，家康从伊势回到清洲。

八月十五日，秀吉到美浓。

八月二十七日，秀吉至乐田侦察。

八月二十八日，秀吉焚掠乐田周边。家康听闻秀吉出军，自
　　清洲出发，屯兵岩仓。佐佐成政率五千余骑袭击朝日山（越
　　中）寨。前田利家赶到援助。

九月一日，利家至乐田掠夺收成。

九月十一日，成政包围能登国末森城。利家从后方包抄，大
　　破之。

九月十三日，信雄遣使至利家处，请利家与成政讲和。

九月二十七日，家康回到清洲。

十月五日，利家致信直江兼续，回复其贺末森之胜的信件。

十月十六日，家康命酒井忠次从小牧移至清洲，派榊原康政
　　到小牧，派菅沼定盈到小幡。

十月十七日，家康回到冈崎城。

十一月六日，秀吉至伊势国，扎营羽津。信雄至桑名与其相持。

十一月九日，家康从冈崎至清洲声援信雄。

十一月十一日，秀吉与信雄在矢田河原会谈。

十一月十六日，家康从清洲回到冈崎。

十一月二十一日，家康回到滨松城。

家康三月十日离开滨松，在信雄、秀吉和谈后的十一月二十一日返回滨松，花了八个多月也就是二百五十余天。在此期间，秀吉未胜过家康一次。家康明显发挥了军人的长处，长久手之战和蟹江围城之战都让他在日本战史上成就不朽之名。秀吉在评价家康的军事技术时说，"家康名副其实，是位软硬不吃的名将"。公正的评价往往来自敌对之人。

四

在这场值得铭记的家康、秀吉对抗中，家康国小兵寡，但士兵大都是谱代之士。秀吉国大兵多，但士兵大多是曾与秀吉一同为信长效力之徒。这是家康的优势与秀吉的弱势。比如丹羽长秀在信长死后，帮助秀吉杀了胜家，被封为越前大名。但他也觉得秀吉杀信雄很不人道。蒲生氏乡是信长的女婿，但与秀吉最为亲近，从一开始就支持他，但看到秀吉长久手之战大败后没有觉察到形势不利、硬要与家康为战时，冷笑着说"猴子知道自己还没死，所以疯了吧"。他们对秀吉自然做不到三河武士对待家康那样。

秀吉的士兵虽多，但像联合军队一样，极端来说就是乌合之众。此时是家康平定三河后的第十九年、合并远江后的第十四年。他已将二州武士训练成精锐军队，因此多不一定强，寡不一定弱。

家康面对多于己方数倍的大军，自然毫不畏惧。何况，家康的国土东至函岭，与通婚盟国北条氏相邻；北靠日本脊骨的山脉，与甲斐、信浓相连。甲斐事实上已成为家康的郡县，信浓除了景胜控制的川中岛以外也是家康的附属。家康与北条氏的同盟虽不深厚，但毕竟刚刚联姻，且北条氏武力衰落，无须防范其偷袭。信浓国武士之心虽非稳定，且此国的秀吉一派也可能出兵，但信浓是山国，国中多溪谷，致使他们很难穿过这些阻碍远距离作战。谦信未离开川中岛南下就证明了这一点。因此可以说，家康是单独面对秀吉，没有其他方向杀出敌军的危险。

秀吉恰恰相反。他的领地在四面开阔的平原地带，边境常有敌军来犯。比如，此年秀吉还没有离开大阪进军时，根来、粉川二寺的僧人说服了纪伊国的武士，在和泉国岸和田的南面建造了三四处堡垒，与守卫岸和田的秀吉将领中村一氏作战。中村善战，阻止了入侵，但这足以说明秀吉在这方面有受敌的危险。土佐国的长曾我部元亲是统一四国岛的大藩，接到信雄书信后准备夹击秀吉。秀吉若是稍不注意，一定会被乘虚而入。伊贺国、大和国与伊势国相通，其武士是信雄、家康的旧识，没准也会趁机而起。他们若是居险固守就很难讨伐。这使秀吉有腹背受敌的危险。越中国的佐佐成政自始与秀吉敌对。越前国的丹羽长秀心思难测。幸好中国地区有毛利辉元钳制元亲，越后的景胜、加贺的利家也让成政无法行动，长秀也不敢露出倒戈的姿态。但灾祸已蕴藏在这里。这是秀吉的弱势与家康的优势。秀吉未胜一场，也就变成了在刀尖上跳舞。

五

不执着是秀吉的特长。他明白自己幡然与信雄、家康为敌是不对的。换句话说，他明白在信长死后一年就杀了信孝，如今又要杀信雄绝对会失去人望，且与家康为战并没有什么胜算，于是毫不犹豫地与信雄讲和。《秀吉谱》中记录了当时的事情：

秀吉对富田左近、津田隼人说，我受信长的恩惠之重无以言表。我诛杀了明智光秀，信长得到些许安心。而信孝、信雄皆要杀我，我不得已出兵。但这到底是为了什么呢？信孝已经没能得享天命，如今我要与信雄交好。若是可能，我辈的行动就到此为止。期望您和手下能助我达成此事。富田、津田深感认同，不觉涕泪，立刻回到桑名禀告信雄，信雄同意。二人回来告知结果，秀吉心悦不已。

十月二十日（十一月十一日之误），秀吉、信雄在矢田河原会见。秀吉束手屈膝，垂泪无言，献上良剑就返回了。

秀吉的话恰似肺腑之言。织田氏的旧臣无不涕泗横流。此次与信雄会面的是毫无矫饰的织田旧臣丰臣秀吉。这是秀吉独有的优点，家康也无法学会。信雄是好人，遇到这样催人泪下的画面，什么怨恨都解开了。他没有与家康商议就答应了秀吉的和谈，并回过头来劝家康讲和。就这样，小牧之战结束了。

第九章

秀吉、家康讲和

天正十二年（1584）

十一月十六日，家康派石川数正为使至秀吉处，恭贺信雄、
　秀吉讲和。

此月秀吉派羽柴胜雅、富田知信、津田信胜至滨松进言，"信
　雄既然已经言和，秀吉、家康之间本无恩怨，应尽快讲和，
　缔结永世之交，并请家康上京"。家康没有答应。

十二月十二日，于义丸作为秀吉的养子前往京都。石川数正
　的儿子胜千代、本多重次的儿子仙千代（后来的成重）随行。

十二月十四日，信雄至滨松见家康。

十二月二十四日，佐佐成政至滨松见家康。

天正十三年（1585）

正月十六日，家康至冈崎。

此月，北条氏直遣使至滨松，告知其攻打下野国佐野城并攻

克的消息，送来城主佐野宗纲的首级。

二月，家康回到滨松。开始修建吉良城。

三月，秀吉攻打根来寺势力并将其消灭。

四月二十六日，丹羽长秀自杀。

此月，家康巡视甲斐。

五月，秀吉率兵讨伐长曾我部元亲。

六月七日，家康从甲斐回到滨松。

六月二十六日，家康患痤疮。

七月一日，家康病愈。

七月十一日，内大臣秀吉升任关白。

七月十九日，家康前往骏河。

此月真田昌幸背叛家康，加入秀吉麾下。秀吉派出上杉景胜援助昌幸。

八月八日，秀吉离开大阪讨伐佐佐成政。

八月十三日，本愿寺将本寺移到摄州国天满。

八月二十九日，成政向秀吉投降。

此月家康派大久保忠世、鸟居元忠、平岩亲吉等人，合甲斐诸将的兵力进攻昌幸。

闰八月一日，德川氏诸将在上田城攻打昌幸，大败。

此月家康派大须贺康高、井伊直政、松平康重等人增援，并撤回之前征讨昌幸的诸将。康高、直政至信州，企图急袭昌幸。上杉景胜接秀吉命令，听闻对方大量援军抵达，与诸将商议后撤退。大久保忠世守小诸城以防昌幸。

此月，秀吉收了丹羽长重的越前国，将其转封到若狭国，并
　　将大和国的筒井定次转封到伊贺国。

九月十五日，家康回到滨松。

九月十八日，家康到田原打猎。

十月三日，家康回到滨松。

十月二十八日，家康在滨松城会见国众，商议是否送人质到
　　大阪城。国众称"不可派出人质"（《古本家忠日记》）。北
　　条氏直将家臣二十人的誓书送至滨松，请求为军国之事尽
　　一份力。家康也命令老臣国众将誓书送给氏直。

此月，长曾我部元亲进京。

十一月十三日，石川数正带着妻儿从冈崎出发奔赴大阪。苅
　　屋的水野忠重也与之先后归顺了秀吉。

十一月十六日，家康恐人心动摇，至冈崎安抚众人。

十一月二十三日，家康至西尾城。

十一月二十七日，家康返回冈崎。

十一月二十八日，秀吉遣羽柴胜雅、织田信益、土方雄久谒
　　见在吉良游猎的家康，劝家康入京。家康不听。

此月，家康寄信告知氏直石川数正倒戈一事，又遣使至小诸
　　城召回大久保忠世。忠世返回，留弟弟忠教守小诸城。

十二月三日，信浓国深志城城主小笠原贞庆，在此之前背叛
　　了家康。此日贞庆攻打保科正直驻守的高远城。正直出兵
　　将其击溃。

天正十四年（1586）

正月十日，家康至冈崎。

正月十九日，家康至吉良打猎。

正月二十一日，秀吉遣使柴羽胜雅、富田知信至吉田，拜访
　　酒井忠次，提议让秀吉的妹妹嫁给家康。忠次随二人到吉
　　良谒见家康。家康答应了这门婚事。

正月二十七日，信雄至冈崎恭贺定亲。家康从滨松到冈崎与
　　信雄会面。随后信雄回到清洲。

二月二十六日，家康从冈崎至骏府。

三月九日，家康在三岛会见北条氏政。

三月十一日，家康在黄濑川会见氏政。

三月二十一日，家康回到滨松。

四月二十三日，派本多忠胜到大阪提亲。

五月五日，忠胜返回滨松。

五月十四日，秀吉的妹妹至滨松城。

五月二十六日，家康派榊原康政至大阪，汇报婚礼已办成。

五月二十七日，上杉景胜进京。

七月十七日，家康至骏府，欲讨伐真田昌幸。

八月七日，秀吉遣使劝家康不要讨伐昌幸。家康听从。

八月二十日，家康回到滨松。

九月十一日，家康暂时回到骏府，群臣拜贺，礼毕后返回滨松。

九月十四日，家康去到冈崎。

九月二十七日，家康回到滨松，并将井伊直政、本多忠胜、

　　榊原康政的亲属各一人送到京都作为人质。

　　十月十三日，家康从滨松出发，踏上进京之路。

　　十月十五日，家康至冈崎城，等待秀吉之母大政所到来。

　　十月十八日，大政所进入冈崎城。家康夫人羽柴氏从滨松赶
　　来会见大政所。

　　十月二十五日，家康进京。

　　十月二十七日，家康前往大阪城会见秀吉。

　　十一月五日，家康回到冈崎。

　　十一月十八日，大政所动身从冈崎回京，井伊直政护送。

　　十二月四日，家康至骏府城。

一

　　在军事上输家康一筹的秀吉，在政治上赢了家康。他放下身
段与信雄讲和，使信长之国免于分崩离析。这同时使家康失去动
武必要，也失去进军伊势、尾张并与秀吉一战的好机会。家康善
于看清自己如今的境遇。不管什么情况都冷静的他，没有因为信
雄私自和秀吉讲和而愤怒，反而遣使至秀吉处庆祝二人和谈成功，
且听从了信雄等人的劝告，让儿子于义丸到秀吉处作养子。

　　他的意思大抵是"我曾答应信长要帮助信雄。秀吉既然记起
了信长的恩惠，与信雄讲和，则我也应该为其庆贺。我本与秀吉
无冤无仇。秀吉若想与我重修旧好，并养育我的儿子，我又怎能
拒绝呢？"于是，他和秀吉的关系回到了开战之前。

越中的佐佐成政仅带着六名家臣，踩着沙沙作响的雪到达信浓国松本平，之后经诹访至滨松城，随本多忠胜见了家康，提议夹击秀吉。这是家康与秀吉和谈成功，且于义丸已经进京之后的事情。家康设宴款待了成政。席间成政把家康比作信玄，把自己比作谦信，说若是东海北陆两雄左右合力攻入京都，消灭秀吉并非难事。

家康的武士因其过分自负而冷笑，不过家康并没有丢失礼貌，而是说"我与秀吉原无宿仇，只因不能忘记信长过去的情谊而帮助了信雄。信雄已经与秀吉讲和，我也就不会再开战了"。他又说，"我如今统领五州，如果想与秀吉开战，以我自己之兵就足够，不需要他人的援助"。成政失去希望，垂头丧气地踏上了归路，再次踏着深山中的积雪回到了富士。有说法称，他在途中咏雪述怀，"下雪时，天地换。殊不知，世事改"。

二

佐佐成政是信长麾下的武士，本是刚猛无双驰名于世的俊杰。然而他在末森被曾经的同僚前田利家打败，武名陨落，夹在越后的景胜与利家之间几乎动弹不得。因为是刚猛之士，所以常常凭借着勇气说些大话，但事实上并不能证明自己。何况信浓、飞騨的险隘之处，在当时是不可逾越的天然屏障。家康无论如何也不会依靠如此遥远的盟友来徒增烦恼。于是家康不再打算进攻秀吉。

秀吉则最大程度地利用了这段时间。他试图让信雄离开家康，在知悉家康不会轻易发动攻势后稍稍喘了口气。他首先消灭根来寺，然后攻入四国令长曾我部投降，使其变成无牙的老虎。越中的佐佐成政也没有像在家康面前自夸的那样英勇，在秀吉出兵后立刻仓皇投降。秀吉就这样逐个征服去年与信雄、家康一起与自己为敌的人，实际上是砍掉了信雄、家康的手脚。他还把大和国的筒井定次移封到了伊贺国，根除了胸腹之处发生危险的可能。

他在大局上赢了家康。再加上他以内大臣的身份荣升关白，坐正了代替日本国至尊统领天下的位子。家康在东海地区独立，顶住了压力没有对秀吉摧眉折腰，但秀吉的势力就像涨潮的海水围绕岩石一般，把家康包围了起来。家康领有的五国之中，唯一未完全占领的信浓国就感知到当前的形势而产生了动摇。真田昌幸以上田城为据点背叛家康，正是因为这种不安气氛凝聚在他周围，使其最终付诸行动。于是，秀吉日渐有利而家康日渐不利。

三

当然，真田的背叛并非家康预料外的事情。只是家康为了对抗秀吉，不想失掉北条氏的欢心，所以乐于惹怒昌幸。此事如下：

昌幸成了家康臣下，攻入上野国夺取沼田等八座城池，让长子信幸看守沼田城。北条氏向昌幸处派出使节，表示上野国是氏直的领土，且与家康达成约定，昌幸闯入上野、独占沼田违反了双方约定。若尽快阻止昌幸的行径，将沼田归还给氏直，则氏直如约帮助家康与秀吉开战。因此家康让昌幸交还沼田城。昌幸不听，顺势背叛了家康。

家康若不希望昌幸背叛，应该放任他夺取沼田，但那样就不得不与北条氏为敌。于是家康丢卒保车，命令昌幸归还沼田。昌幸觉察到秀吉的上升与家康的下降，怎会听从命令，为这一政策而牺牲呢？果然他归附秀吉，对家康竖起了叛旗。秀吉派出同盟、越后的上杉景胜帮他，而家康率大兵讨伐。

然而他是"信玄的短刀"一样的老将，以孤城对抗德川军队，反而给予其痛击。自三方原战败后，德川军再次遭遇战史上著名的败仗。家康派出援军，必欲攻下上田城，但听闻景胜的大军从后方援助后就暂时放弃，撤回了远征军、增援军。若是在士兵、粮食都极难输送的信浓国溪谷屯驻大军，与景胜这样的强敌鏖战得难分难舍，就必须提防秀吉、信雄，而这绝非有利状态，所以他暂时放弃了短暂落入手中的信浓大部分地区，以集中兵力。

四

如此一来，家康的形势已经逐渐不利，一些三河、远江武士也惧怕秀吉之威，想要依附。"秀吉如今担任天下的摄政之职。我家与秀吉本无恩怨，如今向其送人质以巩固同盟关系也不羞耻。一直对秀吉逐日增长的实力置之不理，不是保全国家之道。"自然有些人开始说出这类话语。不用说，秀吉长于外交之术，任何情况下都能想出诱惑别人的方法。远江的武士内心坚固，但也意外地在这时没能抵挡住秀吉的巧妙诱惑。于是家康提出"我们是否该送人质到都城"这一问题以试探士心。老练的他一定不会表现出强硬反对的态度，反而是"我认为也不是不能向秀吉交出人质"（此事无确凿事实，只是著者的推测）。

　　然而重臣多认为此事不可。国众也应召来到滨松开会，均向家康表示不可提供人质。家康若最初就表示不应向都城派出人质、无论如何也要视秀吉为敌，重臣、国众也可能无异议。然而他选择示弱，反而造就了更强的舆论。他让武士自己决定并表达出至少要保持着独立态度。他非武田胜赖、北条氏政，其巧妙应敌并保全国家就依靠此般智慧。不过，家康也强化了与北条氏的盟约，即使得不到北条氏物资上的援助，至少后方不会出现危机。

五

　　家康决定秀吉若攻来就与他一战。重臣石川数正希望与秀吉构筑真正的和平，认为应送去人质成为其同盟国，以此保住德川氏社稷以及自己的福利。见到家康如此决定，他离开并投靠了秀吉。外戚水野忠重也效仿数正。信州深志城城主小笠原贞庆也归附秀吉旗下。于是，信浓国大部分地区都离开了家康。

　　家康很平静，他的武士也没有因数正、忠重的离去而动摇。他虽将权势逐日增长的秀吉当作假想敌，但并没有准备守城之战，反而是到山野之间打猎，丝毫不像大敌逼至的样子。武田胜赖在新府建城却守不住，是他亲眼所见之事；信长不固守清洲而是突进桶狭间、直击义元大本营而建立功勋，是他作为义元方亲身遭遇之事。与善于施威的秀吉为敌，在人们害怕威力与日俱增、权势与月俱涨的关白的状况下，一心考虑防御手段只是麻痹士心、僵化自己而已。因此他想以野战决一胜负，听从上天的安排。所谓"三岁看到老"，家康依然没有丢失当年不守滨松反而是骑马跑出三里追击信玄的魂魄。他要这样防御秀吉这位假想敌。

秀吉本就不想与家康开战，且有理由相信自己的示威运动已经成功，因为家康的重臣相继背叛。他认为让家康屈服并成为自己同盟的时刻到来，派出羽柴胜雅、织田信益、土方雄久催促家康上京。三位使者在家康前往吉良游猎的时候与他相遇，向臂上架着鹰、牵着狗的家康说以利害，阐述秀吉的好意，催促其进京。然而家康的回答依然充满了个人色彩：

> 信长在世时，我已经进京看遍了都城的名胜古迹，如今对那里没有留恋。为了信雄和天下，于义丸做了秀吉的养子。如今他已不是我的儿子，也不用再见面。秀吉若是气愤于我没有进京，带着大军攻下来，那么我们也只能到美浓迎战。那并不比驯服我肩上这只鹰难多少。

六

秀吉没有因为家康的强硬态度生气。他始终想要家康放下戒

心，成为自己的笼中之物。他与信长一样是时势之子，明白时势
已经朝着天下统一的方向迈进，如果家康能助自己一臂之力，就
可以立刻统一天下。于是他将妹妹嫁给家康，先缓解其戒心，并
且约定家康若是进京，他就把母亲作为人质交给家康。

为了天下的太平，秀吉不辞牺牲母亲和妹妹。在这一点上，
他是为民众安宁献身的公仆。秀吉如此敞开胸怀，直接触及家康
之心，则家康也无法按兵不动了。不管怎样，只要自己屈节进入
秀吉的藩篱，则天下苍生都会庆祝。于是他像往常一样与重臣召
开会议，商议是否进京。酒井忠次的发言代表了家臣的舆论。他说：

> 此事绝不可做。若是东西再次交战，京都贵族之军不
> 可期待，数次被打败。上京谒见关白一事，您还是尽早舍
> 弃这个想法。

家康一族及谱代之士皆赞成这个想法。然而家康却没有听从，
表达了自己深刻的决心：

> 诸位阻止我的理由甚是巧妙，但家康有自己的想法。
> 即使被关白欺骗我也不后悔。首先，此人做到此程度想要
> 赢取我的信任，我却置之不理，一旦家康和关白不合造成
> 东西两方开战，各位却众志成城与之应战，会发生什么呢？
> 觉得自己会赢的军队会输，觉得自己会输的军队会赢。胜
> 负难以预料是战争的常态。何况两百余年四海皆乱，人民

一日不得安宁。如今世间已经有了平静征兆，东西又开始战争，经年累月，则不光是我国，全天下的人民都要消亡损失。没有比这更惨痛的事情了。因此家康一人代替那些无端死去的人们，并不是什么大不了的事情。各位也请知晓我的想法，不要去造成这种无端的罪恶。（《藩翰谱》）

他为了不与天下统一的时势逆向而行，决定牺牲小我去见秀吉。即使中了秀吉的计谋而身死，若能拯救天下苍生也就足够了。秀吉认为家康要是臣服，则东国将直接扩展到奥州外的海滩，于是将最爱的母亲交给家康作人质。英雄最能了解时势，两雄在此所见略同。

家康力排众议去见秀吉，在大阪城公然谒见，屈尊顿首，献上太刀、马、黄金，表明奉秀吉为盟主之意。天下的英雄豪杰大为震惊，"以大政所为人质才上京的家康尚且如此，我辈又有什么理由轻视秀吉呢？"如秀吉所预期，统一的世界加速到来。

七

我们也应该关注在此期间北条氏与家康的有趣关系，不过等到本书续篇时再言及此事。总的来说，家康善屈善让，以忍耐换得氏政、氏直欢心，使自己后背安宁。这也是他在与秀吉相处时能立于有利位置的原因。

第十章

移封关东

天正十四年（1586）

十一月二十五日，后阳成天皇即位（《御汤殿上日记》）。

十二月一日，秀吉下令征伐九州。

十二月十九日，秀吉出任太政大臣，被赐姓"丰臣"。

此月，秀吉奏请征讨岛津义久，后从诸道征兵，约定在第二
　　年三月聚集到大阪城。

天正十五年（1587）

二月一日，畿内近国的士兵向九州出发。

三月一日，秀吉率兵从大阪出发，亲自攻击岛津义久。三河
　　守秀康（于义丸）从军。

三月十八日，真田昌幸、小笠原贞庆奉秀吉之命效力家康。

四月，家康遣本多广孝慰问秀吉远征之劳。秀吉进攻岩石城。
　　广孝参与，有战功，被秀吉赏赐。

五月五日，岛津义久向秀吉投降。

五月七日，义久在太平寺谒见秀吉。

七月十四日，秀吉凯旋大阪。

七月十七日，家康前往大阪，祝贺秀吉平定九州。

八月八日，家康任权大纳言，晋升为从二位。

八月十七日，家康回到骏府。

此月，肥后出现一揆。

九月十三日，秀吉从大阪城搬到聚乐第。

九月十九日，家康至田原打猎。

十月三日，家康回到骏府。

十一月十九日，信雄任内大臣。

十二月九日，家康至西尾放鹰。

十二月十九日，家康回到骏府。

十二月二十八日，家康兼任左近卫大将、左马寮御监。

天正十六年（1588）

正月十二日，家康辞去左近卫大将职务。

正月二十九日，家康至中泉狩猎。

二月五日，家康回到骏府。

三月一日，家康从骏府出发。此时秀吉奏请天皇行幸聚乐第，
　　家康大概是为了与秀吉见面。

三月十八日，家康进京。

四月十四日，天皇到聚乐第，停留五日。信雄、家康、丰臣

秀长（权大纳言）、丰臣秀次（中纳言）、宁喜多秀家（参议）
等公卿悉数跟随。

四月十五日，秀吉派小早川秀秋向家康、秀次、秀康、利家
带去命令，要求向天皇献上誓书。织田信包等二十一人也
献上誓书。

四月十六日，举行和歌会。信雄、家康、秀长、秀次、秀家
等位列清华之中。

四月十八日，天皇回到皇宫。

四月二十七日，家康回到骏府。

此月，丰臣氏寄信至伊达政宗，赐刀，求良鹰。政宗向秀吉
献上名鹰十二只。前田利家写信给政宗称，宜与最上氏齐
心守护边境。

五月十四日，肥后国主佐佐成政在尼崎被赐死。

闰五月，秀吉派人到小田原城告诫北条氏直，如今天下诸侯
无一不到京都朝见。氏政父子坐拥数州兵力，至今未朝见
天皇，其意为何？氏政派使者到骏府，请求与秀吉讲和。

六月二十三日，家康携夫人到京都看望患病的大政所。

八月八日，北条氏政派弟弟氏规担任使者，前去骏府。

八月十五日，家康派榊原康政、成濑藤八郎随氏规一同前往
京都。氏规禀告秀吉，氏直明年来朝见，且想得到前年和
德川氏约定的上野国沼田。秀吉回复称，沼田之事是家康、
氏直管内之事，非我所知，后日派家臣到京都来说明情况。
氏规拜谢告退。

九月十一日，家康回到骏府。

此月，氏政派板部冈江雪为使者到京都，再次请求秀吉给予
沼田，并说氏直明年冬天就来朝见。秀吉说，氏直父子横
行关东，如今还不曾到京都朝见，其罪当诛。作为德川姻亲，
非但不求原谅，还以如今这番说辞来拖延。若是明年入朝，
则将沼田给他。不过沼田之外是昌幸的领地，上野地区也
同样该归昌幸。江雪回到了小田原。

此月，家康向伊达政宗寄去书信。

十一月二十二日，家康至冈崎。

十二月二十一日，家康至吉良狩猎。

十二月二十四日，家康回到冈崎。

此月，家康遣使告知伊达政宗，自己受关白之命调节他们的
土地相争，请听命讲和，今后不得破盟抗命。政宗谢还。

天正十七年（1589）

正月二十九日，家康至中泉狩猎。

二月四日，家康回到骏府。

三月七日，家康上京。

五月十九日，秀忠（家康三子，此时的世子）生母西乡氏去世。

六月四日，家康到大阪祝贺秀吉侧室浅井氏生下鹤松麻吕。

六月十日，家康回到骏府。

七月二十一日，秀吉派富田知信、津田信胜告诫真田昌幸，
命他将沼田给予北条氏直。此日两位使者来到骏府报告此

事。家康派榊原康政随两人到沼田传达命令。昌幸奉命离
　　开，将城交给了氏直。

此月，前田利家去信给伊达政宗，表示政宗袭击苇名义广、
　　夺取会津一事违背秀吉的旨意。

八月二十八日，家康至大宫，看工匠去富士山伐采东山大佛
　　殿的梁柱。

九月二十九日，政宗与北条氏合谋夹击佐竹义宣。

十月十日，因秀吉上奏，朝廷命令明年三月征讨氏直。

十一月三日，北条氏直已经得到沼田城，派叔父氏邦驻守。
　　沼田附近有那久留美城，是真田昌幸的领地。氏邦部将猪
　　股邦宪想吞并此城，于此日出兵并夺下。

十一月五日，前田利家再次从尾山寄信给伊达政宗，催促其
　　入京朝见。

十一月二十四日，氏直得到沼田后仍不朝见，秀吉大怒，计
　　划进攻北条氏。氏政父子大为惊惧，派石卷康昌进京解释。
　　秀吉不听，此日将康昌送回小田原，并寄信氏政父子，责
　　备二人蔑视朝廷，食言失信，不去京都朝见。

十一月二十九日，家康前往京都。

此月，石田三成寄信给相马义胤，告知秀吉打算明年春天征
　　伐北条氏。

十二月七日，氏政、氏直寄信至富田知信、津田信胜处解释。

十二月九日，家康抵达京都，商议进攻北条氏。

十二月九日，氏政、氏直致书家康，求其调节。

十二月十二日，家康离开京都。

十二月十三日，秀吉发布了征讨关东的军令。

十二月二十二日，家康回到骏府。

此月，秀吉寄信给伊达政宗，告诉他应该来年至京都。秀吉
　　向五畿、山阳、南海、东海、北陆五道发布出兵命令，正
　　是为了明年东征做准备。石卷康昌再次至大阪解释，秀吉
　　将其投入监狱。

天正十八年（1590）

正月三日，德川秀忠从骏府出发。

正月十三日，秀忠进京。

正月十四日，家康夫人丰臣氏在聚乐第病死，秘不发丧。

正月十五日，秀忠前往聚乐第谒见秀吉。

正月十七日，秀忠离开京都。

正月二十日，木村清久、浅野长继等各自向政宗去信，劝他
　　在小田原相见。

正月二十一日，家康召集麾下诸将，定下出军队伍。

正月二十三日，宇都宫国纲向佐竹义宣寄去书信，劝他随秀
　　吉军队出战。

正月二十五日，秀忠回到骏府。

正月二十八日，秀吉向家康去信，要求沿道诸城给兵马提供
　　休息之便。

此月，秀吉向诸将颁布了东征的禁令。

二月二日，家康定下军令。利家寄信至政宗，说明秀吉的意图，
　请求他在利家进入上野那一天带兵从下野协助。

二月十日，家康从骏府出发。

二月二十日，佐野天德寺回到下野，奉秀吉之命巡视近国。

二月二十一日，浅野长吉、木村清久、和久宗是等回信给政宗，
　说明秀吉的意思，告知政宗应速派兵至小田原，狐疑拖延
　或招致后患。

二月二十二日，丰臣秀次等人率畿内、关西之兵从京都出发。

二月二十四日，家康扎营长久保。

二月二十八日，前田利家、上杉景胜在信浓国的望月会合。

三月一日，秀吉从京都出发。秀次至蒲原。景胜率兵至碓冰崖。

三月二日，利家率兵至碓冰崖。

三月十日，秀吉至三河国吉田，因大雨所阻而停留三日。

三月十八日，秀吉到达田中城。

三月十九日，秀吉进入骏府。

三月二十日，家康从长久保回到骏府，谒见秀吉并设宴。

三月二十二日，家康回到长久保。秀吉从骏府出发参拜草薙
　社，祈求战争胜利。

三月二十三日，秀吉进入清见寺，家康令天野康景招待秀吉。

三月二十六日，秀吉至吉原。

三月二十七日，秀吉至三枚桥城，家康与织田信雄迎接。

三月二十九日，秀次等人攻陷山中城。信雄等人进攻韭山城，
　城主北条氏规坚守。家康的先锋井伊直政等攻入足柄城、

新庄城。直政等人扎营诹访原。

四月一日，秀吉扎营箱根。家康扎营鹰巢城。秀吉回信给下
　　野国黑羽城城主大关晴增，催促其尽快来谒见。胁板安治、
　　九鬼嘉隆、加藤嘉明、长曾我部元亲等率兵舰数十艘，攻
　　伊豆国下田城。

四月二日，秀次下箱根山，扎营早川口。秀吉、家康至汤本。

四月三日，家康至诹访原。

四月四日，家康扎营今井村，奉秀吉之命将秀忠从骏府招来。

四月五日，信雄、蒲生氏乡、堀秀政、细川忠兴、稻叶一铁
　　等包围小田原城。安治、嘉隆等人排开战舰攻击小田原海
　　岸。小田原城包围圈完成，秀吉定下攻击小田原城的部署。

四月六日，秀吉登上石垣山俯瞰小田原城，令士兵在石垣山
　　建军营。

四月八日，皆川广照离开小田原城，通过堀秀政向家康投降。

四月九日，元亲从下田过来，与嘉明等人一同在酒匂河口附
　　近列舰，攻击小田原城的箭楼。

四月十五日，秀吉携近臣数人至家康营中设宴，并带着家康
　　去了信雄的营地。

四月十六日，佐竹义宣奉秀吉之命至宇都宫，巡视常陆、上
　　下总的将士。松山城（武藏）投降。

四月二十日，松井田城（上野）投降。厩桥城投降。

四月二十二日，利家、景胜至石垣山谒见秀吉。政宗的使者
　　小关大学等人随利家一起至秀吉营地。江户城投降。玉绳

城主北条氏胜向秀吉投降，此日谒见家康，后谒见秀吉。

四月二十六日，西牧城投降。箕轮城投降。

四月二十八日，结城晴朝向宇都宫国纲报告小田原城动静，次日又报告给佐竹义宣。

此月，南部信直的使者至秀吉营地。

五月二日，利家的家臣河岛重治写信给政宗的家臣片仓小十郎、原田左马助，催促政宗速来小田原谒见秀吉。若因经过敌方阵营而不能来，利家会派部下将领到上野国境迎接。

五月三日，家康写信给政宗，劝其与最上义广和亲。

五月四日，政宗从黑川城出发。

五月七日，秀吉将侧室浅井氏的侍女招到小田原。

五月十四日，相马永胤谒见秀吉。

五月十五日，秀吉写信给那须资晴，催促他来会面。

五月十八日，内藤家长攻下佐仓城。酒井家次攻下臼井城。

五月二十二日，岩槻城（武藏）投降。

五月二十四日，结城晴朝攻占榎本城。

五月二十七日，堀秀政在军阵中病死。佐竹义宣、宇都宫国纲等人谒见秀吉，佐竹义政、太田资正随同。馆林城投降。

此月，土气（上总）、东金（上总）、厅南等城全部投降。

六月三日，石田三成、佐竹义宣、宇都宫国纲等包围忍城。

六月五日，政宗至汤本。秀吉让他在底仓山中留宿。

六月六日，和田、三浦等人烧掉营房，逃出小田原城。

六月七日，秀吉命令利家、浅野长吉、施乐院全宗等前往底仓责备政宗。政宗辩解。秀吉收回了政宗侵占的会津之地。

六月八日，秀吉命令堀秀治私下买通松田宪秀让其做内应。约定将伊豆、相模两国交予他。岩城常隆谒见秀吉。

六月九日，秀吉在石垣山营地召见政宗。

六月十日，秀吉招政宗，设宴款待，随后将其送回，木村清久、浅野正胜同行，收回黑川城。

六月十四日，北条氏邦献上钵形城（武藏）。

六月二十日，秀吉的侍史山中长俊去信给小田原城中的成田氏长，劝其投降，氏长听从。

六月二十二日，此前家康派矿工挖掘进入小田原城的地道。此夜大雨，城墙倒塌。井伊直政、松平康重趁机放火，攻破城郭斩获众多首级。

六月二十三日，攻克八王子城。

六月二十四日，羽柴雄利、黑田孝高受秀吉之意，劝说小田原城井细田口的守将太田氏房，与之讲和。此日北条氏规自韭山来到小田原，支持讲和。

六月二十五日，家康奉秀吉旨意，命令本多忠胜、平岩亲吉占领筑井城。政宗回到会津。

六月二十六日，石垣山的大本营落成，秀吉转移到此地。

七月五日，氏直出城至羽柴雄利、黑田孝高处，请求自裁以换得氏政以下士卒活命。秀吉饶氏直不死，命氏政、氏照、大道寺政繁、松田宪秀四人自杀。氏直接受命令，约定第二天献城，随后回去。

七月六日，氏直出城进入家康军营。此日，秀吉派片桐直伦、
　　胁坂安治、榊原康政、井伊直政、本多忠胜等人占领小田
　　原城，七月七日起，三日内城内士民可出城。

七月九日，氏政、氏照出城，住到医生田村长传家中。

七月十日，家康进入小田原城。秀吉命侧室浅井氏回到淀城。

七月十一日，氏政、氏照在田村长传宅中自杀。

七月十二日，秀吉令氏直居住在高野山，俸米五百石。

七月十三日，秀吉进入小田原城。秀吉将关东封给家康，另
　　赐近江、伊势十万石。将信雄贬至出羽的秋田城。

七月十五日，秀吉将小田原城中贮藏的米十万石给予家康。

七月二十日，氏直等人从小田原出发去往高野。

八月一日，家康进入江户城。

九月一日，秀吉回到京都。

一

家康折节侍奉秀吉，是天下统一已至眼前的明证。再明确地
说，家康投降秀吉就直接意味着天下统一。因此，秀吉认为与家
康和好，日本就能进入治世（《川角太阁记》）。他同时向东西诸
大名发出命令，禁止妄动干戈、侵略土地，由关白派出特使帮他
们划定国境，于是诸大名谨慎等待特使来临，决不私斗。"我既
依天子宠任，得此盐梅之职，卿等只管听从我的命令，以一己之
力挑起干戈、侵略土地、争夺人民之人乃乱臣贼子。"他以这种

态度面对天下英雄豪杰。

在信长的时代，信长与群雄之间仍如诸国对立。到了秀吉时，群雄之争被定义为私斗，他们必须要听从秀吉的号令进退。秀吉的想法不再是与他们平等的敌国首领的命令，而是必须听从且有义务执行的命令。天下已定，我是天下的摄政。不听我命令、不朝见天子又争夺国郡之人即是乱臣，我必然不会允许。秀吉面对群雄时的这种态度并非徒有虚名。称霸九州的岛津氏在他进攻之后立刻投降，毛利辉元、上杉景胜坐拥人口众多的大国，也甘愿听其颐使。日本全国文明、人多、富饶的地方全都听从了他的命令。

于是，天正十六年（1588）他请天皇行幸聚乐第，让群雄在天子面前发誓听从他的命令。当时辉元、景胜没有进京，未参与此盟，但家康与备前国的浮田秀家、加贺国的前田利家以及秀吉的侄子秀次一起献上誓书，明确表示服从秀吉。此时秀吉也召开和歌会，与信雄、秀长、秀次、秀家一同位列清华家级别。秀吉以此表示天下已定，事实上天下也几乎平定了。不久之后，景胜、辉元谒见秀吉。长久苦于战乱的苍生终于拨云见日。

二

日本岛难以归于单一政府统治是因为过于狭长。这里自古就有两个或者两个以上政治中心。比如奈良朝、平安朝时期，筑紫有大宰府、奥羽有镇守府；镰仓时代镰仓有幕府、京都有六波罗、九州有探题。到了足利氏时期，这一点更加明显。京都有幕府将军，镰仓有镰仓公方，明确将日本岛一分为二，由兄弟共同统治。秀吉想要统一日本岛，这种自然条件的限制当然会对他造成阻碍。

因此他最终走上了征伐北条氏这条冷血路线。为了尽可能以和平手段让对方听从自己命令，受其节制，他忍耐傲慢的北条氏达三年之久。然而北条氏并没有臣从，专心争夺广阔领地上的弹丸之地沼田，最终不去谒见秀吉。北条氏自然知道与秀吉开战没有好处，但他确信秀吉不会前来。从领地位置来看，这种确信并不是没有道理。秀吉前来征伐，必然要经过信雄、家康的领地，而这两位曾是秀吉的强敌，如今虽屈从、听其号令，但毕竟是大国之主，其心难测。秀吉悬军长驱，通过这两个强国，对于习惯了战国人心险恶的北条氏来说，几乎就是不可能发生的事情。

何况家康视北条氏为同盟，氏直也是家康的女婿。家康与秀吉对抗时，为了确保国家后方无事而频繁求取北条氏欢心，以几近阿谀的态度与北条氏来往，以致北条氏的家臣都说"德川殿下是我家的臣下"（《德川实录》附录所引《骏河土产》《校合杂记》）。北条氏沉醉在这样的旧梦之中。信雄是与秀吉难以两立的织田氏领袖，家康是我同盟国。秀吉虽勇也不会穿越两个强国来攻打我。

而且箱根、碓冰是天下险要之地。平维盛当年就未能跨过富士川在东国施展宏图，新田义贞也在竹下战败后逃回京都。自古以来想要带兵攻入东国的人都无功而返。秀吉又怎能对抗自然屏障，通过与我交好之国来攻打我呢？这总归是可言而不可行之事。

对于东国来说，若是祸起萧墙、疲于内乱，秀吉想必也会乘虚而入。幸好统领奥羽的伊达政宗至今对我方友好。最上、佐竹之辈虽与秀吉互通，只要政宗是我方盟友也就足以对抗。西面有家康，东面有政宗，就可高枕无忧。秀吉自称天子的摄政，假借王命凌驾于我之上，但那不过是虚张声势而已。对待家康，他尚且下嫁妹妹、将母亲作为人质且历经千辛才得到家康上洛的承诺，何况还是关东雄藩的我呢？只要我一直推迟不出，他定然如屈服家康一样屈服我。这时再进京就能树立起我方威风了。

北条氏的想法大概如上。因此他们不相信秀吉会攻来，就算他真的来也只能通过海上军船运送士兵粮草，所以北条氏修建下田城以防秀吉来犯，几乎没有建造任何特别的陆上防御。

但这些只是北条氏悲哀的误解。时势已经急转。人们使用火枪，大船在海上来来往往，信长式的道路开通至四方各地。从西国到箱根山脚，从北国到碓冰崖之下，与秀吉一起为天下统一而努力的思潮扩散至全国各处，则北条氏独守八分天下时期的独立只是一种空想罢了。他沉湎于这种空想，遂走向了悲剧的命运。误解经常催生悲剧，北条氏误解时势而灭亡，而其误解时势的主要原因，还是日本是难归单一政府统治的狭长岛国。

三

日本人选定了九州岛，濑户内海沿岸以及面向日本海的出云、伯耆之地进行最初的国家建设。不管来自何处，他们都是先在西日本上岸，然后将文明扩散到东部。他们从西向东行进，因此日本人口总体上西密东疏。当今如此，从前也如此。而且日本岛的地势也导致西部文明先发达、东部文明后发达。

打开地图看一看：九州岛是日本港湾最多的地方，西南部的海洋正是日本的多岛之海。四国岛与山阴、山阳、畿内三道环抱着"日本的地中海"濑户内海。纪伊、伊势也是港湾众多之地，且伊势湾深入陆地。简而言之，相比于面积，西日本的海岸线长度颇为可观。这正是文明快速扩散、统一政治早行的地势。然而越过远江滩，看看向东北延伸的日本岛海岸。良港甚少，海岸线平直，只有东京湾茕茕孑立，像是非洲大陆的缩小版一般单调贫瘠。这里的土地虽然广阔，但海岸线相对短小，实是文明落后国的地势。若是跨过箱根、碓冰崖，进入所谓的关东八州，举目都是茫茫的平原。

"遥望富士山，尾花缀白雪，武藏野之原。"（《新后拾遗集》）"夕影落数国，武藏野近前，富士之新月。"（同上）"武藏野啊，头枕野草到天明，离边境尚远的富士山。"并不只有武藏野，从武藏野到下总，从下总到常陆，从常陆到那须野，举目四望都是一望无垠的平坦之地。关东是这样的平原地形，所以较为容易统一。然而与此同时，海岸线短小导致其文明相对落后。在氏直的时代，都城流行坐浴而关东不知；伊势、尾张的渔夫已经明白捕鲸的办法，关东的渔夫却无人了解；西日本城市商业发达，很多大商人居家营业，而关东的贸易多是在固定时间开市摆摊进行。浅草的市场、熊谷的市场，在这个时代已经是有名的大市集了。

不用说，北条氏对在这个时代登上日本岛的拉丁人文明也并不迟钝。三浦、三崎在当时是欢迎黑船到来的贸易港。但概而言之，关东的文明与关西的相比仍逊色很多。在关东最为野蛮的地方，还有公然贩卖人口的事情。这种事情在过去没有什么稀奇，当时还流行着"人贩子船出海，船上人不知此身沦落何处"的歌谣。但镰仓幕府之后，代代将军都禁止贩卖人口，从此西日本慢慢就没有了这种恶习。而在室町幕府的时代，只有东国还贩卖人口，即便这种事情不只发生在东国，但从事人口贩卖的人主要是东国人。

如谣曲《自然居士》，就有"这样的人是东国的人贩子。这次上京买下许多人，而且买了只有十四五岁的人"的内容；同是谣曲的《隅田川》，有"人贩子从都城买了只有十三岁的小孩向北去了"的内容。这都是东日本人买了西日本人。西日本人口密度很高，贩卖人口的事情自然很少。东日本人口密度很低，需要大量人口，所以多贩卖人口。虽然不能据此认为东部人心冷漠而西部人心温暖，但存在此种恶行仍侧面说明关东还未完全开化，及其地广人稀的特点。（天正十八年包围小田原城时，秀吉禁止了上野国松井田贩卖人口的习俗。）

当时的人皆称"关东是下等国，水土性恶，故草木性弱，五谷的味道及万物皆劣"。与西日本相比，关东气温低，草木五谷自然不能像西日本的一样。然而土地广阔、人口稀少，农业自然就不行，所以关东变成下等国也半是人为的结果。

这样，关东的文明程度比西日本劣，因此北条氏的政治也不如西日本的发达。在西日本，这个时代多有大盗贼。比如，他们在伏见野周边建造宅邸城堡，像国主大名一般乘坐轿子，带着长枪、长刀、弓、火枪等武器在各个海道巡行。夜夜闯入京都、伏见骚扰众人的石川五右卫门，骚扰畿内的贼寇日本左卫门，可以说都是遗臭万年的人物。然而天下向统一迈进，他们大多也收敛气焰，有些也受到刑罚处置（天正十六年，藤堂高虎逮捕了日本左卫门，秀吉赐书嘉奖），于是西日本不再有大盗横行。但关东却未得如此，依然是大盗的世界。《北条五代记》中记载：

> 关东多有称作"乱波"之人。他们经常打击国中盗贼，将其找出来斩首，并潜入他国，从山贼、海贼、夜盗、强盗那里夺取东西。这些人受诸国大名扶持。氏直就组织了"乱波"二百人。

秀吉年轻时，曾经说服相识的流浪武士一千余人帮助信长守护木曾川要塞。《甫庵太阁记》中说，"这些山野武士多是夜贼强盗，其中有很多优秀士兵"，也就是蜂须贺、稻田、青山、河口等人。我们不能确信现在的侯爵蜂须贺氏的祖先是与石川五右卫门、日本左卫门齐名的大盗，但这个故事暗示了那个时代的西日本也是夜贼强盗横行的世界。可是，时势随着信长的成功而急转。良民终于能安心，善良之家夜半的鼾声也能平静安稳。西日本已经回归到了秩序的世界，独关东仍可见"乱波"横行，由此更可知关东对时势反应迟钝。

关东的武士自源氏、平氏以来直到北条氏直，都以马上勇者自称。年轻人拿着长柄大刀，以东国的武勇自居，但心理状态不过是井底之蛙。时势造英雄，地势也造英雄。北条氏之国与文明的进步几近绝缘，结果君臣不清楚天下形势。他们不相信文明的进步，不知晓人心的变化，不理解迈向统一的湍急潮流。他们相信秀吉不会来，也来不了，因此在心中诋毁他，认为秀吉以摄政身份命令他们不过是虚张声势，即使惹其大怒，秀吉也无计可施。

他们觉得家康到什么时候都是盟友，但这也不过是误解罢了。我们可以看到，没过多久家康就参加了秀吉的军事讨论，一起准备讨伐北条了。他们由此狼狈起来，开始认真准备防御秀吉，然而已经太迟了。不久秀吉的大军就毫无困难地踏破了箱根的天险，抵达小田原城下，与海军汇合从水陆两面将小田原城完全包围。秀吉向夫人寄信说起此事："敌人已如笼中之鸟，没有了危险，你可以放心了。"果然，北条氏变成了瓮中之鳖。

四

北条氏若有丰富的人才，也不一定被秀吉逼成瓮中之鳖而毫无回旋余地，最后不得已拙劣投降。或者即使沦为笼中之鸟，他们也能找到否极泰来之道。小田原城是此时代久负盛名的坚固之城，城中食粮弹药也足够进行长久抵抗。山阴道的英雄尼子义久被毛利元就长期围困在富田城，因粮食匮乏而最终投降；武田氏的勇将猛卒在高天神城被家康围困，也因粮食不足，饿死者众多而最终失城。但北条氏却不是这样，小田原城陷落时还有十万石的贮粮。三浦净心还记载小田原城中有很多火枪弹药。即便认为净心是北条氏遗臣，其记载为尊者讳，强说当时的防备完美无缺，但记录当时情况的人也都没有提及北条氏的弹药穷尽。北条氏若能众心一致地像尼子氏防守富田、武田氏防守高天神一样战至饿死，再支撑数月则时局如何呢？不管秀吉怎样吹嘘自己要在小田原城下过年，他也不可能不担心天下生变。

这一点可以从当时的流言看出来。流言说包围中的家康、信雄与北条氏达成密谋，即将放火烧掉军营，并同时从城中杀出来；也有人说，信雄暗怀虎狼之志，劝家康与北条氏联合起来前后夹击秀吉，但家康没有首肯；另有传言称，围城之时，有一天秀吉仅仅带了十四五骑，井伊直政就对家康低语说"现在正是打败他的机会"，但家康没有听从。流言蜚语并不足信，但无论哪个国家都有进步党和保守党，而且保守党常常更多。即使是家康的家臣，也有很多人不能晓得时代已经急变，仍然执着于"我国以外就是敌国"。这些人若是发现秀吉困于坚城之下，难免不生出异心。秀吉穿过两个并不完全可靠的盟友领地深入敌地，自然急于成功。若是北条氏能支撑半年，形势就不那么好预测了。

然而，北条氏缺乏人才。自早云到氏直，北条家已经是五世的旧家，能委以重任的都是古老的门阀。比如，松田宪秀出自北条早云以来的累世重臣之家。信长、秀吉、家康这些主将无不是自己开拓命运，是自强独立的英雄，其家臣也是在自由竞争的环境下历经千锤百炼的豪杰。相比于北条氏以宗族、门阀人员担任军国重职，则一是充满生气的新有机体，一是老朽死气的古老有机体，从一开始后者就该知道不能战胜。

他们最初以饱满的气势守城。秀吉嘲笑北条氏各将领不在自己的城堡里待着而来到小田原城，是"八州之物悉数不留以守小田原一城，得胜即可得关东"，但这对于北条氏来说并非下策，因为如此收拢易散的人心，才能坚持长期的守城之战。将兵力集中到小田原一城与城下劲敌慢慢周旋，静待敌方内部生变，是北条氏康的遗策。氏康就是用此策让谦信、信玄空手而归。人心乐于拘泥历史，正因有之前的例子，北条氏多少抱有希望。

然而时势已经发生了大的变化。氏直、氏政不像氏康，秀吉也不是谦信、信玄。关东、奥羽的豪杰都服从于关白，八州诸城也多数落入秀吉手中。在施压方面，秀吉在日本历史上无出其右。他将美颜如花的爱妾浅井氏（淀姬）招到军营，让诸将也将爱妻从本国带来，借此表明自己不惧长久围城以恐吓城兵。让北条氏抱有一丝希望曙光的伊达政宗已经投降。对于守城士兵来说，这其实是最让他们为将来命运感到悲观的事情。

这之前秀吉或经由家康，或经由利家，或经由幕僚浅野长政，要求政宗听从关白节度，早早到小田原来会面。政宗没有轻易行动，向秀吉送去温顺的辞令，展示听从其令的态度，但仍按兵不动，以观望北条氏如何与秀吉为战。小田原城既已被包围，关白席卷八州。了解时势又刚柔相济的政宗说"若是小田原被攻下则大势已去，如今必须要排除万难谒见关白"，所在五月九日从米泽出发，六月五日到达汤本谒见秀吉。

政宗投降秀吉的消息自然会传到小田原城内。守城将领成田氏长写给秀吉的侍史山中长俊的私人信件被故意投入城中，则想让小田原城之人互相猜疑的秀吉一定会以某种方式将政宗归降的消息传入城中。即使他没有，这样的风闻传入城中也是自然而然的。于是小田原城中的气氛越发压抑了。

松田宪秀与堀秀治内通，约定在城中为秀吉内应，是政宗抵达汤本之后不久发生的。死人不会说话。宪秀作为北条氏重臣暗自背主投降，后又被秀吉所杀，因此后世传记作者对其添加种种恶名。但他应该不是一开始就想要将主君出卖给秀吉，直到五月还在奋力战斗。然而政宗已经投降，他不免也胆战心惊，或许也因此变心。宪秀的密谋由其次子密告而被氏政、氏直知晓。六月十五日，宪秀被氏直关入狱中，长子新六郎被杀。宪秀是北条氏家臣中子孙、郎从甚多的人，手下之兵也多困在城中。人多嘴杂，此事传遍城中造成巨大轰动，城中之人丧失了斗志，感觉旦夕之间就要灭亡，而没有坚强意志的氏直首先出城投降，北条氏遂至社稷覆亡。

五

小田原开城，北条氏灭亡，秀吉行使着摄政之权论功行赏，将家康转移到关东，封给他北条氏的故地。同时，他也夺回信雄的领地，削去政宗的地盘，将信雄、家康的故地分给一门或者将领，东日本的政治版图巨变。不过，英雄如秀吉，也不能打破细长的日本岛地形产生的自然制约，灭了北条氏让家康取而代之，不过是用一个镰仓公方来代替另一个镰仓公方罢了。关东在当时的文明史上是未开化之国。刚刚被征服的关东武士自古就以骁勇闻名。以往将长柄刀别在腰间、在乡里横行阔步的他们如今是败军之将、亡国的浪人，其中一些人为排遣忧郁而剃发：

> 如今日之我，将钝刀打磨，然而腰间刀世人已不用，亦如我之身。

他们口中唱着这首歌，感叹败者的命运，但这些人大抵都不是老死在屋檐下之人。殷鉴非远，佐佐成政被封到一揆之国肥后国，未能很好地管理当地的土豪，于是那里成了干戈之地，丰前、筑前的地方武士也相继蜂起，以致出动大军才将其平定。秀吉是英雄，然而英雄坐上统治者之位也害怕战乱，因为战乱在任何时候都打破现状，提供开辟新命运的机会，也让英雄苦心建立的事业被其他英雄摧毁。

击败北条氏收取关东是件大事，然而镇压收入手中的关东，不让此地再起干戈也是不遑多让的大事。身为天子的代理，以统治日本国为己任的秀吉为此事殚精竭虑，最终发现家康最适合治理关东，因此不惜将制造第二个北条氏的顾虑放在一边，将此地分给了家康。

我在此点上的见解与《德川实纪》的作者完全相反。《德川实纪》的作者认为秀吉将关东册封给家康是因为"关东地区常年归附北条氏，难易新主，必会一揆蜂起，而无熟悉地方者指引，征讨一揆定会失败，则可趁机处置"，也即秀吉此举是出于恶意。

呜呼，这谈何容易。若是以德川氏的兵力都难以镇压的一揆，不知当时哪位大名能镇压。若如此，则关东又会陷入无秩序的战国状态。对于以维持现状为最优方案的秀吉来说，这一状况比北条氏傲慢地不肯向关白低头更为严重。我觉得秀吉绝非如此浅虑短识之士。

他知道在北条氏被灭之后需要大量兵力镇压关东，也知道管理箱根以东的东日本地区，除了京都的政府，在关东的平原上还需要另一个中心。他在群雄之中寻觅，发现只有家康可担此重任，只好让他成为关东之主。

<h1 style="text-align:center">六</h1>

家康并没有辜负秀吉的鉴识，安定了连秀吉都觉得颇难治理的关东，让当地的人心没有任何波动。这到底是如何做到的呢？中国有句谚语是"智将不如福将"，也即英雄比不过幸运儿。家康在这一点上可称为幸运儿，因为北条氏将八州城主、领主都聚集到小田原城以抗衡天下之兵，宛如群狼被圈在一处，因此小田原开城，他们全部投降，关东的煽动者被一网打尽，丧失了气魄。北条氏当然不是预先为了城池陷落之日好管理关东地区而这样做的，但结果就是如此，所以家康真是幸运。不过，成功安抚关东的人心也并不是单纯靠运气。我们读一下下面的记事：

　　天正十八年七月，小田原城落城，关白宣布的赏赐是

> 将北条氏领有的关东八州替换主君的骏河、远江、三河、甲斐、信浓五国，家康大人依命迅速迁移，同年八月一日就进入江户城，八、九两月大规模搬迁完毕，之后向大阪派出使者，报告可以交付五国。秀吉大为震惊，对浅野长政说，三河、远江、甲斐、信浓地区还好说，但骏河是他的居城，不可能如此迅速地搬迁。这怎么可能做到？德川家之行动非凡虑所及。(《德川实纪》附录所引《大业广记》)

秀吉收复小田原城是在天正十八年（1590）七月六日，家康进入江户城是八月一日，之间不到一个月。骏河、远江、三河、甲斐、信浓五国武士全部移到关东在这年九月。要言之，五国武士与家康用两个多月时间，离开旧领地并来到新领地。移住能够如此神速，就是因为前文已述的兵农分离。

在此时，武士的生活还像兵营里的生活。不管他被叫作"领主"还是"地头"，实际上都是与民政没有关系的军人。被称为"谱代"或者"内众"的武士聚集在主人城堡下的街镇或者附近的地区，作为中央军团。国众则分散在乡下的城中或者宅邸，构成散落在各处的兵营。这样，日本武士如今的生活脱离了地方之主的状态，变成兵营的军人。其领地的居民不过是维持这个单纯兵站的人员。武士的状态既如此，从甲领土转移到乙领土也就类似更换兵营。家康及武士能在两个月撤出五州旧地也就不足为奇了。

上述状况也显示出德川氏拥有一个精锐的军团，很容易动员。这样的精锐部队对抗失去首领、丧失抵抗精神、分裂无纪律的关东浪人，则后者怎么能抵抗住呢？因此他们毫不羞耻地服从了家康的政令。秀吉知道家康有这样的兵力，知晓只有他能够镇压关东地区人心，而事实也确如其所想。家康很好地压制了关东的武士，让他们无法违抗命令。他禁止关八州的农民私藏火枪，若是野兽出没、糟蹋田地，也只能向官员请求借用官府的火枪，打空枪来驱逐，待野兽被驱逐之后就立刻归还。

北条氏武士因此种强力压制而心生畏惧，关东之民连家藏火枪都不被允许，卑躬屈膝地成为顺民，无力崛起。这皆因家康强大的武力，不过他能够妥善治理关东也不单依靠武力。就像当年很好地治理甲斐一样，此时他再次使出作为政治家的伎俩：他禁止了北条氏以来关东人的赌博恶习，摧毁这一产业，断其根本；命令使用免费的马匹、人员时，即便只是一人一马，也必须要有盖有朱印的凭证；禁止武士虐待新领地的居民，并起用了宫原义熙（古河公方晴氏的弟弟上杉宪宽之子，初居下总国宫原）、由良国繁（新田氏后裔，世世为上野国金山城主）、吉良赖久（足利氏一族，世世住在武藏国世田谷，即"世田谷的吉良"）、一色义直（足利氏一族，侍奉古河公方）、江户高政（长尾显长的家臣，侍奉德川氏后改姓小野）等名门旧族以及北条家臣中有武力之人，或者至死效忠之人的子孙，显示出其政治家的手腕。

简而言之，他先以关东武士、乱民无力抵抗的强大武力震慑民心，使其安分守己，又禁绝盗贼，严惩赌徒，没收民众持有的火枪，断绝凶恶好战之人的野心。在这两点上，其行动有秋霜烈日之威。与此同时，他几乎沿用了北条氏的民政，尊重人民尊崇的名门旧族，显示其政治宽厚的一面。在他的治理之下，一些人觉得必然会出现的一揆并未出现。秀吉灭掉北条氏后，将东日本并入西日本。家康继承秀吉的事业，妥善治理了战后的关东，完成了秀吉的功绩。秀吉擅长识人，而家康没有辜负这份鉴识。

七

论家康在关东地区的政治，有一点必然要特别注意，即他没有选择北条氏的居城小田原而在江户居住。至于原因，时人称：

> 小田原城还未被攻陷时，家康随信雄去了秀吉在笠悬山的新营地。秀吉说："这座山的一角可很好地俯瞰小田原城中。卿们随我一起去看。"三人一同到了那里，俯瞰城中，商议军事。秀吉对家康说："攻陷此城后，我将此城与其建筑赐给你。你愿住在这里治理八州吗？"家康说："以后暂且不论，当前应该不住在这里。"秀吉说："往东有江户，从地图上看形势最胜。以那里作为根据地最好。攻下此城后我打算向奥州进发。那时与你一起在江户城共议大事。"

家康没有选择小田原城而是住在江户，便是以上原因。（据《落穗集》）。这并非毫无根据的说法，不过以我来看，家康舍弃小田原而选择江户，从兵器改良、交通道路发展、海上往来相对自由等方面来看，几乎是自然而然的选择，未必就是听了秀吉的创意。

前文已述，这个时代兵器的改良促使兵制变化，因此那些长期依靠天险的山国最终失去了独立。

甲贺（近江）是佐佐木氏赖以为生的溪谷，但佐佐木最终灭亡了；伊贺是遭受信长数次进攻但将之击退的溪谷，最终成了柔顺的郡县；石见是山阴道的山国，其天险帮它长久抵抗他国的侵略，但也屈从时势，臣从强者；土佐是山国，长曾我部元亲以此在四国岛宣扬武威，但也未能对秀吉强硬，最终颜面尽失地投降；甲斐是东海的山国，武田氏据此以武力威压四邻，但也灭亡了。兵器的改革让天险的防御价值基本减半，甚至全减。于是，山国意识到不能再依赖险隘的保护，山城也失去了重要性。室町时代末期，一些城主还依靠山城之险隘，以"占领山头"自夸。但兵器的改良需要集中许多士兵，集中许多士兵自然需要囤积大量粮草，而这是山城的劣势。于是，在往来不便的险隘之处建城的时代已经过去，在交通枢纽且可以抵御敌人的土地上建造新城的时代到来。

正因如此，信长才在安土建造城堡。安土实际是北陆、东山、东海三道交通要道汇聚并抵达京都的要地。他还对大阪兴趣浓厚，欲将其收入囊中，因为大阪是内海的咽喉，且地形易守难攻。因为同样的理由，秀吉在拿下播磨国时没有选择三木城而是选择了姬路。黑田孝高对秀吉说，三木地处播磨偏僻之地，姬路则居国之中央，船行便利，您为何不在此地居住呢？孝高的想法实乃时代之声；因为同样的理由，柴田胜家在统治越前国时没有住在朝仓氏的故城一乘谷，而是住在北庄（现在的福井）；因为同样的理由，毛利氏舍弃了吉田的山城，移居到海陆往来最为便利的广岛；因为同样的理由，小早川隆景被册封筑前国后，选择住在名岛（福冈）。家康又怎么会独守旧式的小田原城呢？

江户在关东平原的中央，地处东京湾深处，周围环绕着利根川、荒川、六乡川等大河。这里是海陆交通的要道，在此建城也易于防御。长禄元年（1457）太田道灌在此建城居住，当时它已经是关东少有的都市。文明八年（1476）对此城的记载中说：

> 城东畔有河，其流曲折向南入海。商旅大小的帆船，渔业往来的岸边篝火，在竹树烟云间忽隐忽现。人们到高桥之下，系上缆绳，将棹搁在一边，日日成市，则房（安房）之米、常（常陆）之茶、信（信浓）之铜、越（越后）之竹箭、相（相模）之骑具衣服、泉（和泉）之珠犀香料，以及盐、鱼、漆、苎、筋、胶、药等物品皆汇集其间。

商人从近处的安房国、常陆国，远处的信浓国、和泉国等地来此贸易，足见当时的光景。宗长在《东路特产》中说"有人知道品川这一港口，从和泉国的堺市来到此地，住了五六年"。对贸易、买卖敏感的堺市民众，当时已经注意到东京湾码头的位置，在此贸易。《梅花无尽藏》提及南品川妙国寺五重塔的事情。这就是所谓品川之塔，由富豪铃木道印建造。他用自己的财富建造了七堂伽蓝，以壮东京湾景象。若不是因为商旅往来频繁、贸易荣盛，又怎么会有这种事情呢？东京湾的入口三崎，在北条氏的时代已经是外国商船靠岸的贸易港。货物经由此处，被送到关东平原，江户及附近地区自然就成为集散的中心点。品川出现如此富豪也就不足为奇了。

扇谷氏灭亡后，江户的政治重要性减弱，家康进入此国时，"不管高低贵贱，（人人都住）松的柱子、竹的纱窗、艾蒿的屋子、植被笼罩的小屋"，家家户户的房子旁边盛开的夕颜花，白而寂静，驱蚊的火光冒出的烟看起来也颇有风情，浅草的集市足以聚集来自关东八州的人民。家康舍弃小田原选择了江户，绝非偶然。

八

如前所述，秀吉将东日本交给了家康，而家康没有辜负这份委托，很好地平定了关东。然而秀吉绝未忘记权衡，虽然善用家康，但也不希望家康作为关东势力为害。他将会津封给了亲友蒲生氏乡，以牵制家康的后方。安房的里见氏、常陆的佐竹氏、下野的宇都宫氏以及那须党都是不附属于家康的大名，与其级别相同。特别是佐竹氏，可称作堂堂的大藩。家康若背叛秀吉，他们都处在直插其心腹的位置。

中村一氏是秀吉的老将，自幼习于军旅，手下士兵皆善战，特别是在防守时展现非凡的技术。所以秀吉将骏河封给了他，以防家康跨过箱根长驱直入畿内地区。加藤光泰也是秀吉的老将，是位豪胆之士。秀吉将甲斐封给他。仙石秀久勇猛而不惧大敌，秀吉将其封到小诸地区，并说"秀久难托先锋之任，因为他勇猛有余而思虑不足，易破法度。我将小诸封给他，不是想让他做攻入碓冰崖的先锋，而是在关东攻来时成为盾牌。简而言之，他是喂入恶鬼嘴中的东西"。(《川角太阁记》)秀吉的意思是，将勇猛的秀久当作喂给恶鬼的诱饵，以暂时扛下家康的进攻。

在家康的四境，秀吉还在挂川安置山内一丰、在横须贺安置有马则显、在滨松安置堀尾吉晴、在吉田安排池田辉政，使其如连珠般响应骏河的中村一氏。他还将信雄的故地封给了秀次，让他住在清洲，暗暗将他定成东征的总督。

过去三国时代的英雄曹操对他的好对手刘备说，"天下英雄，惟使君与操耳"。秀吉知道家康是强劲的敌人，对他必然也是"天下英雄，惟使君与操耳"之感。这就是秀吉对家康委以重任但又深深戒备的原因。

第十一章

关原之战

天正十八年（1590）

八月，秀吉将蒲生氏乡封到会津，封地四十二万石，居若松城；
　　将政宗的领地葛西、大崎三十万石给了木村贞重，将米泽、
　　长井的三十万石领地给了政宗。

九月一日，秀吉回到京都。浅野长政、石田三成等人留在陆
　　奥担任检田奉行。

十月，陆奥国葛西、大崎爆发一揆，攻击木村贞重父子。后
　　者兵败，据佐沼城自守。氏乡写信告知家康、政宗，请求
　　援助贞重父子。

十一月，陆奥国一揆被氏乡、政宗击破，局势大致平稳。人
　　们怀疑一揆是氏乡、政宗煽动，人心惶惶。

十二月，浅野长政之前已从奥州返回核查甲斐、信浓的检地
　　工作，结束后正欲西归，听说奥州发生一揆，所以至江户
　　告知家康后，留在二本松列阵。家康派结城秀康（于义丸，

此时继承了结城氏）为总督，榊原康政为先锋，准备出兵。政宗至长政军营，陈述自己自始无反心。长政让政宗以伊达成实、片仓成重为人质。石田三成奉秀吉之命至江户，催促家康出兵，后奔赴岩城相马，并催促佐竹义宣出兵。

天正十九年（1591）

正月朔日，丰臣秀次作为镇压奥州一揆的总将，从清洲出发。

正月二日，三成听说奥州暴乱已定，从相马踏上回京之路。

正月三日，家康出兵至古河。

正月十一日，氏乡平定了奥州的捷报到达。家康从古河班师。

正月十三日，家康回到江户城。

正月十四日，秀次至武藏国府中。家康前往府中会见秀次。

闰正月三日，家康前往京都。

闰正月十二日，氏乡前往京都谒见秀吉。秀吉召政宗会面。

此月，丰臣秀长去世（《聿修录》）。

二月六日，家康随秀吉至清洲狩猎，之后再次前往京都。

此月，政宗进京解释自己并无造反之意。秀吉释怀，不再深究。

三月三日，家康离开京都。

三月二十一日，家康回到江户。

五月，南部信直的家臣九户政实背叛秀吉，占据九户城。奥州一揆的余党多给予帮助。信直前往京都控诉。秀吉命氏乡、政宗各自回城，合力攻击政实。秀吉派秀次、家康为将，征发尾张以东直到陆奥的士兵十万，以浅野长政、石田三成为监军。

七月十日，秀次离开清洲。

七月十九日，家康率兵从江户出发。

八月六日，本愿寺迁到京都西六条。

八月八日，政实投降。

此月，秀次杀了政实。政宗抵达岩手泽与家康会面，并至最
　　上谒见秀吉。奥州彻底平定。秀次与家康商议定下法令，
　　将此捷报送到京都。秀吉的儿子鹤松丸去世（一岁）。

九月，秀吉颁布征朝令，命令诸将明年九月在肥前国名护屋
　　汇合。

十月二十九日，家康凯旋江户。

此月，秀次归京。秀吉没收了贞重的葛西、大崎，将其交
　　给政宗，让他住在岩手泽；将政宗旧封给氏乡，后者领有
　　一百万石。

十一月四日，北条氏直去世。

十二月四日，秀次升任内大臣。

十二月六日，秀吉辞去关白，秀次成为关白。

此月，秀吉颁发征朝军令。

文禄元年（1592）

正月二十九日，内大臣秀次转任左大臣。

此月，秀吉制定军令五章。

二月二日，家康率士兵一万五千余骑从江户出发。秀忠留守。

二月十六日，家康进入京都。

二月二十六日，天皇行幸聚乐第。

三月一日，征朝先锋小西行长、加藤清正、黑田长政等从京都出发。

三月十七日，家康从京都前往名护屋。伊达政宗、南部信直、上杉景胜、佐竹义宣奉秀吉之命听从家康指挥。

三月二十六日，秀吉从京都出发前往名护屋。

四月二十日，秀吉到达名护屋，以此地为大本营。

此月，征朝的先锋攻入朝鲜。

五月，朝鲜京城在此之前已被攻占，不久平壤陷落。朝鲜国王李昖败走义州，王子后妃前往兀良哈。小西行长驻扎平壤，加藤清正至兀良哈边境抓住两位朝鲜王子。李昖紧急报告明朝。

六月二日，此前已接到消息称，明朝大军援助朝鲜。秀吉想亲自前去，但遭到家康、前田利家的强烈反对，于是下令以明年三月为期。

此月，秀吉再发游军六万赴朝鲜，命增田长盛、石田三成、大谷吉隆（吉继）等人监军。

七月二十二日，秀吉听闻大政所生病，将军事委托给家康、利家，从名护屋出发踏上归京之途。

七月三十日，秀吉抵达京都，此时大政所已去世。

此月，明朝辽东副总兵祖承训、游击史儒率兵救援朝鲜，抵达平壤安定馆。小西行长击破并抓获史儒，承训逃脱，明

朝兵部尚书石星派说客沈惟敬游说行长，试图讲和。行长
约定七条，惟敬答应并返回。

八月十五日，秀忠抵达京都，凭吊大政所。

九月七日，前田利家成为征明都督，即日出海。

九月二十一日，此前已来消息称明军撤退。此日利家辞去都
督之位。

十月六日，秀吉再次从京都出发奔赴名护屋。

十月十日，秀忠回到江户。

十一月二十四日，显如上人去世。

文禄二年（1593）

正月六日，明朝辽东提督李如松等人攻平壤。小西行长坚守，
考虑寡不敌众，趁夜出城。明军取得平壤。

正月二十七日，小早川隆景、立花宗茂、毛利秀包等人与李
如松等人战于开城，大败之。李如松败走。

此月，李如松进入开城驻守。

三月，日军攻晋州城，城坚难克。在朝鲜诸将请求援军，秀
吉以毛利秀元为将，率兵渡海相助。江户城竣工。

四月，明朝派人到小西行长处和谈。增田长盛、石田三成、
长束正家等与在朝鲜诸将商议，想退守釜山浦，于是在诸
营中放火，趁烟雾撤退。明军不敢追。诸将据善山府、釜
山浦以待明朝使者。

五月五日，家康、利家的随从士兵因小事在名护屋欲斗殴，

但事情随后平息。

此月，朝鲜国王李昖回到王城。

五月十五日，明朝使者徐一贯、谢用梓与沈惟敬一起来到名护屋，秀吉安排一贯住在家康营地，安排用梓住在利家营地，日夜设宴款待。

五月二十日，因明使到来，大名士兵经常前来围观打探，此日家康、利家等奉秀吉之命禁止此行为。

六月二十八日，在朝鲜诸将攻陷晋州城。

此月，明使返回。秀吉命长盛、三成、正家将朝鲜的两位王子及其随臣送还。行长派内藤如安随两名使者入明，与明朝兵部尚书石星面谈。

八月三日，秀吉的侧室浅井氏产子，起名"拾麻吕"（后来的丰臣秀赖）。

八月二十五日，秀吉返回大阪。

八月二十九日，家康从名护屋回到大阪，庆祝秀赖诞生。甲斐国主加藤光泰死在朝鲜。

九月五日，秀忠从江户出发前往京都。

此月，沈惟敬回到北京。明朝皇帝听从石星提议，召回李如松等人。秀吉欲在伏见建城，命令大名派出役丁。

十月三日，秀吉进宫朝见，有御宴。

十月五日，秀吉进宫朝见，有御宴。

十月十一日，秀吉进宫朝见，有御宴。

十月十四日，家康从京都出发。

十月二十六日，家康回到江户城。

十一月，内藤如安没有消息。加藤清正说他被明人杀了，不
顾和谈还在交涉就率兵攻打安康。明将刘珽自庆州来援，
被清正击破，败归庆州。

十二月，内藤如安抵达北京，谒见明朝皇帝。石星厚待如安，
和谈顺利达成。如安回到釜山。沈惟敬也到了釜山。秀吉
闻报，派行长等人守釜山附近数城，令其余将领撤兵休养。
明朝皇帝听从石星的提议，册封秀吉为日本国王。

文禄三年（1594）

二月十二日，家康前往京都。

秀吉游览大和，在吉野赏花，留宿两天，秀次、秀保（丰臣
秀长的养嗣子）、家康、利家等随从。回程去高野山参拜。

此月，在名护屋的诸将都来到大阪。

三月三日，秀吉登高野山。

三月七日，秀吉开始建造伏见城。

三月十四日，家康至伏见，视察关东诸将修筑伏见城的情况。

四月八日，秀吉至利家府邸，家康等人陪同。

四月二十九日，秀吉至有马温泉。家康遣平岩亲吉探访。

六月三日，秀吉前往伏见监督建城。

六月五日，家康在伏见的旅寓向秀吉献茶。

六月十八日，秀吉自伏见返回大阪。

六月十九日，家康自伏见返回京都。

九月，大久保忠世去世。

文禄四年（1595）

正月，蒲生氏乡在京都去世，其子秀行继承封地。

二月九日，家康、利家受秀吉旨意，监督蒲生氏的国政。

三月二十八日，秀吉来到家康的府邸。

四月三日，家康、利家等人奉秀吉旨意，制定法令九章，其
　　中要求公卿门第不懈怠家业，寺院神社遵守前例不荒废修
　　行，天下租税三分之二归公家、三分之一给耕民。

此月，大和中纳言丰臣秀保骤亡。

五月三日，家康从京都出发回到江户，秀忠留在京都。

七月八日，秀吉将关白秀次贬到高野山。

七月十五日，关白秀次在高野山自杀。在此之前，秀吉已经
　　告知家康秀次的罪状。家康今日从江户出发到京都。

七月二十三日，秀吉让家康、毛利辉元、小早川隆景诸将发
　　誓奉戴自己。

七月二十四日，家康到伏见谒见秀吉。

此月，秀吉将秀次的党羽一柳可游幽禁在家康宅邸。

八月二日，家康、利家、宇喜多秀家、毛利辉元、小早川隆
　　景奉秀吉之意制定法令六章，禁止诸大名私自联姻、私自
　　交换誓词，禁止家康、利家、辉元、秀家、隆景之外的人
　　坐轿子，但高龄公卿和德高的重臣不受此限。

九月十七日，秀吉将羽柴秀胜的遗孀浅井氏（淀君的妹妹）

收为养女，并将其嫁给秀忠。

庆长元年（1596）

正月十六日，秀吉征发东国役民，修筑河内堤坝。

正月二十三日，诸将向秀吉父子献上誓言。石田三成、增田
　　长盛、前田玄以、长束正家也献上。四人的誓言中说，四
　　人承蒙太阁提拔才得到高于其他人的地位，定会倾尽诚意
　　跟随太阁、秀赖。他们在处理政务时将公平公正、毫无偏袒，
　　听到秘密绝不泄露，不因私人恩怨而加害朋辈。

四月，利家晋升从二位，官拜权大纳言。

五月十一日，家康晋升正二位，任内大臣。

五月十三日，秀赖（四岁）叙从三位，任参议。秀吉抱着秀
　　赖同车进宫朝见。利家同车陪同，家康乘另一辆车陪同。

闰五月十二日，夜，京师大地震，土裂水涌。伏见城殿舍皆倒，
　　死者甚多。

八月二十九日，明使杨方亨、沈惟敬与朝鲜的使节来到伏见。

九月一日，此前秀吉因如约撤兵但朝鲜没有交出三道而谴责，
　　不允许朝鲜使节谒见。此年只有明使杨方亨、沈惟敬登上
　　伏见城谒见秀吉。

九月二日，秀吉设宴款待明使，宴毕明使出城。秀吉让僧人
　　承兑、灵三、永哲读明主给秀吉的诰命。读到赐印、封秀
　　吉为日本国王时，秀吉大怒，和谈破裂。

九月四日，明使及朝鲜使节返回堺市。

十月十八日，酒井忠次去世。

十二月十七日，秀赖回到大阪。

庆长二年（1597）

正月二十五日，征朝前锋加藤清正、小西行长等再次渡海。

此月，秀吉命诸将修复去年因地震而损坏的伏见城，营造殿阁。秀吉与明朝的和谈已破，再次决定出兵攻打朝鲜。他以丰臣秀秋为大将，以宇喜多秀家、毛利秀元为副将，不再赴名护屋而是在伏见指挥方略，并排卫兵在名护屋护城戍卫。

六月十二日，小早川隆景去世。

八月十八日，足利义昭去世。

庆长三年（1598）

正月，秀吉没收蒲生秀行的会津一百万石封地，将其中十八万石转给宇都宫，并将上杉景胜转封至此，给予一百三十一万八千石的封地，允许三年之内参见。

此月，秀吉至醍醐山赏花。

四月二日，堀秀治被转封至越后。

四月二十日，秀赖叙从二位，担任权中纳言。

此月，小早川秀秋从朝鲜归朝到伏见觐见。秀吉收了他的封地，将其转封至越前，并让石田三成担任西筑的代官（第二年恢复了秀秋的领地）。

五月十六日，秀吉在伏见城召见在京的诸将，要求五奉行提

交今后效忠秀赖、不可有二心的誓言书三份，并以头顶之
　　血下血誓，其中一份献给秀赖，一份存于各自家中，一份
　　供奉在秀吉牌位面前。家康的誓书被特意放在秀吉棺材里。

此月，秀吉遣使告知在朝诸将，留清正、行长、岛津义久等
　　十余将领，其余皆撤兵回国。此月秀吉生病，日渐衰弱。

六月十五日，诸将聚集伏见城，三中老、五奉行、元长老、
　　安国寺惠琼等列席，以秀吉之命告诸将释嫌结欢，共同辅
　　佐秀赖。诸将说，同心协力事嗣君，岂敢有二心，但私人
　　恩怨各有缘由，难以迅速和平。秀吉更派家康与诸将会面，
　　传达秀吉之命，要求其互相和睦，然而诸将仍无和解之色。

此月，秀吉抱病去往大阪城，不久回到伏见。病情更严重。

六月十六日，按历年惯例，伏见城有嘉祥之礼，秀吉带病与
　　秀赖一同列席，感极而泣。此日，亥时（午后十点）伏见
　　城下骚动。据说是石田三成带兵进入大野治长宅邸。

此月，浮田秀家、毛利秀元等人从朝鲜归来，至伏见谒见秀吉。

七月十三日，秀吉将家康召入卧房内。

七月十五日，五奉行及毛利辉元、宇喜多秀家等人在前田利
　　家宅邸相会，将发誓协同一致效忠秀赖的誓书交给家康、
　　利家。誓言书大致说，他们会把秀赖当作太阁一样的主君
　　侍奉而不会疏远，不会违背丰臣氏的法度，不会为谋取私
　　利而组建派阀、互相争斗，没有秀赖的许可不回本国。

八月五日，家康、利家、秀忠、利长（利家之子）与五奉行
　　交换誓言书。其中一节中说"对秀赖大人尽责效忠，像对

待太阁一样不存疏远之心，不会表里不一、有一丝一毫私
心"，还说"应当多多协商"。此日，秀吉给五大老留下亲
笔信，嘱咐后事。

八月十八日，秀吉去世，秘不发丧（只有长束正家步行随棺
椁至聚乐的南阿弥陀峰，将其安葬）。

八月十九日，家康、秀忠准备入伏见城探问秀吉病情。三成
的家臣八十岛道与在路上遇到家康，奉三成旨意秘密告丧。
家康、秀忠归宅。三成又派密使告知利家秀吉去世的消息。

八月二十日，秀忠离开伏见赴关东。

九月二日，秀忠回到江户城。

九月三日，家康、利家、秀家、景胜、辉元与五奉行交换旨
在辅佐秀赖的誓言书。诸将又呈上各自的誓言书，以示无
二心。

此月，家康、利家遣使至朝鲜，命诸将讲和撤军，并为此制
定了两款合约，一款是让朝鲜派王子作人质，另一款要求
朝鲜进贡，二者得一就撤军。毛利秀元、浅野长政、石田
三成赶赴博多，迎回在朝鲜半岛的士兵。

十月二十六日，上杉景胜前往伏见谒见秀赖。

此月，风闻明朝派数万援军至朝鲜，并在海岸配备军舰，要
捕杀归国的日本军队。家康与利家商议，派藤堂高虎代二
人到朝鲜。恰好长政、三成告知在朝诸将已经平安回到对
马，高虎取消渡海计划。

十一月，征朝诸将全数回到筑紫。

庆长四年（1599）

正月九日，岛津义弘叙正四位下，任参议，领地加四万石。
　　家康与利家商议，奖赏诸将在朝鲜的战功。

正月十日，利家护送秀赖从伏见到大阪。家康乘舟护送。

正月十二日，家康从大阪溯淀川而上，在平泻上岸回到伏见。

正月二十一日，大老、奉行以中村一氏、堀尾吉晴、生驹近世、
　　相国寺僧人承兑为使，联名上书说家康不依照秀吉的法令，
　　责其未经许可就与其他大名定下婚约等。

二月五日，大老、奉行将联名书交给家康。家康又将誓书交
　　给大老、奉行，承诺共同遵守秀吉的遗诏，和睦协作以事
　　秀赖。

二月二十九日，利家带病乘舟自大阪到伏见。家康乘轻舸至
　　淀迎接，利家在此下船，乘轿至家康宅邸。细川忠兴、加
　　藤清正、浅野幸长徒步跟随。家康与利家谈和，利家返回
　　大阪。

三月九日，岛津忠恒至伏见的宅邸，手刃家臣伊集院忠栋。

三月十一日，家康至大阪探望利家。舟靠岸，藤堂高虎乘着
　　妇人的轿子迎接。家康与高虎换了轿子，先到高虎的中岛
　　府邸，后至利家宅邸。细川忠兴跟随。利家病重，欣喜家
　　康到来，强撑着起来道谢。池田辉政、福岛正则、黑田长政、
　　加藤清正、堀尾忠氏等人与忠兴、高虎列席。此夜家康留
　　宿高虎宅邸。三成等人试图袭家康，闻辉政、清正等护卫
　　而未果。

三月十二日，家康回到伏见宅邸。

三月二十六日，家康移居向岛宅邸。

闰三月三日，利家去世。此前利家病情好转，三成到大阪日夜陪护至今。

闰三月七日，三成辞去奉行职务。

闰三月十一日，三成回到佐和山城。家康派结城秀康、生驹近世、中村一氏护送。秀康等送其至濑田后返回。

闰三月十三日，家康从向岛移至伏见城，裁决政事。前田玄以与堀尾忠晴商议，将城门钥匙交给井伊直政。

闰三月二十一日，毛利辉元致信家康，说"我一心为您效力，并无别心。希望与您缔结父兄之情，特来询问您的意思。希望得到同意，从此心意相通"。家康回信说："今后不管出现何种情况，我都会待你如手足。"

四月十八日，天皇赐秀吉谥号"丰国大明神"。

此月，政宗与家康两家缔结婚约，交换礼金。政宗通过有马丰氏、今井宗薰向家康送去誓词。

五月，家康前往大阪城。

八月十三日，家康至京都。

八月十四日，家康参见天皇，归途至三本木的宅邸探访秀吉遗孀杉原氏（政所）。

此月，前田利长（利家嫡子）、上杉景胜、毛利辉元为管理国政而回国，留家康一人处理全国政务。

九月七日，家康为庆贺重阳而至大阪。此夜长胜谒见家康说，

"利长在加贺。与浅野长政、土方雄久遥通密谋，待你进入大阪城时加害你"。家康紧急从伏见征兵。

九月九日，家康入大阪城谒见秀赖母子，此后居大阪城西丸。

十月五日，家康与长盛、正家商议，追究浅野长政、大野治长、土方雄久罪状，并准备进攻前田利长。

十月六日，家康派柴田左近至佐和山，窥探三成动静。三成交给家康誓书。

十月八日，家康贬大野治长至下野结城、土方雄久至常陆太田、浅野长政至甲斐。长政不去，幽居武藏国府中。

十一月，家康会见利长的使者横山长知。长知呈上利长书简，其中说自己并无他意。家康要求以利长之母为人质。长知返回，请示利长的指令（第二年利长将母亲芳春院送到伏见为人质）。

十二月三日，家康至摄津国茨木放鹰。

十二月五日，家康回到大阪城。

庆长五年（1600）

正月一日，家康在大阪西丸，秀赖在本丸，诸将登城给秀赖、家康拜年。诸将给家康行礼，如同君臣。景胜恭贺新春的使者藤田信吉至大阪谒见秀赖，家康命信吉催促景胜到大阪。留守景胜伏见宅邸的千坂景亲写信告知景胜京畿间有流言，如今家康颇怀疑其忠诚。

二月，黑田孝高预先察觉三成要举事，与细川忠兴约定紧急时刻互相救援。

四月一日，家康家臣伊奈昭纲，长盛家臣河村长门，奉家康
之命至会津。

五月三日，伊奈昭纲、河村长门从会津返回，报告景胜不肯
提交誓书或派遣人质。

五月五日，家康下令征讨会津。

五月七日，生驹近世、中村一氏、前田玄以、增田长盛、长
束正家联名谏言家康东征。

此月，利长生母芳春院作为人质前往江户。在这之前，家康
派僧录司承兑给直江兼续送去书信，让他劝景胜到京都。
此月兼续的答复送来，言辞嘲弄家康，毫无屈服之色。家
康看后勃然大怒，东征之事因此而起。

六月三日，芳春院至江户。

六月十六日，家康让佐野纲正留守大阪西丸，派长盛、正家、
玄以辅佐秀赖，自己动身征伐会津，当日进入伏见城。

六月十八日，家康至石部驿。伊势的郡代篠山理兵卫夜晚至
驿站谒见家康，告知水口城城主长束正家有异心，家康紧
急离开石部。

六月十九日，正家到土山驿谒见家康，表示因其匆忙离开石
部，无法如预期那般在水口城宴请，十分遗憾。

六月二十日，三成给兼续、景胜寄信告知家康东征，并说辉元、
秀家皆是我党。

七月二日，家康进入江户城。

七月四日，吉川广家应大阪奉行催促，从出云国富田城出发。

七月七日，家康制定军令十三条。

七月十四日，大阪奉行遣使至大津，要求京极高次派出人质。高次不听。三成寄信给景胜，称越后是上杉氏旧领地，秀赖应当把它交给景胜，由其自由处置国内之事，建议景胜联络还在越后的旧臣。

七月十五日，宇喜多秀家等人攻伏见城。(《烈祖成绩》)

七月十六日，辉元自安云出海，昨日至大阪，今夜至木津宅邸。

七月十七日，长盛、正家、玄以联名列出家康十三条罪状，将之送给家康及天下诸将，另以三人或辉元、秀家的名义要求家康向秀赖尽忠。十三条罪状就是所谓的《内大臣错误条条》。此前家康要求大阪奉行等在大阪的诸将将家眷送入大阪城作为人质。细川忠兴的夫人明智氏不肯入城，此日在宅邸自杀。

七月十九日，秀忠从江户出发前往宇都宫。

七月二十日，辉元、秀家以及长盛、正家等联名举兵讨伐家康的檄文抵达金泽。利长决定支持家康。石川贞清、小野木公乡攻打细川幽斋的丹后田边城。

七月二十一日，家康从江户出发。

七月二十二日，家康抵达古河。金森长近呈上未开封的三成书信。

七月二十四日，家康至小山。此日鸟居元忠传来消息，大阪奉行等人在近畿地区蜂起，逼近伏见。伊藤政宗攻克白石。

七月二十五日，家康将秀忠、秀康（结城）及其他前方诸将
　　招至小山营地，询问他们的向背。诸将决定跟随家康调转
　　矛头西征。在东海道有城堡的诸将，请求将城池交给家康
　　屯兵。

七月二十七日，家康派伊奈昭纲至奥州授予政宗计谋，令其
　　严守岩手泽城，不与景胜为战。

此月，吉川广家寄信给黑田孝高，说当日之举辉元并不知。

七月二十九日，三成离开佐和山城至伏见。

七月三十日，三成向真田昌幸致歉说，人心难测，密谋易泄，
　　因此没有提前告知此次计划，并具体告知近畿的情况，伏
　　见、田边两城的战况，若能快速平定近畿，那么来年可以
　　出兵关东。夜晚，三成自伏见赴大阪。

八月一日，辉元、秀家联名致信岛津忠恒，告知他迅速率领
　　全部士兵来会。伏见城沦陷。福岛正则从江户出发。

八月三日，利长、三成之党攻下山口玄蕃的大圣寺城。

八月四日，家康撤离小山。

八月五日，家康回到江户城。三成从大阪出发回到佐和山。

八月八日，利长回到金泽。丹羽长重从小松城出发，与利长
　　一战。

八月九日，三成率士兵六千人赶赴垂井（美浓），招大垣城
　　主伊藤盛正，让他献出大垣城。

八月十一日，三成进入大垣城。

八月十三日，正则、辉政等人到达清洲。

八月十九日，家康的使者村越直吉到达清洲。

八月二十二日，丹羽长重遣使至江户，给本多正信等人送去
　　书信，解释其对家康并无敌意，要与利长和好。

八月二十三日，池田辉政、福岛正则、浅野行长等人拿下岐
　　阜城。城主织田秀信投降。黑田长政、田中吉政、藤堂高
　　虎等人向大垣出发，在合渡川打败三成的士兵。之后东军
　　诸将在赤坂南方的高地冈山建立大本营，并在此周围布阵，
　　等待家康到来，西军的秀家、三成、行长、义弘等人在大
　　垣城与之对峙。

八月二十四日，秀忠从东山道进军。

八月二十六日，三成回到佐和山修整战备（九月初再次回来）。

八月三十日，大阪奉行向清正的大阪宅邸留守人员寄信，令
　　其起誓向清正、秀赖尽忠，家老之辈向大阪交出人质，努
　　力效忠秀赖。

九月一日，家康从江户出发。

九月二日，秀忠进入信浓。

九月七日，清正致信本多正信，告知九州动向，说诸事会与
　　黑田如水商议，请其放心。

九月十一日，长盛到达清洲。

九月十二日，此前三成听闻家康即将西上，从大垣向辉元寄
　　信，催促其出兵。此日又致信增田长盛，催促辉元出兵。
　　毛利元康（辉元代理）、毛利秀包等大阪七手组以及大和
　　诸将一同进攻京极高次的大津城。

九月十三日，家康至岐阜。西军诸将奉命解田边之围，细川
　　幽斋交出城堡后离去。黑田孝高在石垣原击破大友义统军。

九月十四日，家康过大垣至赤坂，试图直接进入京师。三成
　　等人听闻此事，当晚离开大垣城，在关原列阵迎接东军。
　　此日长盛抵达赤坂。京极高次因大津城难守而向西军投降，
　　第二天早上退出大津城。

九月十五日，拂晓时分，家康行进到桃配野扎营，东西大军
　　在关原大战。西军败。

九月十六日，家康进入近江，攻佐和山。三成的父亲正继、
　　兄正澄、子右近死守阵地。

九月十七日，佐和山城陷落，正继等自杀。

九月二十日，秀忠抵达草津，与家康会面。

九月二十三日，惠琼被逮捕。

九月二十五日，增田长盛被贬。

九月三十日，东兵将长束正家围困在水口城，正家交城自杀。

十月一日，三成、行长、惠琼在六条河滩上被斩首。

十月二十五日，家康收取大阪城。

一

　　秀吉灭掉北条氏后，奥羽诸将皆听其调度，可以说日本全岛
全在他掌中。从他后来的地位来看，似乎应以守成为良策。他或
许也如此打算，幕僚大抵也觉得如今应从创业转到守成。这从"太

阁检地"一事就可见一斑。他们丈量天下的田地，以此测量日本全岛的财富。诸将占领的土地，如是历史、由来清晰的寺社领地等，则归还旧主或划入公领。比如岛津氏的领地萨摩、日向、大隅三国，检出此类土地四万余石，均划归公领。

秀吉的家臣在降服岛津氏后在萨、日、隅三国检地，在消灭北条氏后到陆奥、出羽、甲斐、信浓四国检地，且在各处裁定边界，明确领主权力，论定公领私领之别。在这一点上，他是将统计学运用到政治上的第一人，因为他由此掌握了日本全国可堪耕作的土地多寡，将数值基础置于政务之中。

当时建造城郭时诸侯以国役的名义征发的役夫人数，发生战争时诸侯征发的士兵人数，以及各国向内部领土征敛的税金，全都根据领地所产稻米数值按比例计算，所以检地先测量作为军役、国役之基础的土地面积，可谓是自然而然的要求。而且，那时所谓诸国住民的武士渐渐失去了地主之实，变成职业军人，容易转封。国家先测量日本全国的土地面积，明确宽窄丰瘠，就使得转封领地更加容易。秀吉开启检地活动，巨细无遗地俯视日本全岛。

人民自然不会高兴。检田的官吏借着关白的威风来到安于天造草昧之自然的乡村，本身就使人民不安宁。地主、领主的领地边界被官吏重新改订、明确历史，借助公权私自占有的土地被拿走，原本依据过去略算而赋役轻的领地在精细测量后赋役增多，自然使民众对这场检地运动没什么感谢之意。他们说"秀吉对日本国检地，动摇了人心"（《甫庵太阁记》）。

> 上古以来一段之田为三百六十步，以一步充一日之食，凡天下之民有一年的粮食。然而到了秀吉之时，一段变为三百步，天下之民一年粮食少了六十日的分量。实施这样毫无慈悲的政治能有好结果吗？

他们为此作歌，讽刺恶政（《白石遗稿》）。不过这只是毫无根据的诽谤，因为变更丈量土地的标准，比如将日本的旧尺换为米这个单位，对人民的生活虽有影响，但此时的检地并非为仓库创收的增税政策，反而是为测量日本岛财富而施行的统计事业。秀吉清点由自己统一起来的州郡财富，可知其心已渐渐保守。

二

不过，当时的日本岛是以秀吉这种英雄人物为首领的猛将勇士之国，将这种好战、爱冒险的进取气象一下子扭转到保守的政治氛围自然极其困难。当时的日本人从某种意义上说其实是一种世界人，所以内乱消弭，英雄豪杰在日本岛上找不到耗掉这些巨大精力的渠道，必然容易受到向外的诱惑。当然，当时在东亚以及东洋航海绝非容易的事情。

比如，文禄二年（1593）从日本回到吕宋的船只航行到台湾岛近海时，狂风大作，船客尽投海中。至于安全抵达日本岛的船只，有些是五月下旬从吕宋出发，同年六月下旬抵达平户，旅程花费一个月。或者七月二日从吕宋出航前往长崎，当月二十二日才抵达台湾岛北方，旅程一半已费二十日。

不过，难易之感是随着程度标准而变化的。与过去的航海相比较，此时进步显著，人员往来可以说颇为自由。这些变化原因为何呢？我们必须认为这是日本岛与拉丁人种的文明接触，受其造船技术启发所致。在倭寇的时代，日本人的船只比中国人的小很多，等到与代表拉丁人种文明的葡萄牙人、西班牙人接触后，日本人才开始看到新式的大船。

比如，天文十年（1541）来到丰后国神宫寺浦的葡萄牙船载着船员二百八十人，庆长元年（1596）漂流到土佐国的新西班牙（今天的墨西哥）船载八百余人，可知其大。火枪一传来就学会制造工艺的日本人，应该以同样敏捷的程度学会了制造大船。记载当时之事的书中多提及大船，由此即可推断这一点。比如，天正六年（1578）志摩国鸟羽城城主九鬼嘉隆建造的船，是配备大炮的巨舰，敌人乘旧时军舰（番船）从四面围攻，仿佛侏儒进攻巨人（《信长公记》）。我们想象当时的场景，不免联想起过去到访浦贺的佩里提督的军舰，被浦贺番所小小的日本船围住的可笑画面。九鬼氏只用了六艘船就能与毛利氏数百艘军舰一战，其实就因为大小。进攻朝鲜半岛时，当地人记载日本的船只"日本将船高数丈，上施楼橹，以红缎彩毡绕船身"，可知日本船渐渐变大。

于是，日本的健儿乘着大船往来中国沿海及南洋。你来我往，日本的空气也就渐渐变成世界性的，日本人的想法也变成了世界性的。对初次见到世界一体的猛将来说，外面是无比美味的诱惑。

三

伊比利亚半岛的拉丁人种长久对抗异教势力，最终摆脱异教徒实际上是在文明年间（1469—1486）。之后他们发现经好望角抵达印度的新航路，不久哥伦布也发现了美洲大陆。西班牙与葡萄牙如今被无心的游客轻蔑，视为欧洲文明程度最低、未来希望最小的落后国，但在当时，它们在欧洲诸国中拥有最优秀的政治家、最好的外交家、最强的军队、最有才华的文学天才以及最虔诚大胆的宗教家。这些人的精力充溢，既是最好的航海者，也是最好的建设者。

他们的力量渐渐涉及印度洋、太平洋。明应四年（1495）葡萄牙人在孟买开辟港口。永正七年（1510）葡萄牙舰队到达果阿后不久就建立了繁华市场。永正十年（1513）西班牙人已经夺取了墨西哥，不久马六甲也落入其手。倭寇之乱后，以中国海岸为舞台的日本西南地区人士自然也感知到这股新兴的力量。其中一些人与拉丁人种开辟的殖民地有往来，早就惊讶于他们异常发达的文明（《日本西教史》）。

到了天文年间（1532—1554），葡萄牙人抵达九州岛。火枪作为日本武士最有效的武器就是从此时开始的。当时的拉丁人种在亚洲海域占领新领土、创建新帝国的精力让人震惊。葡萄牙人在永禄十年（1567）已经在澳门设立埠头。西班牙人在三方原之战那一年（1572）夺取了吕宋岛。葡萄牙人在此前后瞄准了爪哇岛。天正七年（1579），九州岛一角的长崎港事实上也成为半受葡萄牙传教士统治的独立城市。

他们的扩张运动并不限于殖民和贸易，还包括传教。欧洲宗教史上著名的耶稣会传教士方济各·沙勿略在天文十八年（1549）圣母升天节这一天在萨摩着陆，不久日本到处就有了被称为"伴天连"（神父）、"伊留满"（irmão，助修士）的白人传教士，以及虔诚的信徒。许多像大友宗麟、高山友祥那样的天主教信徒毁掉领地内的神社佛堂，强制人民信奉新的信仰。京都的天主教在将军足利义辉时已经传播甚广，很多人在堀河、油小路的天主教堂听法，带着十字架在市街中往来的人也不少。天正八年（1580），对信徒多少有些同情的织田信长在安土城南部建了所谓的南蛮寺。大友、有马、大村三位大名在天正十年派使者到罗马教皇处，跨过半个地球的漫长旅途向基督代理者送去崇敬之意。

过去的日本史学家轻视拉丁人种文明给日本岛带来的影响，但那其实是让日本人感受到世界的最大冲击。日本从此对世界睁开了眼。根据沙勿略的记载，三个日本人到果阿学习欧洲学问，由此可以阅读记载宗教奥义的书籍，也得以窥西欧文明。白人传教士在信长时代已经在安土建造神学校，有不少人在此完成教育并从事传教（《鲜血遗书》）。他们除了和汉学问之外也知道西洋的学问，染指世界知识之鼎。此时代的白人传教士发明了在日语上面标罗马字的方式，为接受其教育的日本人熟知。日本人进攻朝鲜半岛三年后，天草岛出版了标有罗马字母的《平家物语》，以及《伊索寓言》日译版。白人传教士将罗马的活字带到日本是天正十八年（1590）的事情，摘译耶稣门徒即圣徒的活动并标有罗马字的书籍第二年已经在加津佐（肥前）刊行。

日本人的眼光逐日变成世界性的。他们第一次看到望远镜，第一次听到风琴的声音（传教士将风琴献给大内义隆），第一次用放大镜看见肉眼不及的微小世界（传教士献放大镜给信长），第一次见到了漂亮的阿拉伯马。他们不仅如此接触到西洋文明，生活也几乎完全改变。日本有人开始吸烟，"蜂蜜蛋糕""焦糖""有平糖""金平糖""小馒头"等点心也开始出现在日本人的嘴里，"纽扣""雨衣""天鹅绒"等衣服和化妆品开始为日本人士所用，过去日本人连名字都不知道的多种药草被种在药园之中。事实上，当时拉丁人种的文明之浪撼动了日本岛的海岸，让日本人的生活为之一变。

环顾日本岛的外部，拉丁人种已经占领了亚洲海域的多个国家。航海术的发展让海上往来更加方便，海外之物变得唾手可得。这对以秀吉为首领、在其统治下统一的日本岛的猛将来说是最大的诱惑。于是，就出现了丰臣秀吉侵略朝鲜的事情。英雄何时都是时势之子。秀吉生活在日本岛对世界觉醒的时代，所以多余的武力就用在世界远征上。他绝不是在空中画楼阁的妄想狂。

四

对侵略朝鲜兴趣最大的是西日本而非东日本。西日本是海国、船国、贸易之国，与中国、朝鲜渊源最深。中国所称的"倭寇"，多藏身九州岛西南海岸、濑户内海沿岸及散布其中的诸岛。萨摩国的坊津、肥前国的博多、和泉国的堺是当时最大的贸易港，多有中国人往来。肥前国的长崎是由白人传教士统治的独立宗教领地，天草岛及高来半岛可谓是此时代拉丁文明在日本的根据地，当地人最具世界知识。大内氏与中国、朝鲜贸易以赚取利润。旧大名的政策为新大名继承，毛利氏不免受其政策影响。能岛、来岛、盐饱岛、儿岛住民是濑户内海上知名的强者，其中一些频频出没东海、黄海，危害中国人、朝鲜人。濑户内海大国备前国的宇喜多氏、土佐国的长曾我部氏，又怎能不被这样的冒险精神影响呢？

　　东日本却不是这样。从地理上来说，这里缺少港湾，且距离战地颇远，这是他们不喜欢远征的原因之一；他们是马上的勇者而不是船上的勇者，对于出航海外、开拓新命运一事严重缺乏兴趣与素养，这是他们不喜欢外征的原因之二；西日本人口密度高，东日本的人口密度低，且地有遗利、可开垦新田颇多（《骏河土产》），因此西日本人喜欢走南闯北谋取好生活，而东日本人安土重迁、不爱迁徙。这是东日本不喜欢外征的原因之三。在此意义上，秀吉代表西日本，家康代表东日本。这也就是居移其志。

　　世传秀吉的使者告知进攻朝鲜半岛的决议后，家康在江户城的书斋中什么也没有说，默然坐着。智囊本多正信此时在其身旁，问到"主公也想渡海到朝鲜去吗？"家康没有回答。正信问到第三遍时，家康终于吐露心中的秘密："何事如此喧嚣。应该问问人们，谁来守护箱根。"如其所述，他更担忧天下会因此重归混乱，暗示与其期待远征成功，守护既得之物更为急要（《常山纪谈》）。作为东日本的代表者，家康并不赞同进攻朝鲜半岛这一举动。

　　但他既然屈节认秀吉为盟主，则不管乐意与否都必须听从差遣。于是他比秀吉先到侵略朝鲜半岛的大本营肥前国名护屋，迎接秀吉到来，并与前田利家一起辅佐，成为此次大战的枢机。秀吉将他和利家安置在名护屋，军国大计必听两人建议。从名护屋当时的阵型来看，秀吉建造的远征大本营名护屋城位于海湾深处，利家在城北布阵，隔海与城南的家康阵营相望。名护屋因为家康、利家而呈巨鹰振翅的形势。秀吉将家康、利家作为最高参谋伴随左右，而未派其亲赴战场，家康也就免于出兵朝鲜。

五

　　秀吉侵略朝鲜并非超越时代的空中楼阁，也非狂人妄想，然而终不能成功，不免让人想到拿破仑因为英吉利海峡而无法进攻英国，英国也因英吉利海峡而失掉诺曼底。清朝的先祖与日本岛元帅秀吉相比，兵力自然不足，然而以东北一地席卷整个中国。但东亚大陆与日本之间有对马海峡，也就是日本历史上的英吉利海峡。有此海峡，秀吉无法在必要时将必要兵粮送到必要地方，因此小西行长不得不放弃平壤，一度攻入咸镜道深处的清正也不得不撤退。小早川隆景、立花宗茂在碧蹄馆打败明军，但明军夺取开城后，日军也不得不连京城都放弃。

　　除此之外，当时的秀吉似乎也丧失了壮年时代的精神。他坐镇名护屋大本营指挥日军最初入侵朝鲜时是五十六岁，健康状况想必不如壮年。他显现出了与特意发起的大远征不太相称的冷淡态度。最初出兵时秀吉待在名护屋，五月为探望生病的母亲而赶回，未到京都母亲已去世，于是在那里待了两个月后再赴名护屋。十月秀赖出生，他欣喜地回京都，自此之后再未造访大本营。

进攻朝鲜之战自文禄元年（1592）开始，庆长三年（1598）结束，是跨越七个年头的大事。然而秀吉在大本营的时间前后加起来不到一年，其他时间都是在京都遥控指挥。当然，这期间有和谈之事，反复交涉颇耗时间，但不论是和是战，身为元帅、首相的他不在战地，甚至不在名护屋的大本营，又怎能在必要时刻给出必要裁断呢？

秀吉称自己盯着事情不停指挥而"眼涩口干"，其特色就是不管何事都迅速处理。为了镇压光秀而从姬路出发时，他一边洗澡一边发布军令。但现在他不是这样了。发起史无前例的大远征后，他频繁归京，悠然与艳妾嬉戏，欣赏芳野、醍醐之花。战士尸骨葬于异域也几乎不再让他感情波动。这正说明他已经失去了当年的意气吧。

秀吉听到明朝皇帝的诏书写着"封尔平秀吉为日本国王"时大怒，说"我想成为日本国王何须借他力"，世人或以此为快，创作了《裂封册》这样的小说情节，赞美秀吉的意气。然而我们反而惊讶他如此懒惰、懈怠，竟被手下的奉行之辈欺骗，毫无光彩地迎接使者。青年时代的拿破仑是法国大革命培养出的革命健儿，帝国时代的拿破仑大帝则是被贵族式虚伪包裹的假英雄。谚语说"骐骥之衰也，驽马先之"，可知秀吉的意气已不复昔日。就这样，七年攻朝战役几乎无疾而终，秀吉本人也病死了。

六

进攻朝鲜整体上失败了，而秀吉在家庭上也绝非幸福。他长久忧虑没有子嗣。天正十九年（1591）侧室浅井生下一个男孩，此时他已五十六岁，老境始得男儿，欣喜可知。诸将、群臣皆为他庆祝。然而，这对他来说是一时的幻影。不久秋风起，千金难换的婴儿像雾一样消散了，秀吉定然感受到无尽的失望。他如此英雄，感情也如此丰富。记事古朴、近于事实的《清正记》说，"天正十九年九月八幡太郎殿（即浅井氏所生男孩）夭折后，日本诸大名小名一同凭吊，有人剃发，有人切指。关白秀吉公甚哀，不思饮食"。这恐怕是事实。

将日本帝国置于掌间的秀吉，在家庭上不得不感受老后无子的独夫之哀。不仅如此，他唯一的弟弟秀长在这一年正月也去世了。秀长是秀吉的同母弟，在贱岳之战中未救中川濑兵卫，因此被视作不像秀吉之弟的怯懦之人（《老人杂话》）。但他宽厚而有长者之风。秀吉常凭英气以猛威来管理臣下，而秀长常以宽仁补救（《聿修录》）。从宽猛相补这一点来说，秀吉兄弟的性格颇像家康、秀忠父子的性格。然而，如今他也在壮年去世了。

秀吉的家庭中，相当于秀吉之子的只有外甥秀次等人。要进攻朝鲜时，秀吉将关白职位让给了秀次以专心征战。秀次的母亲是秀吉同父同母的亲姐妹，所以膝下无子的秀吉自始将其视若己出。秀吉任关白那一年，他晋升为右近卫权中将；秀吉修造聚乐第并搬去时，将京都的故宅让给他居住。秀次不久升为正三位的权中纳言，后面又升为从二位，位列清华之上。秀吉夺了织田信雄的封地后将其封给他，使之成为领有美浓、尾张和伊势数郡的领主。晋升为正二位大纳言后，九户政实在奥州举起反旗，他代替秀吉任征讨元帅奔赴奥州，可知秀吉一开始就想将其当作嗣子。

　　如果秀吉最终无子，大概这对舅甥之间会一直和睦。秀次兄弟几人在当时可谓最幸福的人。除了身为秀吉外甥以外，秀次没有任何功勋却升为正二位的内大臣，封地包括美浓、尾张及北伊势的肥沃之处。他的长弟被封在丹波，即丹波上将秀胜；他的少弟继承了舅舅秀长的遗产，成为纪伊、和泉、大和之主，即大和中纳言秀保（据《聿修录》）。兄弟三人年少就担任高官，领有大国，足见秀吉恩情深厚。到了他担任关白，做征朝军的留守部队时，浅井氏生下秀赖。失去八幡太郎而陷入无限愁叹的秀吉又得到秀赖，大为欣喜。为了防止秀次与秀赖将来产生矛盾，他安排两岁的秀赖为秀次的女婿；为了像当初将聚乐第让给秀次一样，他向天下诸侯课税修造伏见城居住，以备将来把大阪让给秀赖。

　　秀次若清楚了解自己的位置，尚能避嫌全恩、明哲保身，但他缺乏处世方面的常识。人苦于不自知。他犯了所有贵公子易犯的错误，全然忘记自己保有的财富都赖舅舅的恩惠。秀长是秀吉的弟弟，对寒微时代的秀吉有所了解，因此荣达之后依然理解哥哥的艰难而谨慎处事。但秀次并不知道秀吉卑微之时，从一出生就是贵公子，也就像许多贵公子一样，认为那些财富当然是自己的，无感谢之意、敬虔之心，滥用富贵与恩情。他擅长舞蹈，喜好文学，书法优异。虽然代替秀吉远赴奥州时未展现出任何政治家、军人的才干，但顺便去了足利学校，爱戴校长元佶，并带回学校的古书旧物回京都，还让人将金泽文库所藏律令书带到京都作为自己的藏书。在这一点上，他与几乎不学习的野人舅舅不同，有不逊当时贵公子的素养和兴趣。

但他也容易犯贵公子易犯的错误。他看到年老的义父驻扎名护屋劳于军务时，不担心其健康、同情其劳碌，从未请求代他奔赴战地，反而与许多美人在闺中嬉戏，聊以度日。正亲町上皇驾崩，全国居丧，他却心安理得地打猎。他很好色，暗自夺走侍奉秀吉的美人。秀吉修建伏见城时，他也在伏见地区修建了壮丽至极的私宅。他自杀之后，从秀吉处获封此处宅邸的前田利家被其骄奢震惊："奢侈如此，何能不亡？"

因此在秀赖出生后，他不仅没有顺应义父心意，显出让位的态度，反而想巩固自己的位置。他借钱给诸将以诱惑他们成为自己的党羽，要求知道这一机密的家士献上"凡是其命令的事情必须听从，不能有异议"的誓书。心中所想浮现在脸上，他的冷漠、忘恩让如今全心考虑爱子将来的秀吉大为不快。"我活着他尚且不感恩，我死之后他必然干出违背人情五常的行径。"秀吉的感觉大概如此（《川角太阁记》）。于是，秀次被秀吉的幕僚等人以检察官监视犯人般的态度监视。义父义子之间形同路人。

秀次察觉到自己的位置颇为危险，此时能够走的路只有一条：让位避世，静存性命。但始终不明白自身位置的秀次并不能做到。世传他秘密安排刺客在大阪城中刺杀秀吉，但没有成功（《利家夜话》）。这或许是该状况下容易出现的毫无根据的街谈巷议，但他派宠臣白江成定到大阪的毛利宅邸，要求辉元写下"从此以后对关白殿下绝无别心"的誓书是难掩的事实（《吉田物语》附录）。这是秀吉公开派奉行等到聚乐城诘问他一个月前的事情。

在秀次要毛利氏写誓书的同月三日，从京都出发回江户的家康也说，"我回江户后，太阁父子之间必生争斗"。家康从秀次的态度上预感他无法忍辱屈尊选择退让之策，反而会对抗恩深义重的秀吉。如旁人所见，事已至此，二者的冲突已避免不了。石田三成、增田长盛、富田知信、长束正家、前田玄以作为秀吉的使者再次造访秀次府邸，诘问其罪行，则结局悲伤的故事已经要落下帷幕。此时若抛下一切，径直跑到秀吉膝下、投身舅舅面前，直抒胸臆，或许秀吉也会平息愤怒。但不幸的是他不通人情，连这也没做。即便被招至伏见，他也仍躲在聚乐第不出。

秀吉在伏见，可直接用于战斗的武士数量并不算多；他在聚乐，可动用的士兵很多。秀次若能成为明智光秀那样的人，或者可能出现第二次本能寺之变。有些家臣以此策略劝他。宠臣木村重兹素以足智多谋著称，熊谷直之也与其讨论机密。这两人偷偷劝他突袭伏见城，夺下秀吉的天下。他自然不听这种冒险且断然背恩的谏言，但又违背舅舅之命不去伏见，舅甥之间像是两军对峙。某晚关白秀次背叛秀吉，将要袭击此地的谣言传遍了伏见的新市街，市人纷纷背着孩子逃命。然而秀次没有谋反，也没有不谋反。白白在聚乐浪费数日后，曾经在秀吉的后宫侍奉过的聪慧尼姑幸藏主好言相劝，他最终从聚乐出来了。

愚钝的秀次要是最初就到伏见表明没有异心，或许命运尚有回转余地，但此时已晚。他放弃前去辩解，直接被贬到高野山，不久自刃了结了生命。其宠妾三十余人、爱子两人如犯了"八逆之罪"的罪人一般，游街示众后在三条河原的刑场被斩首，与他葬在一起，得名"畜生塚"。千万人艳羡的荣华之梦以极其悲惨的结局告终。在此之前，秀次的二弟秀保这年四月淹死于猿泽的池塘中，大弟秀胜也在此前后丧命朝鲜战场，秀吉曾视如己出的兄弟三人如今连影子都没留住。五十岁时有一个健康儿子的秀吉自然无比高兴，然而很快又失去外甥三人，变得极为寂寥。况且他渐渐进入老年，即使铁石心肠，心中也难免软弱下来。英雄的末路诚是可悲。

七

侵略朝鲜没有如秀吉预料般成功，家庭惨事让他心中孤寂，而且身体也渐渐衰老。于是进攻朝鲜的军事终局未定，他已专心保住丰臣氏的社稷。他当然没有公开说应当停止进攻朝鲜，那关乎他作为武士的体面，但在再次出兵时，他没有追究明朝无礼而只以朝鲜为敌，主攻能够与日本建立安全交通线的全罗、庆尚两道的海岸及附近地区。尽管最初放出豪言"一超直入大明国，欲易吾朝风俗于四百余州"，但最后仅留下加藤清正、小西行长、岛津弘义等十余将领停留在海岸诸城，将其他人全都撤回。

他让进攻朝鲜变得有名无实，同时也苦心思考如何确保死后丰臣氏社稷的安全。这绝非易事，因为他的天下虽然名义上是丰臣氏之物，虽然天正十六年（1588）天皇行幸到聚乐第时，家康等人呈上誓书说"听从关白殿下旨意，无论如何都不可有丝毫违背之意"，但事实是他和诸将之间仍是一种可称为同盟的关系，而非真正的主从关系。在任何情况下，名为实之宾。即使家康献上太刀和马，在他的面前屈尊，即使傲岸得对谁都不低头的上杉景胜、毛利辉元效仿家康朝见，即使他挟天子以号令天下，施行压制群雄的政策，让他们称自己为大人，但在实力上，他也仅比诸将杰出一些而已。试看文禄四年（1595）岁首时领地五十万石以上的大藩：

255 7000 石　德川家康

120 5000 石　毛利辉元

120 0000 石　蒲生氏乡

100 0000 石　上杉景胜

83 5000 石　前田利家

58 0000 石　伊达政宗

57 4000 石　浮田秀家

55 5000 石　岛津忠恒

54 5700 石　佐岛义宣

52 2500 石　小早川隆景

这些人分领日本岛，在广阔的领地内对人民恣意行使生杀予夺之权，如果画地举兵，一人也足以引起天下之乱。秀吉虽强，也不会不在意其力量，得之如得手足。特别是德川氏占据关东，领地达二百五十余万石，封地之大与秀吉自身所领不相伯仲。据此巨大领地，足以轻松成为关东公方的后继者。即使是秀吉，也不能对他怠慢，因此给予他类似同等者的爵位。秀吉是从一位的太政大臣，家康是大纳言兼任左近卫大将、左马寮御监，官位紧随其后。家康在战争方面没有败给秀吉，朝见秀吉也是用秀吉母亲作人质为条件。因此，秀吉与家康虽然名为主从，但其实是兄弟之国。不仅仅是家康，辉元、氏乡、景胜等人都占有百万石的领地，在狭长的日本岛上是实力极强的大名。

因此，秀吉的天下虽是统一的天下，实际上却是联邦。若是秀吉的健康不减，气力不消，自然可以一直保持大人的权威，但三寸气息一绝则万事休矣。一旦成了黄泉之客，几位孤儿寡母又怎能压制群雄、保持霸者位置？知晓此事的秀吉从家族中选择秀次作为继承人，有了儿子后让儿子成为秀次女婿以继承其家业。然而秀次不解其意，背恩忘情，最终被杀。可是杀了秀次的秀吉更觉得丰臣氏的孤立无援，为爱子将来的幸福而烦闷，当年就让前田利家成为秀赖的师父。

利家是他少年时代起的密友，是与他友谊深厚的笃实君子。据传利家师从信长的书记官武井夕庵，听其讲读《论语》，觉得有趣的地方就誊抄下来保存，由此可推测其为人。蒲生氏乡评价他说："利家赐给臣下领地可能会超过限度。太阁若去世，取得天下的必是此人。"柴田胜家已经被杀，丹羽长秀已死，池田信辉、佐佐成政之辈也已不在。信长的诸将之中，杰出可比秀吉者仅剩利家一人。秀吉在精神上是信长的弟子，是信长教导出来的英才，而利家也是年轻时就效力信长，深知用兵之术。作为秀吉的密友，他在胜家、秀吉的贱岳之战时没有帮助胜家而是保持中立，但内心并非出卖胜家。直到胜家放火烧了北庄城天守阁自杀，他都想要让两人讲和。作为秀吉无二的朋友，他为秀吉的霸业贡献甚大，但同时也没有忘记信长的恩情。某年在聚乐第举行新年谣曲仪式时，他毫无顾忌地对秀吉将秀次放到第一位、将岐阜中纳言织田信秀放到第二位提出异议，主张应该让信长的孙子信秀位列首座。

秀吉是蒲生氏乡的密友，前田利家也是。因此氏乡死前将幼子秀行袭封的事情托付于利家。氏乡既死，秀吉欲夺走秀行的封地，将其转封近江。听闻此事的利家愧于未完成故人遗托，称病不参见。秀吉闻此明白他的道理，便让秀行继承了父亲的遗领。利家易怒，但又正直，无论何时都不会背叛朋友。衣不如新，人不如故。秀吉与其友谊深厚，清楚利家为人，认为自己死后可将秀赖托付的只有此人，因此让利家成为秀赖的师父。

不过从领地来看，利家的领地只不过是家康的三分之一，何以与家康比肩抗衡呢？从前有这样的例子。新田家从家门的资格上来说固然无法与足利氏并列，然而后醍醐天皇厚待新田义贞，将其提拔到与足利尊氏同等的地位。新田氏深感君恩，宗族、一门始终为王事奔走就源于此。秀吉格外提拔利家，使其与家康旗鼓相当，成为丰臣氏的羽翼，其用意也不难猜测。

八

秀吉自始畏惧家康，早知自己死后取而代之的一定是家康。

但他同时也知道家康不会无故不善待寡妇孤儿。每过桶狭间必下轿凭吊今川义元、在氏真客居其国时也加以礼待的家康不会无缘由地背叛故人。因此家康在信长诸将都不帮信雄时独自进兵与秀吉一战，也因此他投降秀吉后成为其最忠诚的盟友，始终不曾背叛。秀吉深知此事。要驯服巨象一样的家康，唯一的方法就是不惹怒他；想要驾驭以重信义著称的人，只有以信义相待。

因此他一边提拔利家让其与家康分庭抗礼，一边也与家康深交。杀了秀次后不久，他将丹波少将丰臣秀胜的遗孀浅井氏嫁给家康的世子秀忠。如此一来，秀赖的母亲便是秀忠的妻姐，家康的世子就是秀赖的姨夫。家康之前娶了秀吉的妹妹为妻，也即"南明院"，但这位女性在征讨北条氏之前就去世了。如今秀忠迎娶浅井氏，德川、丰臣再次联姻。由此可知秀吉欲以情谊打动家康。

九

秀吉又选出大诸侯作为丰臣氏的老臣，让他们参政，史称"五大老"。五大老开始的时间不详。按，文禄四年（1595）二月九日，家康、利家奉秀吉之命监管会津蒲生氏的国政，同年四月三日，两人再次奉秀吉之命制定法令九章，此时秀次尚在世。秀吉在名护屋时，两人实际上是最高级参谋，同在名护屋；秀吉离开名护屋的大本营回京，两人代管军务。至同年八月，家康、利家、秀家、辉元、隆景等人联名制定法令，所谓五大老之名首次出现在文件上，此时秀次已经去世。大概秀吉因家庭惨剧而深忧秀赖孤立，便让大诸侯参与到丰臣氏的政务中，巩固秀赖的位置吧。因此秀吉在杀死秀次后，向家康、辉元、隆景等人要求誓词，让他们发誓忠诚地辅佐秀赖，同时以他们的名号向诸侯发布政令。"五大老"之名想来是从此时开始。

大概还是不能够安心，庆长三年（1598），秀吉以会津蒲生氏内讧为机，夺走了蒲生的封地将其迁到宇都宫，将其领地缩减到区区十八万石。同时，他将上杉景胜从越后迁到会津，给予一百三十一万八千石的厚禄。蒲生秀行是家康的女婿，而景胜与家康势均力敌，且上杉氏的武力闻名天下。于是，家康被北方强大武力牵制了行动。

十

秀吉用尽一切手段，确保自己死后秀赖能够得到霸者地位，但这些都不如他健在。若是他健在，即使有家康这样的人物，丰臣氏的社稷也不足为虑。或许他也会暗自祈祷"愿我命长"吧。到了杜鹃鸟啼血的庆长三年（1598）五月梅雨中，他知自己已是病重之身，日感衰弱。死期已逼至眼前，他思及年幼儿子的未来，不免更加烦闷。

他与家康约定，若是秀忠和浅井氏之间生的是女孩，就嫁给秀赖，更增亲缘；他将利家招到病房中，称"废立秀赖全凭大纳言决定"，在蹲着的奉行等人面前艰难起身，将利家的手放到自己的头上，反复说着"拜托了，大纳言，大纳言"；在留给五大老的亲笔遗书中，他写下英雄的肺腑之言，今日的读者也因那厚重的感情而忍不住诵读。文中说：

> 为秀赖之事顺利付书于此，真心托付了。遗念之事，唯此一件。再度再度拜托秀赖之事。五人众，拜托了。细节告知五人物。拜别如上。

五人众是五大老，五人物则是五奉行。他在最后一刻还如此挂念秀赖的将来，向诸雄吐露了毫无伪装的心胸。即使是铁石心肠的男子，只要眼底有泪，皮下有血，读了这样率真的表白也难免动容。有史家说，秀吉知道自己大限将至，将家康招入卧室，要将天下大小事悉数让给家康，然而家康坚决拒绝，因此他才让家康在秀赖自立之前担任后盾。这是《天文实记》记载的内容，《德川实纪》引之为实事。但此事似无确凿证据。要言之，秀吉只是向家康、利家等群雄吐露了毫无粉饰的感情，打动他们的侠心以保护爱子而已。

十一

秀吉就这样去世了。日本岛的英雄豪杰果真如他期望的那样，满足现状而静静地等待秀赖成长吗？似乎并非如此。事实上，秀吉还活着的时候就已经出现祸乱端倪。秀吉病卧在床，某夜家康看到伏见城下无缘由的骚乱，觉得一定是奉行要加害于自己，明白要预先制订防备此事的计划。当时害怕奉行加害的并不只有家康，利家也暗自害怕，因此在被招到秀吉卧室时将利刃放入锦囊，让近臣村井长明捧着它随行，诫示说"及我进入便殿，若殿中出现骚乱，你便抽刀直接排闼入内"。人心险恶如此。不用说，秀吉一旦与世长辞，天下便会再次大动干戈。

当时的才俊也觉得世间将再次回到群雄割据的往日状态，但这只是对时势的误解。统一日本岛的理想到了信长之时已经开始可以实现，到了秀吉时代几乎完成。即使秀吉去世，趋于太平的时势之波也不会退回。他死之后，因人心险恶，战火再次在各处点燃，但那也只是将在秀吉时代未能完全整合的危险势力排除，孕育出更大的太平而已。

十二

对于秀吉的政府而言，最大的问题实际上是奉行与老将的矛盾。不论在什么时代，参与政府机密的人都免不了与驰骋战场的武人反目。就算是家康的部下，侍奉帷幕、参与军国机事的本多正信父子也常常成为武人的怨恨对象。只是因为家康坐镇其上，二者的矛盾不至于太严重。家的时代变为国的时代、小国的时代变为大国的时代、大国的时代一变而成统一的时代，则政治机构也由粗变细、由单纯变得复杂，不得不增加所谓奉行、头人等官僚的威力。这是秀吉的奉行石田三成、浅野长政等人的权势逐渐增加的原因。世称天正十六年（1588）佐佐成政死于尼崎就是因为长政的谗言。一句话就杀死了大国之主，奉行的威力可想而知。

奉行之中的石田三成智谋无双，最得秀吉信任，群雄又怎能不敬畏呢。因此身为大国之主的毛利辉元仍称三成"是当时重要之人"，岛津义弘也称"石田是太阁的股肱之臣，威势无人可比"。秀吉是真正的人杰，长于将事业版图扩大。他大刀阔斧地推进，以狂风吹动天空云层。但他缺乏精细的政治才能，在与明朝谈和时，直到听到皇帝诰文时才理解对方真意。三成则不然，头脑精明，懂理财之道、通民政之术、知诸侯想法。秀吉有了三成，就像足利尊氏有足利直义，可谓如虎添翼，又怎能不深赖其才华呢？

于是，三成的权威日渐增加，但厌恶他的人也日益增多。文禄二年（1593），秀吉的老将加藤光泰死在朝鲜时，人们怀疑是三成毒杀。次年，光泰的十五岁次子被剥夺了遗领，转封至美浓国黑野，领地仅为四万石，人们说是因为三成的谗言。再次年，蒲生氏乡去世，街头巷尾说是三成劝秀吉毒杀他。秀次之事也被认为是三成的阴谋。

果真如此，那么秀吉不过是三成玩弄于股掌的傀儡，所以这自然是毫无根据的谣言。但产生这样的谣言且天下人往往听信，就是因为秀吉对三成的信赖过于深厚，言听计从，所以不满秀吉政策之人认为那都是三成的主意，畏之愈多，恶之愈多。何况从进攻朝鲜开始，秀吉的亲信老将多前去征战，只有三成常伴左右。俗话说，日久情疏，即便是自少就居于秀吉帐下，与其情同父子的人，隔海征战多年不得相见，彼此感情也自然疏远。少年时被称作"虎之助"的加藤清正自幼在秀吉膝下长大，但之后也不能轻易接近秀吉，无法直诉衷肠，只能趁大地震这一天闯入伏见城，总算诉说了自己的冤屈。君臣相隔由此可见一斑。

政治机构的复杂助长了奉行官员的威力，也导致亲信老将无法以往日父子兄弟般情谊得见主君。受秀吉恩顾的诸将将三成视作社鼠城狐，对他极其厌恶也是自然而然的事情吧。秀吉的政府若没有这种弱点，奉行与诸将之间和睦，则丰臣氏的社稷或许还能存在更久。但不幸的是二者难以相融，而这是秀吉政府在其死后立刻走向土崩瓦解的近因。

十三

石田三成从各方面来说都是当时的人杰。他常在秀吉的帷幕中侍奉，多受感化。所谓近朱者赤，近墨者黑，他从秀吉那里得到英雄教的洗礼。因败给家康，如露水般消散于刑场，谄媚强者的史家便给他安上了奸邪小人的骂名，但他并非如此。他常直言进谏（《甫庵太阁记》），也没有很多宦官嬖臣身上的那种讨好性格，反而待人倨傲、不讨好。在这一点上，他与秀吉那样心胸广阔、善得人心的性格完全相反，可以说是不善交际之人。

他心怀大志，是秀吉的参谋，权势无人能比，世人便觉得他必然极尽骄奢，然而事实相反。佐和山城是他的居城，城中居所只是光秃的墙壁没有抹灰，屋顶多是用木板铺就，庭中也没有好看的树木，洗手的地方是粗制的石头做成。他不存黄金，而是用它招揽天下有名的武士。如果他是趋利避害的奸邪小人，知道秀吉已死，天下之势渐归于家康，又为何不谄媚家康呢？毕竟奸邪小人最擅长的自保方法就是这样的，但他却没有采取。

若说他是忠贞至极的丰臣氏忠臣，当然也不恰当。但他接受过英雄教洗礼，所以不忍将丰臣氏的社稷平白交给德川家康。秀吉灭掉光秀之后，秀家、胜家、长秀、信辉恰似今日的五大老，而秀信是正统的继承者。然而秀吉不顾秀信尚在，毫不犹豫地成为天下之上将。前例便是如此。德川氏是五大老中最杰出之人。从封地上说，毛利、上杉虽是大藩但领地不及德川氏一半；从人才上说，家康是秀吉最敬畏之人；从兵力上说，德川氏的士兵是在战场上千锤百炼的精兵。依附强者乃世间习俗，天下遂归家康是自然之数。

三成了解这一时势，只是无法忍受秀吉的天下变成德川家康之物。果实的味道虽无两样，但人总是更爱自己亲手栽培的。从三成的角度来说，秀吉的天下是他与秀吉共同经营的，是他亲手栽培的果实，又怎能不爱惜呢？若只为自己的安全，或许他会攀附家康，圆滑地将丰臣氏的天下转交到德川氏。然而他是英雄，作为秀吉最高幕僚而运筹天下于股掌之间，不忍看到自己经营的丰臣氏天下一朝成了他人之物。自从秀吉被信长封到浅井氏旧领，做了长滨城城主，他就为丰臣氏尽职尽责。看到频繁卧倒病床的秀吉因为担心幼子而哭泣，他自然也肝肠寸断吧。人情常与欲望相混。从人情来说，他感激秀吉如山一样的恩情；从欲望来说，他愤怒于家康要夺走自己经营的丰臣氏天下。这样的人如何能平静看待天下之势日益转向德川氏呢？在他这里，野心与诚意相合，私情与公义相伴。于是他认为除掉德川氏是稳固丰臣氏社稷的最大要务，完成此事是尽忠臣孝子之业。

十四

不只石田三成一人，当时有政治常识的人都觉得秀吉去世后天下会转移到家康之手。区别只是有些人为秀赖而悲；有些人担忧因此而失去权势；有些人从前与家康平等地听命于秀吉，如今却要降下身段奉家康为上将，因此感到屈辱；有些人认为应随波逐流，听从强者，期待家康开启的新时代早日到来。

前田利家担心以自己在丰臣氏中的地位，有朝一日必会与家康一战。他将小田原北条氏一门以及旧部都聘至家中，并对儿子如此解释："按照自然规律，我们必然与家康为敌。那时关东是不忘先主之恩的地方，以我家所扶持的北条庄三郎为主将，松田四郎左卫门、大道寺新四郎为长官，左右举旗攻入，则关东八州立刻成为我方同伴。此事今后就是足下的任务了。"与三成一样，他也认为夺取秀赖天下的一定是家康，而他或者儿子会直面为丰臣氏而与家康一战的命运。

最上义光是与伊达政宗并列的奥羽大诸侯，自始至终支持家康，在秀吉活着的时候已暗暗结盟了。庆长元年（1596）大地震时，诸将都到秀吉的伏见城护卫，只有义光前往德川氏的宅邸把守。秀吉已死，他自然是无二的家康党。伊达政宗最初就与家康亲近，在秀吉死后不久就约定将女儿嫁给家康的儿子忠辉。福岛正则是秀吉的亲属，但让儿子迎娶了家康同母异父的弟弟松平康元的女儿。蜂须贺至镇是秀吉的老将蜂须贺正胜的孙子，娶了家康的孙女婿小笠原秀政的女儿。

不告知主将而私自联姻，在秀吉活着时就已是被禁之事。秀赖若是完全继承了秀吉的权力，这些人不请示而私自与家康缔结婚约就是明确无疑地破坏秀吉的法令。然而，他们如今毫无顾忌地打破法令。不管如何为自己的行径辩护，这归根结底仍是认可家康的势力，想与之结盟以巩固自家地位。事实还不只如此。尽管秀吉禁止诸侯私交，但萨摩的岛津义久受近卫前久怂恿，在庆长三年（1598）十二月二十二日于京都会见家康，家康也回访义久以示还礼（据史籍集览本《岛津家元祖之事》）。

这些依附家康的人并非想背叛秀吉。但秀吉死后，势力最大的是家康，想要保护秀赖的人也与之结盟，认为让这个庞大势力不触及丰臣氏孤儿寡母才是上策；在新的时代，想要开拓自家命运的人也与之结盟以为便利。池田辉政的父亲信辉在长久手之战中被家康所杀，但在此之后通过秀吉做媒成了家康的女婿，旧怨已解，新交渐浓，如今的辉政已成为家康独一无二的同伴。

辉元、景胜、秀家位列五大老，与家康、利家势均力敌。他们自然不愿意屈服家康，听其指挥。五大老虽是同床之客，但异梦飞往东西南北。有人想要家康灭亡，有人认为必然与家康一战，有人则想攀附家康。各人所见相疏，但都以家康为目标。要言之，全天下都在为解答如何对待家康这一问题而苦恼。

十五

当局者迷，旁观者清。三成困于历史与地位而敌视家康，坚信后者会打破丰臣氏的法令、夺走其政权，所以一心想要他灭亡。利家也困于自己的过去与地位，认为不得不与家康对峙。他们是当局者，所以单单执着于丰臣氏的利害来解释对待家康的问题。

但天下的利害不一定与丰臣氏的利害一致，就像织田氏的利害并不一定与天下的利害一致。秀吉在信长死后杀了信孝、贬了信雄，将信长嫡孙信秀封为区区岐阜一城的城主。执着于织田之臣的身份，则这些事情必然是不忠不义甚至是篡夺政权之事。但天下的利害超越一家的利害，秀吉由此统一天下，将日本民众从干戈中拯救出来，依此功绩被称作"大人"。前事已是如此，何怪家康呢。这是局外人轻易可知的道理。

何况天下的气运也日益朝着太平方向发展。小国合并为大国，武士集中到城下街镇，自然产生了大都市。日本的村落生活转而成了都市生活，而住在都市的武士染上了骄奢，自然骨头软了下来。这种转变也带来文学的长足进步，因为都市的膨胀给天下爱好文学者齐聚一堂提供了机会，这个嗜好也就变得更繁盛了。

比如秀吉是没有学问的英雄，但其家族中出了很多嗜好文学的青年。最突出的是丰臣秀次。他在天正十九年（1591）前往相国寺见五山诗僧，命其题诗、对句。若狭少将木下胜俊仅次于秀次。他是杉原氏哥哥的孩子，被秀吉视作儿子。胜俊在庆长元年（1596）某个夜晚聚集同好人士，聘请细川幽斋讲习《源氏物语》

（《玄与日记》）。他喜欢吟咏和歌，是世人所知的藏书家，延请幽斋那一年还请藤原惺窝讲解《诗》和《老》《庄》。察势观风，见微知著，没有学问的秀吉家都有这样以读书为乐的人，不正说明天下的人心渐渐亲近文学吗？武士既沾染了都市生活的骄奢，知道文学、美术的乐趣，又怎会觉得只有打仗才有乐趣呢？

不只如此，一直被寺庙神社之权威压制、不能自由思索的日本之人心，在这个时代也首次脱去桎梏，稍微可以在宽阔自由的环境中驰骋。过去学问、思想都是寺社之物，在寺社握有俗权的时候，传播攻击佛教的宋学只会招致反抗者的毁灭，但如今时势发生变化。信长消灭比睿山延历寺，征服高野山金刚峰寺；宇喜多秀家将根来寺烧成灰烬。日本国中的寺庙、神社领地逐渐缩小，变成了俗人之物，寺社的俗权也这样被从根基上破坏了。

于是，近四百年间命悬一线的宋学，迎来了藤原惺窝，发挥其作用。与此同时，基督教在日本传播，使得圣德太子以来从没受过价值批判的佛教哲学开始被白人传教士正面攻击。当时的白人传教士的智识虽不足以让日本僧人畏惧，可是在寺社已经失去俗权的时代，如此争论足以鼓吹思想之自由。日本人民终于从寺社的压制之下解放了思想。

人的精力是有限的。专于战争之人就无法锻炼思想，锻炼思想之人就无法专于战争。哲学起则战争止，战争起则读书废。天下的治乱说到底是兴趣的问题。国民如果思想觉醒，精力都放在思索上，自然会安于平和。于是，思想界的解放也助力天下太平。如群山万壑赴荆门，世间状态悉赴人心之太平。

十六

当此之时，有人不能从天下的乱治之中总结出见解，独执着于丰臣氏的社稷，偏要与家康起争端，想将世间都变为修罗场。从初衷来说也许是忠诚，但从结果来说则是逆天下之大势。伊达政宗、福岛正则、蜂须贺至镇、岛津义弘之辈大概是因为这样的理由与家康结交。但最清楚地看懂大势，拥戴家康以了却天下未了之事的则另有其人，即藤堂高虎、黑田孝高。

藤堂高虎最初侍奉大和大纳言丰臣秀长，在秀长死后侍奉其嗣子秀保，秀保骤亡后哀痛难忍，剃发隐遁到高野山，被秀吉强行任命为宇和岛（伊予）七万石领主。他作为秀长、秀保的重臣而执掌大国政治，见识超越时流、智谋卓越一世，素养本就不只是一介武人。正因如此，秀吉死后，谣言称明军大举抵达朝鲜，日本诸将无法返还时，前田利家向家康推荐了他，称其智勇，表示如果高虎代替他们奔赴朝鲜监督军事，定能保护诸将全身而退。利家、家康自然不容易认同他人，他们认可高虎足可见其能力素养高出诸将很多。高虎自此开始成为家康之党。秀吉死后，他知道中心力量已失，战乱将至，而能整顿天下的只有家康一人，因此倾心结交家康。识时务者为俊杰，在这一点上他诚可谓俊杰。

黑田孝高是当时的智谋绝伦之士。他与藤堂高虎一样，并非单纯武将，在观察时势的见识上如神一般。他赞成秀吉奔袭明智光秀，参与其军务。尽管只是区区十二万石的黑田长政之父，且是隐居之身，但他奉秀吉之命三次前往朝鲜，担任远征军总参谋。

秀吉看穿他不甘居于人下，深畏其才，因此他早早隐居以免秀吉猜疑。由此可知黑田孝高的卓见。他与儿子长政始终是家康之党。

在秀吉诸将之中，不应单纯视作武将的五奉行暂时不论，如高虎、孝高这类杰出人物都偏袒家康。可知当时不执着于丰臣氏、注意到天下大局的人都情深意厚地投奔家康。

行文至此，天下将归于家康一事没有太大变数了。但是困于过往、境遇的人往往抵抗大势。利家先欲与家康一战。他不满家康打破秀吉的法令与伊达政宗、福岛正则、蜂须贺至镇等人联姻，在与三成等人商议后诘责家康，让其解释，扬言若回答不妥将直接出兵。宇喜多秀家是利家的女婿；细川忠兴的儿子娶了利家的女儿，互为亲家；浅野幸长过去被猜疑是丰臣秀次之党时，得利家营救而免于一死；加藤清正将利家看作前辈，以之为师；加藤嘉明也与利家相亲。利家如果与三成等人一同进攻家康，这些人定会跟从，畿内也由此重燃战火。

但他们没有轻易开战，因为支持家康的人也很多，难知胜负之数。家康回答奉行、利家等人的诘问，以及结婚事件相关的福岛正则等人各自回答诘问之间，白白过去了许多天。利家及奉行等若要与家康一战，应该采取急袭。趁家康同盟还没增加时就结束战斗是最为必要的事情。但他们没能如此，白白浪费时间研究是否联姻，最终与家康交换了誓词，达成和睦。

他们究竟是有战意，还是对家康及其党羽的势力感到畏惧，从当时的史料中并不能明确，但在这千钧一发之际，利家与奉行没有毅然开战，结果此事雷声大、雨点小。我们由此也知当时的诸将逐渐成了太平诸侯，不再轻易战斗。

细川忠兴是利家党派中最有资格担任策士的人。如藤堂高虎、黑田孝高是家康党中不可视作武将莽夫的智者一样，忠兴也是利家党中最优秀的智者。他善和歌，参禅，与父亲幽斋一样文武兼备。他虽未作为武人在战场上与家臣争功，但能看透大势推移，知道力量明暗。在运用此种能力方面，他可谓政治家。忠兴称利家敌视家康只是受三成诱惑。当今之世，三成在日本只恐惧两人，一个是江户的内府，一是加贺的丞相。三成如今想要借丞相之力灭掉内府。内府亡，丞相病死，则天下就是三成之物，而这是我方不能忍受的情况。

忠兴以此意劝谏女婿利长，并与利长一起直言进谏。利家若像从前一样健康，未必会听忠兴之言，但如今病重欲亡，身心都如病重的秀吉一样衰弱。所以他选择与家康和好，以帮助受托后事的秀赖以及自家利益。于是，利家带病到伏见宅邸拜访家康，家康也来到大阪回访以达成和谈。不久利家去世，其党多附家康，三成反而被迫辞职归隐居城佐和山。

家康到大阪会见利家时，夜宿藤堂高虎在中岛的宅邸。池田辉政、加藤清正、黑田长政、细川忠兴等人护卫。宇喜多秀家、毛利辉元、石田三成等人一起在小西行长的宅邸中会面，讨论夜袭中岛，但迟迟无法决定，最终散去。石田三成的将领岛左近见到诸将多疑而无决断勇气，感叹地说，当世再没有像松永久秀、明智光秀那样刚毅果断之人了。诚然，天下已经进入太平之世，诸将已经半是太平侯伯。在这种时候期待松永、明智这样的人出现，就像是要在鸟笼中发现野鸟一般。

十七

利家已死，三成隐退，家康的权力不免更大。等到前田利长、池田辉政、上杉景胜等人回到各自领地，家康事实上就是日本国的独裁官。他将伏见城收作居城，接着进入大阪城的西丸，并在其上建造天守阁，使之与秀赖所居的本丸一样。当然，他没有舍弃秀赖重臣的资格。当时的人说"这次家康公被敬称为天下之重臣，虽然不是主人，但每天诸位大名都去家康那里报道，家康也出来与诸侯交谈，有时五个甚至七八个人前来投靠"（《板坂卜斋觉书》）。历史总是重复。秀吉曾经作为秀信的家老与丹羽长秀、池田信辉一起，以代理身份到京都参与天下政事。如今的长秀、信辉就是利长、辉元、景胜，但已经离开了。

秀吉作为秀信的家老，不知不觉继承了信长的天下。家康作为秀赖的家老也如出一辙。天下之主与天下之家老本就只有一线之隔。而且家康在追究前田利长之罪而要出兵讨伐时，利长都不想抵抗，只是解释自己并无异志，甚至约定将母亲交为人质。在秀吉的时代与家康分庭抗礼、丝毫不让的利家的长子，就这样唯唯诺诺地投降。毛利辉元也向家康送去誓书，称"在下对殿下表里无别心，深怀父兄之念。若得到您的同意则不胜感激。我等在心中抱持无二之衷心"。利长是北陆枭雄，而辉元是关西枭雄。一个以母亲为人质结家康之欢心，一个送去誓书以保持父兄之情。

事已至此，丰臣氏的天下已经在不知不觉中结束了。

石田三成在佐和山看到天下大势日归家康，又岂能坐视不管。碰巧会津的上杉景胜也不满家康渐渐无视其他大老、独断专权，举国整顿兵力以备割据独立。消息频繁抵达京师，家康派长束正家、大谷吉隆等人催促景胜上洛，并命景胜的贺正使藤田信吉返回会津劝说，但景胜一心要割据，并不回应家康，而是加快整修道路、扩宽桥梁、建筑城郭的工作以强化独立状态。越后堀秀治的领地原本是景胜的旧领，自他就任之初地方豪强就不服新主，让堀秀治常常担心当地与会津暗通款曲，此时甚至忧虑景胜袭击越后。他派家之长堀直政到大阪，向家康控诉景胜的异心。接着藤田信吉也离开会津，奔至上国，诉说景胜并不上洛的意思。家康又派相国寺僧录司承兑（丰光寺住持），向景胜的家之长直江兼续带去书信，命其催促景胜上洛。兼续答复承兑，其文如下：

朔日御信，昨十三日已拜读。多幸多幸。

关于本国之事，风言甚多，内府大人感到可疑实属遗憾。然而京都、伏见之间都尚有诸多谣言，何况景胜身处远国又是晚辈，就更容易有风言风语。此事不值得内府大人苦恼，还望安心，多听则明。

景胜上洛延迟之事似乎有些可疑，但前年景胜受命更换领地不久便上洛谒见，去年九月才回到本国。今年正月再上洛，又有什么时间整顿国事呢？尤其会津是雪国，从十月到三月什么事都无法做，此事可询问熟悉本国事情者。

我想没有人会说景胜推迟正月上洛是因为身怀二心。

您说要景胜提交无逆心的起誓书。去年以来，数份起誓书都被反悔违背，没有必要再做这种事情了吧。

自太阁大人以来，内府大人就认为景胜仁义，而今也无任何变化吧。世上朝变暮化的事情很多，大家都知道。

景胜无丝毫别心，但您不分辨谗人所言，认为他有逆心，实是无可奈何之事。为回到过去，自然要辨别谗人。若不这样做，内府大人就表里不一了。

北国肥前守殿（前田利长）之事，就如您所想的一样。内府大人的威风真是厉害啊。（后略）

《烈祖成绩》的著者安绩觉曾经评价此文"修辞悖慢，但饱满壮阔，无窒塞之景象"（《澹泊史论》）。此言不虚。我方并无恶意，有恶意的是谗言者，请家康辨明谗言，证明我方并无过错；若是家康做不到这一点，我方岂能被甜言欺骗、轻易地出国？这是景胜君臣对家康的抗议。前田利长已经在事实上向家康投降；毛利辉元也臣服家康，发誓与其缔结父兄之情；浮田秀家领地中有内乱。如今的五大老，只有上杉景胜一人能够奋起抵抗家康。若是他也屈服，家康就树立了天下唯一之家老的威严，因此迫切想要景胜折节来朝。

景胜断然地拒绝了家康的要求，反而讽刺他言行表里不一，更加显示出独立割据的态度。兼续的信明确表达了这个意思，家康又怎么能不发怒呢？他立刻决定东征。于是，德川氏史上的"会津之战"开始了。此前一直蛰伏于佐和山、默默等待机会痛击家康的石田三成欣喜于时机已到，便假借秀赖之名组成了征伐家康的联合军，想要与景胜东西夹击家康。这就是关原大战的原因。

十八

家康奔赴东方，三成便开始活跃，借秀赖之名组成了足以与家康一派对抗的联合军。庆长五年（1600）七月十五日，他们开始袭击伏见城。这是联合军对家康的事实宣战。同月十七日，他们以秀赖奉行三人（长束正家、增田长盛、前田玄以）的名义，细数家康罪行十三条，将之送给家康和天下诸侯。所谓《内大臣错误条条》就是此文。这是三成派出征讨家康之师的名目，概述如下：

1. 五大老、五奉行交换上卷之誓词不久，就擅自罢免奉行中的石田三成与浅野幸长。

2. 五大老中的前田利家提交誓词，事情尚未清楚，就为了征讨上杉氏而取人质，步步紧逼。

3. 景胜没有任何过错，内府违背誓书内容，背弃太阁遗命，而要讨伐景胜。我们深感遗憾，以种种道理劝说但仍无效果，最终只能出兵。

4. 行使领掌权力时没有召见诸位商讨，也没有任何报告，此次又违背誓书约定，任用无忠节之人。

5. 将伏见城中太阁大人任命的守护赶出，私自派人进驻。

6. 除了五大老、五奉行之外不得交换誓书是上卷誓书所写内容，而内府与许多人缔结了誓约书。

7. 住在北政所大人的住处。

8. 凭喜好将诸大名的妻儿送回本国。

9. 将西丸当作本丸一样建造天守阁。

10. 姻亲之事，我方多次指出其违背秀吉遗命，而内府仍缔结许多姻亲。

11. 煽动年轻人，让他们结成党派。

12. 五大老联署的文件却自己一人署名。

13. 因为亲属的宴请就免除了八幡的检地。

若内府没有做上述事情，没有背叛太阁大人定下的规则，我们怎么会联合众人出兵呢？我们联名宣布，内府并不是真的要扶持秀赖大人。

十九

为讨伐景胜而出兵的家康，在下野国小山接到了石田三成等人出兵围攻伏见城的消息。从军诸将也在此前后得到上方动乱的急报。流言蜚语突然之间在军队中传开。有人说："景胜是劲敌。长陆的佐竹义宣以五十万石大名身份恪守中立，暗暗同情三成、景胜。义宣、景胜之兵足以在东面威胁家康，何况关西诸侯都出来响应三成。家康又怎能不败呢？"有人说："三成虽然才智过人但没有人望，固无主将之器。秀秋、辉元、秀家等人虽是不相上下的大藩，但总的来说是乌合之众。家康此次不一定会失败。"
众说纷纭，一时无法安定。

　　概而言之，为家康感到悲观的人多，感到乐观的人少。家康
毫不慌张，先与秀康、秀忠等重臣在小山商量进退。有记载说，
结城秀康在这次会议上称，"我认为可以尽快向上国进发。然而
景胜也是劲敌，必须甄选将领防御他"，让家康说出了"深得我意"
的评价。家康的宿将老臣多觉得应该先讨伐景胜，巩固根本，之
后再奔赴上国。他们意识到在东西两面迎敌的德川氏处境极其危
险，因此意见自然流于保守。家康不喜欢瞻前顾后，力排众议决
定西上。接着他召集了跟随他讨伐景胜的丰臣氏诸将，询问他们
的去就。对他来说，这其实是决定命运的大事件，因为这些人若
不再跟从，而是为了秀赖跟石田一起与他为敌，那他必须要与几
乎所有丰臣氏宿将老臣为敌了。

　　不过在这一点上，他也有保持乐观的理由。试看跟随他的丰
臣氏诸将：池田辉政是他的女婿，在这种场合下，辉政当然不会
背叛岳父；黑田长政面对着利家和家康的大阪、伏见，真到了开
战的时候至少会站在家康这边。家康预计他将与自己共进退；浅
野幸长与其父长政一起是家康的亲信；藤堂高虎从最初就决心为
天下而拥戴家康。这些人都可以算作家康的同盟。其他将领大抵
是不喜欢三成的人：细川忠兴是让利家、家康和解的策士，最憎
恶三成，也最被三成厌恶；福岛正则在憎恶三成上不一定会输给
忠兴。总而言之，有很多理由可推测诸将反而倾向于支持家康。

　　然而，他们名义上是秀赖之臣，而三成举兵是以秀赖的名义。

他们的妻儿也悉数在大阪，若是三成以此为人质胁迫他们，就难以推测其进退了。当家康询问他们的想法时，福岛正则首先说话：

> 我个人的意见，诸位不应与治部少辅一伙。不应把大阪的妻儿交给治部少辅作人质。即使会被杀死，但也不过是男人的胡子，必要的时候就要丢弃。

他说"秀赖只有八岁，还没到能够了解事情的年龄。这次只是三成施计，以乱天下"，并断言应该成为家康同盟。正则是丰臣氏的亲戚，在丰臣秀次死后代为清洲城主，领二十万石领地。从地位上来说，他是最应亲秀赖之人；从资格上来说，他应与辉政一样担任从军诸将首领。此人率先说应该成为家康同盟，诸将自然呼应。众议在此一决，西征的事情就定了。属于文官的奉行与属于武官的宿将彼此矛盾这个丰臣氏政权的弱点，在此时完全体现。若他们是在秀赖之下同心协力的团体，家康也不能如此迅速地破坏其霸业。但奉行没有如此打算，诸将也视其为敌。这就是三成乃至丰臣氏灭亡的原因。

二十

三成的战略计划规模庞大，但材料颇为薄弱，因为跟随他的诸将都意志不坚定。比如，佐竹义宣是他的亲友，所以受托与景胜一同从东方牵制家康。但义宣不仅观望成败、按兵不动，而且在家康攻入上国时提供少许士兵增援；毛利辉元是负责西军的上将，但辉元的老臣且是一族之人的吉川广家一开始就不赞成其与家康为战，并从大阪寄信给黑田长政，请他向家康转达此事辉元并不知情，对家康也没有他意；小早川秀秋是筑前四十万石的大藩，身为丰臣氏亲戚，与秀赖关系难以分割，但一开始就答应叛变西军；岛津义弘不得已跟随了西军，但率领的士兵极少，而且事先向家康寄去书信，陈述自己并无异志；大阪奉行之一的增田长盛是三成最好的同伴，但并不敌视家康，对三成要将大阪诸将的妻儿收入城中作人质这一策略不热心。

始终作为三成同盟而行动的大藩之主只有备前的宇喜多秀家，小藩之中只有小西行长、大谷吉隆等数家。兵家之能事半是以形唬人。即便实际上是乌合之众，三成也巧妙部署威慑住了家康。在决定命运的大战面前观望形势，跟随一方又私下与另一方联系以图两全之计，是哪个时代都容易出现的人。西军战败，跟随三成却与家康暗通款曲的二心者就不以叛变为耻，说出自己为救家国存亡的计谋；跟随家康却与三成暗通之辈自然全都缄默，不会吐露自己的阴谋。因此史家只认为西军之人多有二心或者无情无义，但家康一方也同样有心怀二心之人。因为有怀有二心之人就认为三成之兵是乌合之众，那么家康之众也不相上下。

不过，三成与家康的士兵在下述方面仍性质不同，即家康领有二百五十余万石的大国，以此大国的精兵作为中坚力量，但三成仅是佐和山二十万石之主。家康指挥跟随他的福岛等将是以大带小，因此命令有权威。三成指挥毛利辉元、宇喜多秀家、小早川秀秋是以小带大，因此缺乏执行自身策略的支撑力量。这实是三成的弱点。

面对这一弱点，石田三成仍组建起了大规模的联合军。即便其战略存在缺点，家康也被迫精心、谨慎应对。家康先不动，命丰臣氏诸将为先驱，并让东海道诸城主开城交由德川氏士兵把守。他让讨伐景胜的诸将调转锋头向西时，将这些将领的质子收入江户城，并要求各将提交誓书。担任前锋的诸将在八月十三日抵达清洲，但家康仍未轻易离开江户城，而是派村越直吉到清洲催促前方诸将进攻。直吉抵达清洲是八月十九日。前锋诸将开战，岐阜城落入家康手中，合渡之战结束。他们抵达赤坂（美浓），面对驻扎在大垣城的西军，等待主将到来。然而，家康依然不行动。

这样到了九月一日，他从江户出发。此时距离在小山决定西征已经过去了三十六天。为何在出发上如此犹豫不决呢？最主要的理由是，他一直怀疑福岛正则等人，担心自己轻易到了领地之外会陷入进退两难的危机。于是家康一开始什么都没有做。伏见城沦陷之后正好过了四十五天，他抵达了赤坂。他小心翼翼、如履薄冰般地行动，可知是以这场战争作为决定自家命运的大事件。于是，关原之战上演。

二十一

我们不免悲叹三成之志。他的作战计划是足以威慑家康的大手笔。悲哀的是，他身为小人物，不能对联合军下达有分量的命令。他知道诸将心中的种种算计，也听闻小早川秀秋有异心的传言；他知道毛利氏面对家康时选择南宫山极不合适；他知道因为辉元不出现在战场，联合军中有很多无端的谣言。从大战前三天寄给增田长盛的书信来看，他仿佛已经预见了战败。

三成是文臣而非武人，即使被评价为不善武道，但时常爱惜武士，只要对方有武名就千方百计招至门下，所以其武士颇为善战。或许他是把这次战争当作秀吉的山崎之战吧。那时秀吉什么也不留，乾坤一掷地投入其中，而他此次也散尽金银，全都给了自己的武士。所以他作为武人是华丽至极的。宇喜多秀家也是善战之人。大谷吉隆、小西行长、岛津义弘也绝非担不起自己武名的人。所以，颇负盛名的东军屡次被西军的锐锋击退。

家康期待着秀秋的反叛，然而秀秋仍没有动作。家康的臣下久保岛孙兵卫到他营中说："秀秋至今没有反叛的迹象。"秀秋若未能如约反叛，毛利氏或许也会改表心意。家康大为苦恼，频频咬着手指说"被这种小崽子算计真是令人懊悔"。在战败的时候咬手指是家康的癖好。他认为这次大概率会遭遇意外之败。

家康的营地已经向驻扎在松尾山的小早川秀秋营地放了空炮。秀秋下山，如约反叛，于是战争走势确定。西军大败，大谷吉隆战死，岛津义弘横穿东军回国，秀家隐蔽行踪，惠琼、三成、行长等人脱离战场后被逮捕。家康一举取得了威信，定下霸业。不久三成之党不是投降就是被攻陷，九州岛则被家康一直以来的同盟黑田孝高、加藤清正讨平。就这样，天下实现了本该实现的太平。

第十二章

丰臣氏灭亡

庆长六年（1601）

正月二十六日，家康加封秀赖的监护人片桐且元，给予其大
　　和平郡一万八千石领地。（当时秀赖领有的摄津、河内、
　　和泉大概有六十五万七千四百石）。

二月三日，家康让片桐且元代理秀赖的政务。

三月，家康离开大阪至伏见城居住。秀赖、秀忠升从二位大
　　纳言。

四月二十一日，伊达政宗寄信今井宗薰，讨论如何处置秀赖。

十月，家康告知秀赖，从伏见城回到了江户。

庆长七年（1602）

正月，家康晋升正一位。

二月十四日，家康自江户抵达伏见。

三月十四日，家康在大阪见秀赖。

五月，家康收回佐竹义宣的封地，将其移封到秋田。家康向
　　诸大名课税，新建二条城。

六月，家康向诸大名课税，修建伏见城。

十月，家康回到江户。

十一月，秀赖听从家康的建议，开始重修东山大佛殿。

十二月四日，东山大佛殿再建期间，铸工不小心导致失火，
　　佛像熔解，庙宇化为灰烬，暂时停工。

十二月二十五日，家康至伏见。

此月，岛津家久至大阪谒见家康，禀告宇喜多秀家在他的领
　　国，为其求情，并恳求家康宽恕本多正纯、山口直友。家
　　康命令将秀家送来。家康在伏见安排护卫，并定下三年更
　　替的制度。

庆长八年（1603）

二月八日，家康从伏见至大阪贺岁。

二月九日，家康回到伏见。

二月十二日，家康晋升为右大臣，任征夷大将军。

四月，秀赖升为内大臣。

七月二十八日，德川秀忠的嫡女千姬（七岁）嫁给秀赖，此
　　日完成婚礼。

此月，福岛正则带头，西国诸大名献上对秀赖无贰心的誓言
　　书。

八月，岛津家久寄信至相国寺长老承兑，请家康宽恕宇喜多

秀家的罪行。

九月，家康因家久求情，免去秀家死罪，将其流放到骏河国
久能。

十月，家康辞去右大臣之职，回到江户。

庆长九年（1604）

三月二十日，黑田如水去世。

三月二十九日，家康抵达伏见。

四月六日，秀赖命且元去伏见城谒见家康，恭贺新年，并赠
送金币数枚。

六月，家康向诸侯课税改建江户城。相良长每将母亲迁到江
户，成为诸侯将妻儿迁到江户的前兆。家康在二条城宴请
杉原氏（高台院，秀赖嫡母）并命人演奏散乐。诸公卿相会，
加藤清正、池田辉政、毛利秀元陪观。

七月，家康向诸侯课税，将佐和山城移到彦根，并再次修缮
伏见城。

八月十五日，规模浩大地举办丰国神社临时祭。天皇从紫宸
殿出驾观看。

庆长十年（1605）

四月，家康辞去征夷大将军。秀忠升为内大臣，任征夷大将军。
秀赖任右大臣。

五月，家康想要让秀赖进京拜贺秀忠荣升征夷大将军，示意

秀赖的嫡母杉原氏到大阪说服秀赖。秀赖的生母浅井氏（淀殿）坚决不从。

庆长十一年（1606）

七月，家康向诸侯课税，修建长滨城。

庆长十二年（1607）

正月，秀赖辞去右大臣职位。

三月，家康向诸侯课税，开始建造骏府城。

七月，家康退隐到骏府城，但仍管大小政务。

八月，秀赖向家康派去使者，祝贺骏府城竣工。

十二月，骏府城遭遇火灾。

庆长十三年（1608）

正月，家康向诸侯课税，重修骏府城。

九月，家康向诸侯课税，在丹波篠山建城。

庆长十四年（1609）

正月，德川义直（家康第九子）被封到尾张。秀赖以片桐且元为使者祝贺，送上刀两把、白银千两。

庆长十五年（1610）

正月，秀赖派贺正使到骏府城。此后每年岁首都派出贺正使。

二月，家康向诸侯课税，将清洲城移到名古屋，并扩建。

三月，丹波篠山城落成。

六月，秀赖再次修建东山大佛殿。家康命京都所司代板仓胜
　　重与片桐且元商议，督管此事。

七月，家康向诸侯课税，改建丹波龟山城。

九月，名古屋城落成。

庆长十六年（1611）

三月二十七日，此前家康上洛并住在伏见，想要见秀赖。此
　　日秀赖从大阪出发，沿淀川而上。织田有乐（淀君的伯父，
　　住在大阪城）、大野治长以及七队长等三十余人随行。

三月二十八日，家康将儿子义直托付给浅野幸长（义直的岳
　　父），将赖宣托付给加藤清正（赖宣的岳父），让四人一同
　　到东寺迎接秀赖。池田辉政、藤堂高虎一同前往，迎接秀
　　赖进入二条城。城门由大阪七队长和家康将领一同守护。
　　家康将秀赖引入正殿会面，行三献之礼。高台院也来陪同。
　　秀赖在城中约两个小时，礼毕后出城。义直、赖宣相送。
　　秀赖途中视察大佛殿的工程，并到丰国神社祭拜，之后离
　　开伏见。清正在其宅邸进献舟中吃食，并将他送至大阪。
　　幸长、辉政等人送他到淀后返回。

四月六日，浅野长政去世。

六月二十四日，加藤清正去世。

庆长十八年（1613）

正月二十五日，池田辉政去世。

此月，秀赖派贺正使至江户，谒见秀忠，恭贺新年。

八月二十五日，浅野幸长去世。

庆长十九年（1614）

正月，家康在江户，秀赖向江户派去贺正使。家康向诸侯课税，
　　扩建江户城且修建高田城。

三月三十日，大野治长寄信给前田利长，称"右府已成长为
　　具备武将才能的人，速来恢复旧职。粮米目前贮藏了七万
　　石。府下还有羽左太（福岛正则）的米三万石，以及其他
　　商人手中的数万石，全部聚集起来等待指挥"。利长称病
　　推辞，将信呈交到骏府。

此月，秀忠晋升从一位，成为右大臣。

四月十六日，秀赖想要铸造东山大佛寺的铜钟，今日动工。
　　且元督工，南禅寺僧人清韩撰写铭文。

四月二十四日，秀赖派且元到骏府，禀告东山大佛殿钟已铸
　　成，想在八月亲自前往，参加落成仪式。

五月三日，且元到骏府谒见家康。家康答应了且元禀告的事
　　情，命赖朝准备东山大佛寺落成仪式。

五月二十日，前田利长去世。且元向家康辞别，踏上西归路途，
　　此日离开骏府。

五月二十八日，且元抵达京都。

六月十一日，秀赖依家康的意思，为大野治长、片桐贞隆各
　　加禄五千石。

六月二十二日，治长、贞隆至骏府谒见家康，感谢加封，之
　　后到了江户。

六月二十八日，方广寺举行悬挂新钟、初次敲钟仪式。

七月三日，且元得到敕旨，称八月三日大佛开眼供养以仁和
　　寺宫觉深亲王为导师，并将此事禀告到骏府，请中井正次
　　（当时在江户）来举行上梁仪式。

七月六日，且元遣使，将出席大佛供养的人员名单以及关白
　　以下诸官员的座次呈到骏府。

七月十日，家康命令本多正纯及僧人崇传寄信给且元、胜重，
　　询问开眼供养、堂供养应在同日还是隔日举行。因有天台、
　　真言两宗座次问题，若两仪式不在同一天举行，开眼导师
　　可不参加堂供养；若是同一天举行，希望将天台定为左班。

七月十三日，真言宗僧侣反对参加大佛供养的座次，寄信给
　　崇传争论此事。

七月十四日，且元、胜重请示仁和寺宫，在参加大佛供养的
　　座次中将天台安排在左班。

七月十五日，且元向骏府呈书，禀告八月一日举行方广寺上
　　梁仪式，八月三日举办开眼供养、堂供养，以天台为左班，
　　并且询问秀赖可否参加。

七月十八日，七月十五日的且元书信抵达骏府。家康说，开
　　眼供养应当在三日举行，堂供养应当在十八日举行。十八

日是太阁忌日，恰逢十七年忌。秀赖参不参加随他的意思。

七月二十一日，因方广寺钟铭有不祥之语，且上梁、供养的
　　日子皆非吉日，家康怒而召见崇传、板仓重宗。

七月二十三日，且元、胜重联名向骏府寄去书信，禀报十八
　　日的丰国神社有临时祭，所以两供养都在三日举办，开眼
　　在早晨，随后是堂供养。

七月二十六日，家康看了七月二十三日发来的书信，说没有
　　两供养同时举行的先例，不可自作主张，且他对钟铭、上
　　梁榜不满意，请将誊本送来。因此两供养仪式停止。崇传、
　　正纯将此事紧急报告给胜重。

七月二十九日，两供养停止的消息到达京都。胜重将家康的
　　意思传达给且元。此日且元派使者到骏府，送上钟铭的内
　　容与上梁榜的誊本。

此月，秀赖向骏府派去恭贺七夕的使者，送上黄金十枚。治长、
　　贞隆从江户回到大阪。

八月二日，中井正次献上的方广寺钟铭誊本到达骏府。

八月五日，且元的使者至骏府告知供养已停止，并献上钟铭、
　　上梁榜的誊本。

八月六日，家康命正纯、崇传寄信给且元，批评钟铭之文与
　　奈良大佛之文大不一样，未避讳，将大御所的名字分开写
　　入，且上梁榜中未载都匠之名，要求其审查后回答。

八月九日，且元的使者从骏府回到京都，传达家康催促其去
　　江户的命令。

八月十三日，秀赖命令且元前往江户。且元欲辩解钟铭之诬，携清韩一起赴骏府。

八月十四日，板仓重昌抵达京都。胜重召见五山僧人守教（东福寺），令彰（天龙寺），宗最、洪长（南禅寺），瑞保（相国寺），慈稽（建仁寺大统庵），圣证（胜林庵），海山（妙心寺）等人一起为清韩所作大佛钟铭做注释。

八月十五日，板仓胜重下令毁掉清韩所居寺庵。

八月十七日，且元由清韩陪伴到达鞠子驿，不敢进入骏府，而是派使者向正纯禀报。家康命且元留宿德愿寺，将清韩交给江户町奉行。

八月十八日，板仓重昌回到骏府，将五山七僧对清韩所做钟铭的注释呈交给家康。他们不仅认为文章中将家康的名字截断是凶兆，还称文中多有不祥之词，句含诅咒之意。林信胜认为铭文有不法之意，"君臣丰乐"的意思是乐于将丰臣奉为君主。家康派天海、崇传、信胜将清韩召到正纯的宅邸诘问，随后命其蛰居。

八月十九日，家康命令林信胜抄写七僧的注释送到江户，并将且元召到骏府。此夜，正纯、崇传造访且元的旅舍。

八月二十日，且元谒见家康。家康说："听说秀赖借大佛供养而图诅咒，并且计划火烧京都，还召集诸浪人备战。我不懂意欲何为。你肆意违背我的命令，变更上梁榜是想干什么？不过你并不精通文字，就不问钟铭之罪了。速将其销毁，并承担起东西和亲的任务。"

八月二十三日，浅井氏（淀殿）派侍女大藏卿局、正荣尼为
　　使者向家康谢罪。二女今日从大阪出发。

八月二十九日，大藏卿局、正荣尼抵达骏府，谒见家康。

此月，大阪召集诸浪人、修葺城墙、修整兵备的风言传至江户、
　　骏府。

九月七日，家康派正纯、崇传到且元的旅舍，让他提出东西
　　和亲之策，以表秀赖并无他意。大藏卿局在座。且元接受，
　　请求奉命周旋。二人没有按照家康的期望行动。且元自行
　　处理此事。正纯与且元是姻亲，所以私下说"右府如果离
　　开大阪城，大御所就无其他想法了"。家康命令关西诸藩
　　岛津家久、细川忠兴等五十人提交对两将军别无二心的誓
　　言书，并要求在江户的诸侯此日提交誓言书。

九月十二日，且元、大藏卿局、正荣尼从江户出发回到大阪。

九月十七日，且元进入京都。

九月十八日，池田利隆从江户归来，途中前来骏府谒见，家
　　康命其紧急率兵至尼崎，与城主建部政长一起防备大阪。

九月二十日，且元登上大阪城复命。

九月二十三日，秀赖向岛津家久寄去书信，要求其上京。淀
　　殿以面议为由召且元回城。织田常真（信雄）在城中，偷
　　偷召集且元的近臣，告知淀殿欲杀掉且元。且元称病不出。

九月二十四日，且元向骏府寄去紧急信件，告知大阪的将士
　　预谋杀掉自己。

九月二十五日，秀赖母子以手书、誓词召且元。且元不肯出，

其弟弟贞隆到七队长处诉冤，并退回且元宅邸。

九月二十七日，织田常真出大阪城奔向伏见（最后至京都）。速水守久至且元宅邸，传达秀赖的命令："听闻卿妄聚士兵，本想将你诛杀，但听了你的解释之后疑惑已消。请退到茨木等待命令。"

九月二十八日，秀赖派使者到骏府、江户以及板仓胜重处，报告且元忤逆的事情。大阪城中的武士石川贞政携妻儿奔向京都。大野治长等奉秀赖的命令，收取且元的封邑。

十月一日，且元出大阪进入茨木城，九月二十四日寄出的书信到了骏府。板仓胜重的急使到骏府，报告大阪的近况。家康将此事告知江户，命他们做好出兵准备，并派本多正纯、安藤直次命桑名城城主本多忠政通知伊势诸城主做好出兵准备，又命令正纯、板仓重昌向近畿、北国、中国、西国诸藩发出命令，定下进攻大阪城的部署。

十月二日，秀赖向诸国寄去紧急信件，召集关原之战与西军同盟、藏匿山谷者。此日，杉原氏（高台院）欲赴大阪，到鸟羽，为关卡士兵所阻，后返回京都。

十月四日，秀忠命福岛正则、黑田长政、加藤嘉明等人留守江户。

十月五日，胜重的使者抵达骏府，告知秀赖召集大阪无主武士，并在四方安营扎寨。

十月六日，胜重将织田有乐的书信献给家康，其中称自己无异心。此夜，织田常真的信件抵达骏府，报告大阪的近况。

十月七日，长曾我部元亲、真田幸村、后藤基次、毛利胜水、
　仙石宗也、明石守重、京极备前、石川康长、石川康胜、
　山川贤信、北川宣胜、御宿政友等人从昨日开始陆续进入
　大阪城。

十月八日，家康派竹中重信至江户，告诉福岛正则速遣兵至
　安艺国，交予其子福岛忠胜以会师大阪，正则留在江户。
　此日，重信从骏府出发。

十月九日，秀赖向家康送去陈情书。

十月十一日，家康从骏府出发至田中。胜重的使者至田中，
　告知大阪决议守城，购求粮食、弹药，并在外郭修筑墙壁、
　以工匠数百人建造楼橹。

十月十三日，大阪城士兵夺取了堺市的奉行所。

十月十四日，家康抵达滨松。加藤忠广自江户来谒。家康命
　其回领地待命。

十月十五日，家康到达吉田。蜂须贺家政（蓬庵）从阿波抵达。
　本多正纯传家康旨意不允许其谒见。家政直接奔赴江户。

十月十六日，德川秀忠颁布军令。大野治长遣使至萨摩、纪伊，
　劝诱岛津家久和浅野长晟。

十月二十三日，家康进入京都，住在二条城。秀忠从江户出发。

十月二十四日，家康命正纯寄信给细川忠兴，告知他等岛津
　家久出发后率兵东上。

十月二十六日，织田常真到二条城谒见家康。此月，家康令
　大野治纯（大野治长的弟弟，为家康效力）寄信给织田有乐、

大野治长劝和。

十一月二日，岛津家久回复大野治长十月十六日寄出的书信说："我方不能帮助大阪之事已如前几日所说。但是，这样再三忤逆您的命令也不好，所以我方也不援助关东。"

十一月五日，福岛正则重臣福岛治重之子长门要进入大阪城，率领士兵二十人从海路到达住吉，将藤堂高虎的先锋部队当作城兵，请求对方引路。藤堂的士兵突然进攻，将其斩首，并将首级放在住吉海滩上示众。

十一月十日，秀忠进入伏见城。

十一月十一日，秀忠到达京都，谒见家康。

十一月十三日，秀忠回到伏见。此时东军诸队大致在大阪城周边布营。

十一月十五日，家康从二条城出发至奈良。秀忠从伏见出发，留宿枚方。

十一月十六日，家康从奈良出发，留宿法隆寺。秀忠从枚方出发，抵达枚冈。

十一月十七日，家康从关屋越至住吉。秀忠从枚冈到达平野。

十一月十八日，秀赖再次派使者到萨摩，以信招揽岛津家久，织田有乐、大野治长附信。

十一月十九日，此日清晨，蜂须贺至镇取得秽多崎。

十一月二十日，家康命令本多正纯寄信给有乐、治长，称"上月以来，屡次派治纯议和，至今无答复。足下等应向右府谏言以成和谈"。正纯请京都商人后藤光次将此书信带入

城中。二人不听，秀赖派使者到池田利隆的军营说，"诸
大名内应者多，卿若来援，赏赐备前、播磨、美作三国"。
治长写信给池田忠雄及其老臣说，"其领地淡路国之武士
平民大半都私下同意，应尽快归顺"。

十一月二十一日，家康派村田权右卫门（尾张武士）进城议和，
但无回复。

十一月二十四日，家康让大野治纯派俘虏与助（治长的臣下）
劝说有乐、治长，让他们派人到城外议和。有乐派村田吉藏，
治长派米村权右卫门。家康向其出示诸将献上的城中书信，
以示无人会响应秀赖，奉劝其讲和。

十一月二十五日，敕使从京都到来，慰劳家康、秀忠两位将军。

十一月二十六日，佐竹义宣、上杉景胜的士兵与大阪城兵在
鸭野、今福大战（以下略去战志）。

十一月二十七日，流言称浅野长晟与城中内应。此时他的营
地在今宫，家康命伊达政宗将军阵移至其后。

十一月二十八日，秀赖派到福岛正则、蒲生忠乡处的使者雨
森、岩濑回到大阪。家康接收近畿诸藩主的人质五人或十
人，置于伏见，并特别要长晟交了十三人。

十一月二十九日，福岛正胜谒见家康，呈交秀赖的书信数封。
岛津家久的使者谒见家康，禀告家久不久到来。

十一月二十九日，慰劳的敕使来到家康的营地。

十一月三十日，敕使来到秀忠的营地。

十二月二日，有乐、治长派使者到东军，答复正纯、光次称：

"右府不肯讲和，我辈微力难及。"家康再次告知正纯、光次说："右府不肯讲和，则有乐应当来我方。"

十二月四日，薄暮，秀忠在冈山扎营。

十二月五日，秀忠派土井利胜向家康说明不可能讲和，家康未答应。

十二月六日，家康将营地挪至茶磨山。

十二月八日，有乐、治长派吉藏、权右卫门将复信送给正纯、光次。信中说："听闻您周旋不追求客将之罪，甚是欣喜。右府领国的事情正需请求诸位。可否再赐予我方周旋的机会。幸得同情，则会进一步告知详情。"

十二月九日，板仓胜重写信给岛津家久，催促对方前来会师。

十二月十日，夜，家康令诸队将书信射入城中，劝城中人归降。

十二月十一日，家康派真田信尹（幸村的伯父）劝降幸村，承诺给予十万石，幸村不听。光次向有乐、治长寄去书信。

十二月十二日，岛津家久派武士三原来大阪，向家康谢罪说，因风延迟，近日东上，并请屯兵之地。家康将尼崎的川中岛指定给家久。有乐、治长回复光次昨日书信，派出两名使者称要亲口讲和。

十二月十五日，有乐、治长遣吉藏、权右卫门至正纯处，且答复光次称，母仪（淀殿）赴江户一事可从命。但为了支付这些客兵的酬劳请求加封，家康不肯。

十二月十六日，家康精选善于操作炮者数十人，向城中射击。炮弹打碎了天守阁的柱子，一些打中了城中的大广间。妇

女战栗悲泣。淀殿紧急召见有乐、治长劝秀赖议和。秀赖
不听。家康派阿茶局到城中劝常高院（京极忠高的母亲、
淀殿的妹妹）同意讲和。

十二月十七日，敕使抵达茶磨山，慰劳家康并传谕请其归休，
且命秀赖讲和。家康拜辱领命，使者告辞。

十二月十八日，家康派正纯陪伴阿茶局一同至京极忠高的营
地，并从城中招常高院至此商量议和之事。常高院与大藏
卿局一同前来。

十二月十九日，有乐、治长及七队长向光次、治纯寄去书信，
报告城中的议和大致在阿茶局、正纯的劝谕之下达成。二
人将此事报告给正纯。正纯、阿茶局到京极忠高营地，常
高院从城中前来商议。常高院提议楼橹垒壁只存本丸，二
之丸、三之丸应当拆掉；不可以母仪（淀殿）为人质，但
可让有乐、治长出质子；两御所颁布对城中将士，不问新
旧皆不追究罪过的誓书。正纯、阿茶局将此转告家康。家
康说："所有请求都同意。且议和既成，干戈当永远消弭，
则战壕无用，应以我方士卒将其填平，以解众人疑虑。"
常高院回城告知此事，和谈达成。

十二月二十日，有乐、治长寄信给光次、正纯。家康派光次、
寺田（正纯的老臣）到城中收下质子。有乐交出了第三子
尚长、治长交出了长子治德。夜晚，淀殿派二位局、响庭
局随常高院至茶磨山，将衣服三领、缎子三十端赠予家康。

十二月二十一日，家康告知各军和谈达成。秀赖为了监视家

康及秀忠书写誓书，派出木村重成、郡良列，以及有乐、治长的使者到茶磨山。家康给予誓书。条目如下：一、对此次守城诸浪人并无责难；二、秀赖领地如前不变；三、留母仪在江户之事停止；四、大阪开城，各国人士皆可随意进入；五、对秀赖本人并无表里不一的异心。正纯、光次带使者至冈山。秀忠按上血印并书写誓书，内容同上。此日，家康派正纯告知西海诸藩和谈之事，命令已出兵的诸藩速速返回。

十二月二十二日，家康将阿茶局、板仓重昌派到大阪城中，秀忠派出阿部正次，以重昌、正次监视秀赖书写誓书，以阿茶局监视淀殿书写。秀赖、淀殿的誓书内容如下：一、秀赖今后对御所不可有谋反异心；二、即使有种种说法，应直接询问家康意思；三、诸事保持从前。

十二月二十三日，此日起，诸藩争相拆毁大阪城的城墙、填平战壕。

十二月二十五日，家康让秀忠留在冈山，等大阪城填壕毁郭完毕。自己从茶磨山出发回到京都，进入二条城。

十二月二十七日，秀忠派土井利胜至二条城，报告大阪的垒壕渐次填平。

元和元年（1615）

正月三日，家康离开二条城东归。

正月十九日，大阪城的填壕毁郭完毕，秀忠从冈山回到伏见。

正月二十四日，秀忠从伏见进入京都。

正月二十八日，秀忠从京都出发，踏上东归行程。

二月中旬，京都所司代板仓胜重从小幡景宪处听闻大阪再次募集浪人，与伏见城代松平定胜策划，令景宪速速进入大阪城并时时密告城内情况。

三月四日，本多正纯寄信给岛津家久，告知家久不要来骏府、江户觐见，让其等候幕府的命令。

三月五日，胜重的急报至骏府，报告大阪有再次举兵的计划，于外郭设障、疏通填壕、囤买粮食、招募浪士规模超过去年等。

三月九日，秀赖禁止将士配备、练习兵器。

三月十五日，家康会见秀赖的使者青木一重，以及淀殿的使者常高院、二位局、大藏卿局、正荣尼。此日胜重的急报抵达骏府，称民间流传大阪城兵欲来京都放火，市民大为惊惧，逃到醍醐、鞍马、爱宕、高雄山等地避难；也有人说即使烧掠街衙也必不犯禁里，所以将资产搬入禁中、仙洞，导致公卿宅邸也难避骚乱。家康向近畿的诸侯颁发命令，令其防备此事。

三月十六日，板仓重昌从京都回到骏府，报告大阪的情况。

三月二十日，大野治长得到此前派往骏府的武士米村权右卫门的归报，知大阪再度举兵的流言盛传关东，大为震惊。此日他派权右卫门东行解释此事。

三月二十四日，米村权右卫门到达骏府。

三月二十八日，小幡景宪离开大阪城，面见伏见城代松平定
　　胜，报告城中的情况后退居奈良。

四月三日，家康自称参加尾张宰相德川义直的婚礼而赴名古
　　屋，率麾下的士兵从骏府出发。

四月五日，家康到田中（骏河）。大野治长的使者前来报告
　　秀赖母子拒绝移封一事。家康派常高院答复说，果真如此，
　　我也没有办法了。去年冬天，将军主张直接屠城，我竭力
　　和谈，阻止了行动。如今若不接受移封，我就没有办法再
　　从中调解。今后就请秀赖直接与将军请示。

四月四日，大阪城中，织田长赖请求统辖全军，众议不决。
　　长赖怒称，"我是宗见院（信长）之侄，为何不能指挥诸军？
　　今若不许，我在城中也无意义"。此日他奔向京都，织田
　　有乐及其子尚长也离开大阪城。

四月九日，夜晚，大野治长退出大阪城本丸，经过樱门时被
　　大野治房的武士成田勘兵卫的某位部下刺杀而负伤。治长
　　的护卫击杀了刺客。此日，秀赖遣使至和歌山及小仓，劝
　　说浅野长晟、细川忠兴协助，但两人都表示拒绝，并遣返
　　了使者。

四月十日，秀忠从江户出发。家康抵达名古屋，告知青木一
　　重和四位女性使者，"予听到风言大阪还在养浪人，秀赖
　　母子的愤懑还没有消退，这不是丰臣家长久之道。秀赖母
　　子应当暂时离开大阪去到郡山（大和）以解众疑。予下令
　　修理大阪城，他日必然让母子二人归来"。因此家康命常

高院和二位局回到大阪，传达此命令，并让一重以及大藏
卿局、正荣尼在京都等待前往江户。

四月十二日，家康在名古屋主持义直的婚礼。

四月十三日，大藏卿局等从名古屋出发回到大阪。织田有乐、
其子织田尚长脱离大阪，此日至名古屋谒见家康。

四月十五日，家康从名古屋出发。

四月十八日，家康进入二条城。

四月二十一日，秀忠进入伏见城。

四月二十四日，家康与秀忠商议，再派常高院、二位局到大
阪城赠书求和平。书信说，若是遵从前谕，搬至郡山、驱
逐浪人以平复舆情，则以七年为期，待修理城壕后让母子
二人归来。家康又遣回大藏卿局、正荣尼只留下一重。秀
赖不从。

四月二十六日，大阪士兵到郡山（大和）放火。

四月二十七日，大阪士兵到法隆寺放火。

四月二十九日，大阪士兵与浅野长晟的士兵在樫井交战。

五月五日，秀忠从伏见出发，抵达砂（河内赞良郡）。家康
离开二条城至星田。

五月六日，东西两军大战道明寺。后藤基次、薄田兼相战死。
东西两军在八尾、若江及久宝寺交战。木村重成战死。家
康在枚冈扎营，秀忠在千塚扎营。

五月七日，东西两军在天王寺口、冈山口大战。西军大败。
真田幸村、大谷吉久战死。家康在茶磨山设阵、秀忠在冈

山设阵。大阪城中起火，二之丸陷落。渡边纠在大广间自杀。大野治房、大野道犬、仙石宗也等逃走。秀赖母子离开天主阁，进入芦田郭的土仓避火。秀赖夫人德川氏到城外。大野治长命老臣米村权右卫门陪同德川氏，与德川氏身边当侍女的女儿商量，一起至本多正信处，并在夜里请求宽恕秀赖母子。权右卫门追到正门前的城壕处赶上德川氏，至正信营地。正信至茶磨山得家康许可，又到冈山得秀忠许可，之后返回告知权右卫门，且以酒饭宴请，慰劳权右卫门。权右卫门吃完之后睡下，未能在夜里求情。淀殿悄悄派人到家康处，请求宽恕秀赖的罪行，并再次将大和地区赐予秀赖。家康回答说"若请求信浓会答应，大和很难赐予了"。

五月八日，秀赖母子、治长、速水守久等人在芦田郭放火自杀。殉者三十余人。

一

　　在关原取得胜利的家康极不客气、露骨地行使胜者的权力。三成、行长、惠琼等人被作为罪人拉到刑场斩首。领有安艺、周防、长门、备后、隐歧、出云、石见等地的毛利辉元被减封到仅领周防、长门二地，领有会津120万石的上杉景胜被减封为米泽30万石，领有常陆50万石的佐竹义宣被减封到秋田（出羽）20万石。西军首领宇喜多秀家战败之后从战场遁逃，57万石领地被悉数没收。

领地超过万石的敌对诸侯中，有81家因战死、被诛杀或者投降而失去封地，有6家被减封。他没有与任何人商量，只以自己之名、自己之力决断执行。

他也独断地论功行赏，将越前（67万石）封给秀康，将尾张（64万石）给予松平忠吉，将会津（60万石）封给蒲生秀行（家康女婿）。支持他的丰臣氏将领中，前田利长获得加贺、能登、越中（129万石），福岛正则获得安艺、备后（49.8万石），池田辉政获得播磨（52万石），浅野幸长获得纪伊（39万石），黑田长政获得筑前（52.5万石），田中吉政获得筑后（33.5石），小早川秀秋获得备前、备中、美作（72万石），山内一丰获得土佐（20.26万石），中村一氏获得伯耆（17.5万石），京极高次获得若狭（9.2万石），京极高知获得丹波（12.7万石），加藤嘉明获得松山（伊予，20万石），藤堂高虎获得今张（伊予，20万石）。另外，井伊直政获得三成的旧领地佐和山（18万石），本多忠胜获得桑名（伊势，12万石），奥平信昌获得加纳（美浓，6万石），石川康通获得大垣（美浓，5万石），本多康俊获得吉良、西尾（三河，3万石），松平忠赖获得滨松（远江，5万石），松平忠政获得横须贺（远江，6万石），内藤信成获得骏府（3万石），大久保忠佐获得沼津（骏河，3万石）。这种安排，将一门元勋旧臣与越前的结城秀康、尾张的德川义直一起扩展到了关东以外。

以上都是家康以自己之名肆意与夺。不仅如此，他以摄津、河内、和泉之内65.74万石的土地充当秀赖的食邑，并加封摄津茨木的领主片桐且元大和国平群郡1.8万石领地，让他总领秀赖的政务。野史家说："且元是太阁提拔的大名，作为秀赖的执权，是栋梁之臣。"（《难波战记》）然而这是谬误。且元作为丰臣氏的奉行辅佐秀赖，其实是家康命令的。就像胜利者理所当然地不会自我怀疑一般，家康以自己的命令如此决定日本英雄豪杰的进退，作为日本的独裁官继承秀吉之位。他的职位既不是大将军，也不是关白，但是以自己的力量、自己的命令来废置日本国诸侯、总揽日本国政务而任何人不敢抵抗。虽无名头，但他此刻与关白、大将军又有何异？

二

丰臣氏事实上已经随关原之战消失了。秀赖在三成败死之后仍然住在大阪城，丰臣氏的宿将老臣也仍然把他当作主人，全国的平民大致也认为他继承了太阁的权力，是正统的大将军。但是在家康毫无顾忌地行使胜者权力的时候，身为日本国独裁官的丰臣氏就已经灭亡了。因为家康不是以秀赖的名义，而是以自己的名义分封与夺诸侯的领地，甚至连秀赖的封地都自行决定，以自己的名义任命管理其家政的奉行。就像信长的嫡孙秀信在秀吉时代失了去武将栋梁的地位一样，秀赖也重蹈覆辙。

不过，此时家康没有为了弥合名实差异而明确宣布将丰臣氏的天下变成德川氏的天下。秀赖事实上已经身处其下，但家康没有明确改变自己是秀赖家老的说法。关原之战胜利，丰臣氏宿将私下试探他说："把秀赖从大阪移封到边鄙之地，让大阪成为德川氏的东西吧？"家康拒绝说："不，不，这一次的混乱是治部少辅造成的。对幼少的秀赖予不会等闲对待，仍像从前一样将他安置在大阪。"（《川角太阁记》）他击败三成之后，从草津的大本营遣使至大阪，告知"此次事情因秀家、三成而起，尚幼的秀赖并不知晓，予并不怀疑秀赖"。

家康当然知道将秀赖留在大阪的危险，因为大阪城是天下险要之地，而且拥有聚集日本国财富的大市场，因此记恨家康的人容易以秀赖在大阪为契机，引诱他成为叛军首领。而且秀赖仍在大阪，从秀吉时代就把宅邸建在大阪的诸侯就不得不像从前一样侍奉，习惯政令从大阪发出的日本人民也容易像从前一样，将丰臣氏看作正统的国家管理人。家康的重臣希望主人名实皆是日本之主，许多人建议他趁着捷战余威，直接将秀赖移封以除后患。

对时势敏锐的伊达政宗，担心将秀赖留在大阪而不加干预，则他必然会被世上的不轨之人拥戴成谋叛之主，于是在庆长六年（1601）寄信给家康之臣今井宗薰，"秀赖大人年少期间，我想应将其放在江户或者伏见，即内府大人（家康）身边。等到成人，那时不管怎样可以依据内府大人的判断决定他的去留。且他虽是太阁大人之子，若没能成长为能够管理天下的人物，则最多只在内府所领的两三国或其内进退"。家康故意没有将秀赖从大阪移动到别处。政宗此信看破了秀赖危险的位置，也表明目睹家康毫无顾忌行使胜利者权力的政宗也觉得秀赖是太阁之子，因此长大成才后自然应当管理天下。

家康如此避名取实，在名上面不讨厌被当作秀赖的家老是为何呢？因为他在关原之战中取胜固然是依靠自己的武力，但实际上也多靠丰臣氏宿将老臣的支援，此时若将秀赖当作障碍物，直接贬到边鄙之地，就伤害了老臣的感情，而这是他所不愿的。《福岛大夫殿御事》中说，福岛正则的武士加左卫门经过家康家臣伊奈图书把守的路口时未获通过，愤而自杀，福岛正则就强行要求伊奈图书也切腹。家康忌惮正则，最终同意。水户藩史家安绩觉在《烈祖成绩》中论道："诸西将之中，福岛正则功绩最大，且刚愎自用，甚是以功恃骄。"正则当时以手下武士皆以有名而著称。他很爱惜武士，能得武士的忠心。当时的他并不把家康当作主君，而视作盟友，因为他知道家康能够击破三成靠的是他的助力，与他为敌对家康最不利，所以才敢蛮不讲理、刚愎自用，非要杀了伊奈图书才甘心。以一事可以知万事。当时若是论起丰臣氏诸将之中那些有傲骨之心的人，有谁不以家康同等并列呢？这就像面对着打赢山崎之战的秀吉，胜家、一益之辈也敢不让步。

　　世称前田利长至骏河见家康，当时家康在江户，利长便至江户，秀忠出城到板桥迎接，一述会面之喜，令后者喜出望外。但利长进入江户城，秀忠居于寝殿，将利长的座位设置在很下方，且谒见礼仪分外庄重，君臣之别分明。在此利长感觉到被当作德川氏臣子的不快，去伏见谒见家康后就让位给儿子利常，隐居不出了。此种心情岂是只有利长才有？因此家康用意颇深，竭力优待丰臣氏诸将，让他们知道自己的新恩。在分配战胜物方面，他少给自己的武士，多给丰臣氏诸将，以至于家康的武士多表示不平，"为何这些多余的诸国领主身份低微，却获得过多领地？"

三

家康在事实上已经是日本的独裁官。连拥有日本第二多领地的前田利长，也被他用前面的手段压制。他暗讽伊达政宗依然朝见秀赖，政宗便命儿子忠宗去江户觐见。他命令关西诸侯为他修建二条城，池田辉政、加藤嘉明等人不得不甘于被驱使。他还命令诸国大名派出役夫，修治江户的市街、疏通运漕的水路，加藤清正、黑田长政、细川忠兴、浅野幸长、池田辉政、堀尾忠晴、蜂须贺至镇、山内一丰、加藤嘉明、中村一忠等从命，每一千石领地出役夫一人。肥后国球磨郡的领主相良长每就看透了天下大势如此日趋于家康，将在大阪的母亲迁往江户。

不过，家康依然没有明确秀赖和自己之间名义上的关系。试读记录当时事情的史书。庆长八年（1603）正月元日，诸侯先到大阪城朝见秀赖恭贺新年，二日再到伏见城朝见家康恭贺新年。这是因为他事前命令诸侯先去大阪，然后再去他那里。这年二月八日，他亲自从伏见赴大阪城，谒见秀赖恭贺新春。换句话说，直到此时他还没有舍弃身为秀赖家老的姿态。

然而，名为实之宾。虽说名为影、实为形，但虚名也会与实力冲突。若想真正镇压豪杰之心，带来真实的太平，他不仅要是实际的日本国独裁官，也要在名义上有相应地位。于是，这年二月十二日，家康升为右大臣，拜征夷大将军，由此继承了具有指挥日本英雄豪杰之权威的镰仓、室町幕府。此前他从江户到京都、伏见时常去大阪拜见秀赖，担任将军以后就不再去了。

秀赖在家康担任将军时，以十六岁的少年成为内大臣，两年后的十八岁时成为右大臣；朝廷予以优待，每年岁首亲王贵族到大阪城贺正，勅使也到大阪答复秀赖的贺正；若有疾病或者灾害，朝廷会允许秀赖的请求，在内侍所奏乐，天皇也曾御临。君恩优渥，秀赖得到丰太阁嫡子的待遇，诸侯也多向大阪城派贺正使。

不过这只是虚礼。德川氏已经成为征夷大将军，秀赖就只不过是作为前代遗物而受到国民惯常性的尊敬。然而，以他为中心的丰臣氏一派不能理解这种位置的变化，依然认为秀赖拥有成为天下主将的正统权力，而家康是抛弃主从之义、谋一家之私的奸猾之人。秀赖的母亲淀殿（浅井氏）就是这样将反家康感情凝集于一身的女性。淀殿比该派其他人更聪明、慎重，或者也可以说更聪明、豪胆（《日本西教史》）。她悲惨的结局足以让人落泪，所以后世史家多报以同情，多将其视作女豪杰，是直到最后都在主张丰臣氏正当权利而不肯屈服的女丈夫。

然而，淀殿实际上只是拥有最多贵族女性共通弱点的女人。她像贵族女性一般迷信，修复长谷寺的观音、高野山的大堂，营造天王寺、修理石山寺，不厌其烦地消耗丰臣氏的财力。她相信只有如此佞佛才可保丰臣氏繁荣昌盛，甚至在与丰臣氏命运有关的重大事件时用占卜来决定。世称家康是为了消耗丰臣氏的财力才让秀赖大兴土木建造丰国神社，再铸方广寺的大佛。家康出此秘策或许是事实，但对于迷信的淀殿来说，这些也是投其所好。因此她不惜消耗秀吉辛苦存下来的黄金，颠覆自家的基础。

她被二位局、大藏卿局、宫内卿局、正荣尼等女性包围，深居大阪城的深宫之中，至今未曾到过真正的世界，所以智识极其狭隘，兼有贵族女性易有的偏执与傲慢。大藏卿局是越前人士大野道犬的妻子、淀殿的乳母。其儿子治长、治房在大阪是宠臣，常常与受家康之命而担任秀赖师父的片桐且元争权。正荣尼是渡边某的后室，其子渡边纠是次于大野兄弟的大阪城权势之人。淀殿若是像赖朝的后室平政子那样的女英雄，就应当有招揽群雄心意的手段，以恢复丰臣氏霸权。家康的姜室正木氏曾经拿出自己的化妆费用为儿子招揽武功之士。淀殿若是真有正木氏那样的野心、能称得上是有胆略的女政治家，她的地位足以聚集武功之士。但她没做到这种程度，只是佞佛媚神、新建或者重修神社佛阁，信卜筮，为凶吉惊慌，居深宫被贵族女性包围，仅仅宠任这些有私人关系的武士。这岂能称作女豪杰？

不仅如此，她老而未衰的容颜作祟，在世间传出艳名。相传她与乳母之子大野治长私通（《阀阁录》《毛利文书》），与前田利家私通（《落穗集》），甚至与家康私通（《多闻院日记》）。这自然是京城儿童的流言，但这样的流言存在说明她的宫中必然不净，暗示着贵族女性表面端庄素净，内里实际上淫猥放荡。

此外，她是信长的侄女，所以让信长一门多住在大阪。比如织田信雄曾被秀吉夺去封地，出家后称作"常真"，在京都流寓十余年。因为与信雄是堂表亲，她令其回来，住在天满。信长的弟弟织田信包被称作"入道老犬"，也在大阪。织田有乐、织田长赖也在。淀殿觉得他们是信长一门，缓急之时可用，但他们只是大阪的食客，徒然消耗丰臣氏的财富而已。他们都是在生存竞争方面败北的劣弱之辈，值得夸耀的不过是身为信长后人的虚名而已。淀殿聚集这些无能之辈，徒然耗费财富，是自行将丰臣氏陷入死地。

于是，长年处在深宫、放任迷信、被佞人包围的淀殿，不能理解天下已经转移到家康手中，一味猜疑家康，将其视作善于用诈伪、阴谋夺取丰臣氏天下的奸雄，大阪城中的人皆附和这一想法敌视家康。丰臣氏与德川氏接下来的冲突由此在所难免。

四

史家多称家康消灭秀赖是其夙愿，就连史学发达的现代研究者也少有其他看法。《日本战史》是日本参谋本部编纂的图书，可谓官方著述。论及大阪战役就这样说道："庆长十九年冬，以及元和元年夏的大阪战役，起因一言以蔽之，乃德川家康欲灭丰臣秀赖以除子孙之患。这是三尺小儿都能辨识的事情。"家康果真从最初就想让秀赖灭亡吗？他真的是为了一家之私，违背盟主兼信友的秀吉的遗嘱，打破誓词亵渎诸神，故意杀掉孙女婿，夺取其封国的人吗？

他若是在松永久秀、斋藤道三那时这样做，其行为没有道德上的责任，因为那时是道德制裁薄弱的时代，力量即是权力。但自信长的统一事业开始后，文学复活，读书之人增多。晚年的前田利家与宇喜多秀家、浅野幸长、加藤清正谈话时，以《论语》的"临大节而不可夺也"为例，说现在的世间若不按这样的规则行事，恐怕会陷入不义；直江兼续曾经问藤原惺窝："继绝扶倾，至今日可乎吗？"（《先哲丛谈》）旧秩序灭亡，新秩序兴起。国民的良心稍有恢复。青年时代是东国无可匹敌的善骑者，也是弓术达人的家康，如今成为好学之翁，听《论语》《大学》《贞观政要》的讲释。经书被重新以活字版印刷刊行，朱熹注的《论语》也被公然讲释。世间已不再是久秀、道三的世界，如今若仍像从前一样残忍苛酷，断然杀害亲友的遗孀及孩子，即便获得天下并将其传给子孙，也是放弃良心、打破时代道德的名教罪人。

家康果真是这样的人吗？我们必须认真地调查事实，正直地讲出事实。据我的研究，家康反倒是担忧秀赖的前途，似乎要安全保护丰臣氏。当然，如果说家康始终称自己是秀赖的家老、想要秀赖安全继承其父遗业，称霸天下，那只是伪善的辩护。家康当然爱权力。所有的英雄豪杰都爱权力，他也不例外。在秀吉死后，他早早压制四大老，成为事实上的霸者。他总揽全国的政务，调度全国的诸侯，以天下之主自居。他爱权力、喜好事业，在七十四岁的秋天从京都回到骏府后，才最终抛弃大小机务，彻底成为退休老翁。在他七十五年的生涯之中，真正成为逸人的时间仅有半年，而且那时已得病，病卧四个月就死了。在这一点上，他像腓特烈二世、秦始皇一样无限爱惜权力，因此凭自己之力征服反对者，以独断之权调整诸侯封地，指挥天下的政务，彰显自己才是事实上的秀吉后继者。在接到封其为征夷大将军的敕旨后，他名副其实地掌握了兵马之权。

他想将此权力传给子孙也是自然之事。在当时，这样的官职几乎就是一种财产，传给子孙是任何人都觉得理所应当的事情。但继承秀吉的事业、掌握兵马的权力，并不意味着就直接消灭丰臣氏。这就像秀吉出任关白，取代织田氏成为日本的大将军，也并不意味着织田氏直接灭亡。家康当然取代秀吉而掌握了兵马之权、统治日本全国，并且为了将这种权力传给子孙，为了让世子秀忠在他活着时就习惯政务而早早将将军的职位让给他，自己以前将军的名号维持独裁官之实。

不过，他做的也就到此为止。家康同时考虑丰臣氏的未来，谋划其社稷安全。因此在荣任将军后，他将孙女千姬嫁给秀赖以完成和秀吉的旧约。淀殿是秀忠妻子浅井氏的姐姐，所以千姬是淀殿的外甥女、是秀赖的表妹。德川、丰臣两氏亲上加亲。家康以此安抚秀赖及其一派的心。德川家的武士评价此事说："关原之战取胜时，大家都觉得应当让秀赖切腹，但大人慈悲为怀，反而让他成了将军大人的女婿。"（《三河物语》）

家康努力与丰臣氏宿将缔结婚约，其子义直与浅野幸长的女儿订婚，赖宣与加藤清正的女儿订婚，浅野长晟则娶了他的三女，前田利常娶了秀忠的二女，辉政之子池田利隆娶了秀忠的养女（榊原康政的女儿）。这样，他以婚姻为策略融合两党的感情，试图平稳地将丰臣氏的天下转到德川氏之手，从而保全秀赖。

丰臣氏只剩孤儿寡母后过了十六年才灭亡，而家康也从五十九岁到了七十四岁。若是他一开始就想灭掉秀赖，又怎会一生隐忍至此呢？事实证明他没有消灭秀赖的意思。

五

既然如此，那么丰臣氏为何被灭呢？无他，只是因德川党与丰臣党之间存在误解。而提到这种误解的性质，我们就必须要回到日本是一个中心无法治理的细长国家这一论断。大久保忠教当时参与大阪之战，作为家康的枪奉行投身攻围军一方。他曾经说过家康、秀赖的关系：

> 太阁的御子秀赖欲攻击相国大人（家康），在大阪是第一次，在伏见命令诸大名是第二次，会津之战后催促诸大名攻击伏见城直取相国是第三次。该年企图谋反，招募浪人与相国为敌是第四次。当年出手开启战争是第五次。相国慈悲深厚，原谅了四次，之后他就此罢休尚且有救，但还是企图谋反，相国就只能命令其切腹了。（《三河物语》）

在此他将奉行等人在大阪、伏见欲杀掉家康，关原之战等都列作秀赖的罪行。这些岂是秀赖的罪过？年幼的秀赖自然没有参与三成等人的谋议，然而忠教等人认为三成这些人要讨伐家康就是西日本要讨伐东日本，而秀赖是西日本的主人，因此三成等人的所为就是秀赖的所为。这就好比两国相战，君主说自己尚年幼，未参与战争之中，但也不能免除战争带来的责任。家康的武士最初就敌视西国，视秀赖为敌对的西国首领。这就是为什么忠教把奉行等人欲杀家康也算作秀赖的罪行。

当时的人将关原之战中跟随三成与家康敌对的诸侯简称为"西国大名"。与三成为党的并非都是西国大名，关东地区有佐竹义宣，会津有上杉景胜，信浓有真田幸昌。另一方面，西国大名也不一定都与家康敌对，九州的黑田如水、加藤清正就是家康有力的同盟。但概而言之，三成一派是西日本的大名，家康一派是东日本的大名。人生于土地，也属于土地，感情因山河悬殊而不同，纵是英雄豪杰之士也无法摆脱自然的支配。因此家康在关原之战胜利后，凭一己之力调配日本全国的诸侯，构筑以东压西的局势。他先让曾经的同盟丰臣氏宿将离开东边奔赴西边，比如骏府（骏河）的中村一忠移至米子（伯耆），滨松（远江）的堀尾忠氏移至松江（出云），横须贺（远江）的有马丰氏移至福知山（丹波），挂川（远江）的山内一丰移至高知（土佐），吉田（三河）的池田辉政移至姬路（播磨），清洲（尾张）的福岛正则移至广岛（安艺），大津（近江）的京极高次移至小滨（若狭）。这些接受移封命令的人大抵都从小领主变成了大领主，因此大多感谢家康。然而，他们同时全部离开东边迁移到了西边。

家康也将他们的旧领与从三成之党那里夺来的土地合并，并如下安排：福井（越前）封给秀康，主要防备金泽（加贺）的前田利长；清洲（尾张）封给忠吉，与西国为敌时可由他当作先锋的总将；佐和山（近江）封给井伊直政，桑名（伊势）封给本多忠胜，与西国敌对时由这两位充当先锋；大垣、加纳（美浓国），冈崎、吉田、西尾（三河国），滨松、悬川、横须贺（远江国），骏河、沼津、兴国寺（骏河国）都分给三河时代以来的谱代之士，一旦西国有事，他们可与先锋诸将一起直接参与攻战，或者作为关东根据地最外侧进行防御。

形势历历可见，那么家康之意是以东日本威压西日本这一点极为明确了吧。秀吉封给家康关东巨大封地时，是要以西日本压制东日本的形势抑制家康的异心。家康战胜三成及西国大名后，又构建以东日本压制西日本的形势。这究竟为何？要而言之，这是因为日本岛过于狭长，国势自然容易一分为二。因为同样的理由，近世萨摩的岛津氏、长州的毛利氏成为勤王的提倡者，主要以西日本的力量推翻了雄视东日本的德川幕府。

日本地势自然分为东西，则代表西日本的丰臣党，与代表东日本的德川党之间就会产生误解。千姬嫁给秀赖的时候，在福岛正则的提倡之下，丰臣氏的将士以及曾经承蒙秀吉恩泽的诸侯会聚大阪城中，决议虽然天下已属德川氏，但太阁的深恩不应忘却，因此献上了今后对秀赖绝无二心的誓词。听闻此事的德川氏武士颇为怀疑，认为正则等人对家康怀有异心，想要拥护秀赖为主。

福岛正则并不一定敌视家康。他从一开始就是家康的同盟。即使居间召集与丰臣氏有关系的诸侯向秀赖发誓没有二心，但他的意思自然不是认同秀赖的霸权而不承认家康的。然而日本的形状过于东西狭长，难通情意，如此小事也会被添油加醋，生出谣言，因此东西之心就相隔了。

丰臣党与德川党之间易生误解，也不单是因为日本的地势容易分成东日本和西日本。实际上，当时的群雄没有彻底失去觊觎天下的野心。

事实上，当时人心已经转变，想要取天下的野心家比从前少了很多。黑田孝高曾经比较自己与儿子长政，说："予曾侍奉秀吉、信长，但三次违背他们的旨意而蛰居，而你顺应家康父子之意，没有一次过失；予是赌徒中的高手，若是天下有事，甚至可以牺牲你来豪赌一次，但你不能尝试这样的大赌。予成事不多思索，有事赤足飞奔出去，但你心思深渊、才智有余，什么事情都会深思熟虑。"这又岂止是孝高、长政父子的差别？

时代的变化自然改变英雄的气质。无学且可谓直性情的秀吉之子弟中也有了书生、诗人。与三成一同要杀家康的诸豪杰中，没人能像从前的松永、明智一样大胆冒险，只是在军议上空费时间、错失良机的贵公子。那些不愿屈服强者、讨厌寄于他人藩篱之下，喜爱独立不羁，尝试乾坤一掷之豪赌并轻率敢为的人渐渐老去，结交强者、置身于大人物之下、遵循他人节制、稳定保障富贵的思虑缜密的新时代到来。在这种意义上，三成、孝高是落后于时代的人物，长政及藤堂高虎正是时代的代表，因为前两者是不衡量自己力量而要取得天下的大赌徒，后两者则是自始依靠家康之力，欲听其指挥之人。

然而旧时代与新时代并没有明确的一线之隔，不会以某日为界限，宣告旧时代已死、新时代诞生。不管在何种状况下，新旧时代都会错杂。不仅是旧人物、新人物杂居一起，一个人的心也会偶尔再发旧态，做出违反时代的举动。何况在旧时代向新时代的过渡期，人们更是如此。在山崎之战结束仅二十多年、关原之战结束仅数年，英雄的心尚未完全甘于处在家康下风，想必还有暗自观察风云变化伺机而动的人。

试以流言来说明这一点。池田辉政是家康的女婿，但经常向爱宕之神祈祷取得天下；加藤嘉明性格持重，并不轻易下决定，然而家康觉得嘉明这样的温厚公子若遇到煽动、挑拨他的时世，也必须加以提防；加藤清正是忠诚之人，然而也有风言流传他派人至福岛正则处商量背叛家康。这种流言的存在表明当时人心尚未完全平静，英雄豪杰常常重发元龟、天正时期的故态，想要将天下据为己有。

关原之战后，八十一家大名被灭。其遗臣、残党自然会侍奉新主以得到俸禄，但其中一些成为所谓的无主武士，漂泊度日。这些人生活困苦，暗自希望天下再次大乱。这也成为阻隔东西感情的原因，因为他们本就想让家康的世界变回秀赖的世界。

六

当时世态中东、西感情不融，稍有事情就生猜忌之感乃至敌视睥睨的原因就在此。家康世子秀忠率领诸侯上京就任征夷大将军时，家康告知秀赖"久未见面，这次请进京在伏见相会"，秀赖断然拒绝，使得关西人心大为动荡，很多人担心东西大战就要开始了。秀赖是秀忠的女婿，秀忠的妻子又是秀赖的阿姨，两人可以说是最亲密的关系。岳父且是叔叔的秀忠即将成为将军，按常理来说，秀赖应该趋势而行，急忙贺以大礼。然而，秀赖不顾嫡母杉原氏（时称"北政所"）的恳切劝告，最终不肯出面。

　　传说这是淀殿的主张，因为她认为秀赖才是拥有天下霸者权力之人，让他去祝贺新将军就任是在羞辱丰臣氏，所以找借口不肯让秀赖出面（《日本西教史》）。也有人说受太阁恩顾的人偷偷和淀殿说，秀赖前往京都会有不测，淀殿为此所动，不肯让秀赖离开大阪城。不管是哪个理由，秀赖在这种情况下没有回应家康的邀请，明显是反抗的举动。何况淀殿甚是激愤，说若是家康强硬劝秀赖上洛，秀赖母子就在大阪城自杀。

　　这岂不是明确向德川氏表明敌意？德川氏一派见到如此恶意的固执行动，岂能不怒？秀忠率领号称十万的大军上京，已经令京阪人士震惊。作为德川氏至亲的秀赖在大阪城，不庆祝秀忠荣任将军，便是睥睨德川氏，形成大阪城与京都大军对抗之势。家康频频催促秀赖上京，淀殿故意充耳不闻，则人们自然预言要有大事发生。许多人认为马上就会开战，携带家产躲入深山之中。

　　过去织田信雄接到秀吉转封的命令后想申请不走，导致秀吉大怒，领地直接被夺。以此来论，秀赖明显表现出敌意的事实，已经足够家康直接出兵了。然而家康是隐忍的人，不仅没有强行催促秀赖上京，反而派忠辉（家康第六子）代表秀忠到大阪谒见秀赖，报告秀忠近日将返回江户的消息。他人以恶意待我，我以好意对之，家康诚可谓善于忍耐之人。

七

　　秀赖不肯前来祝贺秀忠就任，让家康预料到事态艰难。他相信保护秀赖的方法只能是压制那些引诱大阪与关东为敌的野心家，孤立秀赖，让他意识到自己的力量不足以与关东抗衡。为此家康将淡路的胁坂安治移封到伊予的大洲。安治是丰臣氏宿将，虽是小藩，但海战经验颇丰。将其移开，就解除了横亘在大阪面前的危险海权（这是庆长十四年的事情）。

与此同时，他将西国诸大名拥有的五百石以上大船收归幕府所有，并将之安置在淡路，逡巡于骏府、江户之间。这样，与秀赖为党的西国大名即使有野心，也无法立刻利用海权辅佐大阪。从一方面来说，这是除去秀赖的手足、爪牙。但从另一面来说，这也是保全秀赖安全的方法，因为这样秀赖就可以免遭他人煽动。换句话说，秀赖知道自己是没有党援的孤儿，渐渐就变为德川氏下的无害诸侯。

德川氏已经成为名副其实的日本大将军。日本全国的诸侯多将妻儿放在江户作为事实上的人质，以表对德川氏并无他意，甚至诸侯的重臣也将子嗣送往江户。像前田利长，在辞官之前收到淀殿的书信，"卿自利家以来受太阁的恩惠比海还深，丰臣氏的大事将近，秀赖有什么请求之事时定然不要拒绝，我事先与您达成共识"。利长回答道："利家一生都跟大阪亲近，未归国养老就为了报答太阁的恩情。利长在奉行等人起兵时虽是家康同盟，但没有对右府有疏略之处。今沐关东之恩，成三国领主，向两位将军尽忠，只图回报此恩。近年四海升平，四民终于稍感安心之时，丰臣家要拜托利长的又是何事呢？若是钱财之事，那自当倾尽国力以报旧恩。"随后派人到骏府,将此事报告给家康(《大三川志》)。

天下已定，但丰臣氏一派依然拘泥历史，想要秀赖再次挑起纷争。这不仅危害国之治安，也会危害秀赖之身，因此家康尽力除去挑拨秀赖与关东敌对的因素。丰臣氏若由此意识到自己的位置，丰臣氏的旧臣以及期待天下之乱的人逐渐知道己方与德川氏无法抵抗，柔顺地听其命令，岂止是德川氏的庆幸？天下苍生由此始得太平之乐。但丰臣氏一派最终没有清楚自己的位置，总是将家康误解成加害秀赖的奸人。这样可悲的误解并不只存在于秀赖一派的心里，德川氏一派也视丰臣氏及其旧臣为危险人物，怀有疑心生暗鬼的心情。家康隐居骏河之后曾进京住到二条城，有打油诗说："御所的柿子，熟透后掉下来，树下坐着的正是秀赖。"

西人的心如此，东人又怎会没有猜疑呢？

八

到了庆长十六年（1611），后阳成天皇让位给后水尾天皇时，家康代表秀忠上洛参加仪式。京坂地方的人民因此忽然恐慌，说"大御所从骏河出发，率七万士兵与大小侯伯上京。其意是一举灭掉秀赖"。他们觉得由此会有不测之变。不过，家康已经派人告知秀赖：

> 予久未见秀赖。如今应该是已经成人了，那就到都城来相见吧。我们本就是缔结婚姻的关系，若是两家交好和睦，世上的人心也就和顺，成为天下太平之基。

　　这原本是家康理所应当的要求，然而充满疑心的大阪并不容易听从这个要求。淀殿说，"他只是想让我儿子离开大阪城，乘虚夺取丰臣氏领地而已"。因此她以种种托词谢绝了秀赖的入京。家康怎能允许呢？秀赖的岳父秀忠荣任将军仪式时，秀赖没有出席，天下就深以为怪。如今秀赖再不出来，天下该如何说呢？这直接等同于敌国间对立，因此他坚决催促秀赖入京。

　　天下不再是太阁之世，见到天下尽数服从德川氏的状态，面对世态人情的转变，浮薄、忘恩、悲愤之情在淀殿心头经久不散。嫉妒、猜疑的她越是看到家康催促秀赖入京，就越发执拗而无思虑。她说"家康若再强迫，我们母子两人只有在城中自杀"。事态到此极为险恶。家康即使极度忍耐，但秀赖仍是不出城，战争也终究不能避免。因为如今任由大阪一方如此，那么形势就不是德川氏宽容，反而是其惧怕大阪。

　　思维狭隘的淀殿或许会害了秀赖。秀赖的嫡母杉原氏亲自奔赴大阪，以丰臣氏的利害劝告。淀殿作为妇人纵有何种缺点，但对秀吉正室说的话还是抱着敬意听从，因此杉原氏恳切劝说。承蒙秀吉恩顾的诸将也派人到大阪劝告说"今日的大阪没有力量与关东抗衡，若是不遵从家康的意思，丰臣家必然灭亡。我等发誓保证嗣君平安无事，无论如何请让嗣君上京"。淀殿最终回心转意。

　　就这样，这一年三月十七日，秀赖在织田有乐、片桐且元、片桐贞隆、大野治长等人的陪同下出了大阪城。出发之前，淀殿提醒秀赖"非侍臣陪同不要饮食，居止进退务必用心"。终于，彩船载着秀赖一行人从大阪河口溯淀川而上，到达了淀。加藤清正、浅野幸长派出弓箭手在河两岸护卫。同月二十八日，义直和赖宣（家康第十子）至上鸟羽边迎接秀赖。清正、幸长、辉政、高虎等人也一同迎接。

秀赖经竹田入京都，中途到且元宅邸休息，同时穿上肩衣袴到了二条城，于唐门外下轿。家康到玄关前的筵道迎接，双方殷勤地交换了礼仪，共同进入殿内。秀赖南坐，家康北坐。不久，酒、清汤三度献上，双方互相赠送物品。接下来，家康宴请清正、幸长、辉政，家康的武士平岩亲吉作陪。接下来家康宴请高虎，本多正纯作陪。清正从始至终没有在宴席上落座，始终不离开秀赖身边，三献结束时说，"大阪的母君还在焦急等待，请您抓紧时间"。家康连连称是，并催促他尽早回程。秀赖则辞别家康出城参拜丰国神社，视察方广寺的建造，并回到大阪。辉政称病从淀返回，清正护送秀赖至大阪。

四月二日，家康派义直、赖宣到大阪感谢秀赖来见，于是认为东西将生大破裂的险恶传言暂时消失。大阪君臣惊异于家康意外的态度，欢喜秀赖平安回来。据传家康、秀赖会面时，家康说起太阁往事竟落了泪。如果他想杀掉秀赖，又何必做到这一步呢？秀赖不肯出城，只是出自弱者常有的嫉妒与猜疑而已。

九

家康与秀赖结束会面后返回骏府。不久之后，清正、辉政、幸长相继去世。秀赖见家康时，三将作陪，且平岩亲吉也在清正、辉政之间去世，因此野史家说亲吉是受家康命令，亲自劝三将吃有毒食物。为了不让他们生疑，亲吉明知有毒也吃下该食物，为家康牺牲了自己。清正等人因吃下毒包子而死的说法就由此而来。这只不过是编造的小说情节，但在东、西容易猜疑的当时，如此小说般的情节却像事实一样被广为传播。丰臣氏因为三将的死，渐渐意识到自己孤立无援的境地。不过这种自觉没有让他们回到屈节居于德川氏之下、当一个纯然诸侯的常识，反而助长了其原本的顽固。

淀殿以及聚集在秀赖周围的丰臣氏一派说，德川翁已经七旬，离世就在旦夕之间。他死之后，秀赖是太阁的正统，天下无人不思及太阁的恩情，诸侯都将讴歌丰臣氏。他们还说，家康利用胜者的权威，驱使诸侯在各地建造城堡，后者多有怨言。秀赖若是起而反抗德川氏，苦于劳役的不平诸侯必然响应。他们还说，家康迫害基督教徒残酷至极，秀赖若是起兵，日本的基督教徒也会响应。不管是怎样的政府，都免不了有反对党。家康处于秩序的一边，用强大力量压制日本诸侯，让智勇之士遵守制度与规则。人喜欢秩序，同时也喜欢破坏秩序。当时的无主武士塙直之（团右卫门）的逸话，就清晰地说明了人的破坏性：

　　塙团右卫门是武功卓越之人。不知是何种缘由，他前往水户，投奔肥田志摩。水户城下西北方一里的日光街道，有袴塚的爱宕神社，每月二十四日诸士之辈前来参拜。这个团右卫门也与武士一道前去，途中问其他人在神前祈愿什么。这些年轻人回答说祈祷从战争、恶事灾难中逃出。
团右卫门大笑。人们问他为何而笑，他说"因为我与你们
所好完全不同"。其他人问团右卫门祈祷的是什么，他说：
"要说我之所愿，那就是把我团右卫门这个浪人拉到恶事
灾难的地方，或发生重大离奇事件的地方，祈愿南无归命
顶礼，诸愿成就。"这跟其他的愿望都不同。人们问他心
中作何想法，他说我浪人之身难以在楼阁里奉公，实现立
身之志；如果遇到恶事灾难之地，善恶由我的行动决定，
就能够扬名立万立身，因此才这样祈愿。(《桃蹊杂话》)

这是任何时代身处逆境中的英雄之心吧。关原之战催生了很
多无主武士，这些人怎会有一天不对德川氏咬牙切齿呢？大阪从
地势上来说，居于濑户内海里侧、西日本的中心，且秀赖是太阁
正统。若是他们想要破坏现在的秩序，秀赖不免是最佳偶像。因
此他们宣扬天下人心并不服于德川氏，刺激秀赖君臣。

深居大阪城，不了解天下形势，一直通过极为狭小的窗口接
触一点点世界的淀殿母子如此怀疑家康、如此误解自家位置，认
为丰臣氏霸者的地位至今还没有远去，依然摆出傲然的态度。

十

秀赖若无其事地待在大阪城时，天下别有用心之人必定会拥
秀赖而引起骚动，进而危及他自身。这一点伊达政宗十余年前就

已经洞察到了。淀殿及秀赖若是了解自己的位置，就会避开大阪移至他处，与诸大名一同到江户参觐，成为德川氏麾下一位顺从的诸侯，以此保全宗庙社稷。

但他做不到这一点。东西两方的嫌隙越发严重。大阪常恐关东来袭，关东则常担忧大阪的阴谋。大阪认为家康要夺走秀赖的天下，把它传给秀忠，再不交还给丰臣氏，且时常想杀掉秀赖；关东认为大阪想要聚集浪人推翻德川氏的天下。庆长十九年（1614）七月，关东派兵奔赴堺市镇压基督教徒时，大阪人民认为这下东西战争要来，骚动异常。东西的猜疑如此，则此时方广寺大佛钟铭问题突然让东西敌视也就不足为奇了。

史家多称钟铭问题是家康为消灭大阪而制造的事端。钟铭中"国家安康"一句割裂了"家康"的名讳，"君臣丰乐"一句又暗暗祝福丰臣氏。对于当时东西猜疑的人心而言，德川氏武士从此文中读出诅咒并非草率地找事。何况在此之前，大阪整修城壕、召集浪人、囤积战备的消息已经到达江户和骏府，关东对大阪的戒心相当强烈。即使是家康，也不可能什么都不担心吧。或许他也一度相信了钟铭上的诅咒，为此大为愤怒。

不过他未轻易行动，而是命令五山僧人等有学识之人评判钟铭究竟是否有诅咒之意。片桐且元陪着钟铭的执笔者、肥后国僧人清韩来到骏府，令其解释文章之意，力陈他们并无他意。家康怒气消散，没有再因钟铭之事责备且元等人，且免了清韩的死罪。若他真认为清韩写了诅咒自己的文章，又岂会不杀清韩？于是，钟铭问题在或有或无的情况下被弱化搁置了。家康大概也意识到，这个问题也是疑心生暗鬼而已。

然而，若想保护秀赖并进而保丰臣氏社稷安全，必然要改正秀赖的位置。因此家康告知且元，让他从以下三个条件中选出一个：一、转封他处；二、秀赖像其他诸侯一样到江户来参觐；三、命淀殿住到江户以为人质。且元选了最后一个，约定一定会实行，并返回大阪。

十一

若是事情如且元所想，淀殿作为人质前往江户居住，则东西冲突还会延期，家康在此期间就会去世。这或许是对家康、对秀赖最好的事情，因为家康得以一生未违背秀吉之托，忠厚的君子之名永垂后世，而秀赖也能成为服从德川氏节度的无害诸侯。家康不忘今川义元的恩情而善待氏真，也顾念信长的交谊而帮助信雄，若是先于秀赖去世，作为一生没有背叛朋友的理想友人，大概会得到后世道德家的盛赞。

然而大阪没有听从且元的计划。《日本西教史》中的材料代表了当时反家康的情绪，因为家康是基督教徒的共同之敌。正因如此，天主教传教士收集的情报一味叙述大阪方的感情。该书说：

　　公方（家康）召见称作市正（片桐且元）的大阪官员，说秀赖为支持大佛殿营造而铸造大钟，其上雕刻有诋毁公方、损害其荣誉的文字，之后将市正引入别室，明言其将攻陷大阪城、将天下传给自己世子的秘密，恳求市正为此尽力，约定若其助自己达成此志，则会为其增加封地，使其成为大诸侯。市正同意。

大阪执迷不悟，连且元都成了家康一派。迷信愚昧的淀殿愤怒于且元的不忠，误以为他要让自己成为家康之妾，说"我是信长的外甥女、浅井长政的女儿。嫁给太阁已是可惜，若嫁给家康则是遗憾之至。我绝不想作为人质前往关东"，欲在且元登城时杀掉他。于是且元离开了大阪城。家康几次避免的战争终于到了避无可避的地步。大阪城被东军包围，聚集在城内帮助秀赖的只有诸国的无主武士，以及因是基督教徒而被家康夺去身份的不平之人，或者是被乡里放逐之人。诸侯之中无人响应秀赖。连福岛正则在听闻大阪有异图时，也派人到大阪送去给秀赖母子的信件，称"秀赖的母亲大人如今最好前往江户，与家康公会面。您的兄弟最好也一同前去"。他已经将妻儿安置在江户，臣从德川氏，现在即便顾念旧情也无法帮助秀赖与家康为敌。正则已是如此，可想其他人会如何。期待自己一旦起兵便天下响应的淀殿母子及其党派，不免开始后悔太过自负了。

他们仍相信有人会从背面袭击东军，或者说，他们是强用这些虚幻的信仰来安慰自己，据孤城与天下为敌。德川氏一派嘲笑他们说，"大阪的诸无主武士只是看中城中多金银才聚集而来"，家康也说"关原之战是分割天下之战，故我定下旗本阵法。这次是惩罚秀赖的战争，不需要任何阵法，只是平推进攻即可。诸位

想在哪里就去哪里"。在家康的眼中，讨伐孤立的大阪城不过是
讨伐一个反贼而已。

十二

　　不过，家康仍执着于和平。对他来说，一次进攻就攻陷大阪
城自然不是难事，但他还是不想杀掉秀赖，想将之变成无牙老虎
而保护起来。因此，他向大阪城中提出以移封秀赖或破坏大阪城
防御工事为条件的和议。德川氏的武士自然不会心甘情愿，至今
没有反对过家康的秀忠都主张一定要一举摧毁大阪城，为德川氏
除去祸根。家康过于执着于和平自然招致不满。

　　可是他坚持和平议案，频频要求秀赖母子反省。家康执拗地
想要淀殿畏惧而同意和议，因此召集善于使用火炮者轰炸大阪城
的天守阁。天守阁的一根柱子被打断，向西倾倒。胆小的淀殿马
上同意了和议。和议由此达成，大阪城的护城河被填，二之丸、
三之丸被拆除。事实上，大阪城已经没有面对大军攻击的抵抗力。
换言之，大阪城在事实上已经陷落了。

　　史家称家康填埋大阪二之丸、三之丸的城壕是曲解讲和条件
以摧毁大阪的防御力，但最近的研究证明家康在这一点上并未欺
诈。家康担忧的并不是秀赖母子，而是他们据于天下坚城、西日
本中心的大阪城，极易成为作乱之人的借口。说白了，家康忧患
的不是秀赖母子而是大阪城。如今在事实上攻落了大阪城，秀赖
母子又有何可惧呢？于是他违背了天下的预期，主张保护秀赖。

十三

　　然而，大阪深陷误解之中，最终未能理解家康的用意。他们认为家康是以求取和平的方式施行攻城策略，加上当时处于寒冬，他就用诡计来议和，以破坏城壕。他们相信家康有恶意，不知道其意在保护秀赖，所以认为暂时遣散秀赖之兵、掩埋城壕、解除城中防备就让大阪城容易进攻。此后他们再次召集无主武士。听闻大阪以孤城受天下之兵却仍能讲和而未降服，以此为勇的无主武士聚集更多。得知此事的家康认为，如今除了将秀赖移封之外再无他法，遂告知大阪。秀赖母子当然不会听此意见。结果就是第二次大阪战争的爆发。仅交战三天，大阪城陷落，秀赖母子自杀。家康的苦心至此化为露水，本人沦为轻率史家口中背叛友人遗嘱、杀掉友人妻儿的腹黑奸雄。

　　事实明显可证，家康从始至终没有杀掉秀赖的意思。他自然也免不了误解秀赖母子及其一派的意思，担忧一些没有必要担心的事情。他手下的英雄缜密且过于严格地提防丰臣氏不生异心，对丰臣党怀有很大不满。但他在东西相隔的人情险恶之海中沉浮，仍未失去相对冷静的常识。只是秀赖母子根性甚狭隘，最终导致自己的灭亡而未醒悟，家康煞费的苦心化作徒劳。家康若要杀掉秀赖，为何要等到关原之战后十四年突然动手呢？又为何选择讲和，给已是笼中之物的秀赖母子一条活路呢？死者无法开口，不能为自己辩驳。世间史家多不据事实而臆测，将家康曲解成不德、背信之人。英雄之灵又怎能安息呢？

在此我们辨明始终，主张秀赖之死是东西误解，特别是由淀殿等人最深厚的误解而致，以为英雄稍微正名，除去恶名。

第十三章

德川家康论

下文记录不涉及丰臣、德川二氏关系的大事，直到家康去世。

庆长五年（1600）

十月七日，家康论关原之战战功，封秀康至越前、封忠吉（家
　康第四子）至尾张，家康一派的丰臣诸将皆被授予巨大领地。

十一月十六日，秀忠离开大阪回到伏见。

庆长六年（1601）

正月，家康、秀忠在大阪的西城处理大小政务。

二月，家康给井伊直政、本多忠胜、奥平信昌、石川康昌等
　在关原之战中有功劳的家臣加禄，将近江、伊势、美浓、
　三河、远江、骏河、上野等地的城池封给他们。

庆长七年（1602）

二月一日，井伊直政去世。

十一月，信吉（家康五子）被从佐仓移封到水户。家康进京
　　处理政事。

庆长八年（1603）

正月二十八日，义直（家康第九子，四岁）被封到甲斐。

二月六日，忠辉（家康第六子）被从佐仓移封到川中岛。

二月十四日，家康任征夷大将军。

此年春，关西诸侯开始到江户参觐。

九月十一日，信吉去世。

十月十八日，家康离开伏见，返回江户。

此月，浅野幸长、加藤清正到江户参觐。

十一月七日，赖宣（家康第十子、两岁）被封到水户。

庆长九年（1604）

三月一日，家康从江户出发进京。

三月二十九日，家康抵达伏见城。

六月，相良长每将母亲从大阪迁至江户的宅邸。此后诸侯开
　　始将妻儿迁至江户。

闰八月十四日，家康离开伏见，返回江户。

庆长十年（1605）

正月九日，家康离开江户前往京都。

二月十日，家康抵达伏见城。

二月二十四日，秀忠从江户出发进京，上杉、伊达、佐竹、最上等外样大名陪同。

三月二十一日，秀忠进入伏见城。

四月十六日，秀忠任征夷大将军。

五月十五日，秀忠离开伏见。

六月四日，秀忠回到江户。

九月十五日，家康离开伏见。

十月二十八日，家康抵达江户。

庆长十一年（1606）

正月，藤堂高虎令世子藤堂高次前往江户居住。高虎为德川氏谋划，欲让诸侯将家室安置在江户作为人质，因此首先从自己开始（此年远藤庆隆、有马丰氏、西尾光教将人质送到江户）。

三月十五日，家康离开江户。

四月七日，家康进入京都。

五月十四日，榊原康政去世。

七月，家康认为皇宫规模过小，命令诸侯修筑。

九月二十三日，赖房（家康第十一子，四岁）被封到下妻（常陆）。

此月，应朝鲜僧人松云请求，准许朝鲜俘虏自由归国。赐岛津忠恒"松平"姓氏（从此之后，异姓的大藩相继被赐姓为"松平"）。

十一月四日，家康回到江户。

庆长十二年（1607）

正月，家康生病，不久痊愈。

二月，家康移至骏府。

三月五日，忠吉生病欲回尾张，此日在芝浦去世。

闰四月八年，秀康于越前去世，忠直继承其位。家康在秀康
　　去世前提前禁止了殉死。

闰四月二十六日，德川义直被移封到美浓、尾张。

五月六日，朝鲜信使来江户谒见秀忠，呈上朝鲜国王李眣的
　　书信。

五月十日，秀忠给朝鲜国王回信。

五月二十日，朝鲜信使到骏府谒见家康。

五月二十三日，以大番头三人率下属番士到伏见城执勤，此
　　被称为"三年番"。番头一年一换，番士三年一换，以八
　　月十二日为期。

十月，家康前往江户。

十二月十二日，骏府着火。

庆长十三年（1608）

八月，藤堂高虎被移封到伊贺，并领伊势十余万石的领地。

十二月八日，停用永乐钱，以永乐钱一贯兑换国内钱四贯。

庆长十四年（1609）

二月十一日，岛津家久此日离开山川港，指挥进攻琉球。

三月，藤堂高虎派老臣的子弟四人到江户为人质。去年高虎
　　建议家康命诸藩老臣将质子送至江户，因此自己先行。

五月一日，岛津氏士兵抵达那霸，与琉球人开战。

五月十一日，岛津氏的士兵占领琉球，琉球王尚宁被擒。

五月二十三日，岛津氏进攻琉球的军队于此日返回萨摩。

七月七日，家康赏赐岛津家久之功，将该地赐予家久。

七月，此前荷兰国王赠予秀忠书信及物品，请求通商，并请
　　定下船舶停靠之港以建馆舍。秀忠允许。

九月，忠辉的家臣不和而争讼。

十一月，义直获封名古屋。

十二月九日，此前阿妈港人（澳门的葡萄牙人）杀害有马晴
　　信的水手，抢夺货物。此日晴信烧掉长崎的阿妈港人船只，
　　并杀害船员。

十二月十二日，赖宣被移封到骏河、远江。

庆长十五年（1610）

闰二月三日，忠辉被封到越后。

四月，幕府发布命令，命诸藩将老臣的质子送到江户（称为"证
　　人"）。

五月，京都商人朱屋隆成受家康之命，渡海前往新西班牙（墨
　　西哥）交易数件亮红色衣物并回国。

八月十四日，岛津家久随中山王尚宁到骏府谒见家康。

八月二十七日，家久与尚宁一起到江户谒见秀忠。

十月八日，荷兰人前往骏府城谒见家康，献上特产，感谢前日家康赐信同意通商，并呈上书简。其中称，听闻葡萄牙常与日本通航并说荷兰人坏话，这是因为他们嫉妒荷兰人之前渡海时多受幕府眷顾。

十月十八日，本多忠胜去世。

十二月十六日，家康让本多正纯给明朝福建总督陈子贞寄信，请求像从前一样以勘合符通信结好。

庆长十六年（1611）

三月六日，家康从骏府出发去参加天皇让位、受禅等仪式。

三月十七日，家康进京，进入二条城。

三月二十一日，天皇有意任家康为太政大臣，家康固辞，请求赐予父祖官位。

三月二十八日，家康、秀赖在伏见城会面。

三月二十二日，朝廷赐新田义重镇守府将军从四位下，广忠从二位大纳言。

三月二十六日，后阳成天皇让位，后水尾天皇受禅。

七月十五日，家康命本多正纯回复阿妈港人书简："阿妈港之船去年被焚，是船主自己招致的结果。今其悔非改过，欲开互市通商之途，我们岂能拒绝？因此明年如例不失长崎入港之期，可渐开交易之路，毋要怀疑国中长官。"

八月，秀忠以基督教是夷狄邪法，下令严禁。

九月十五日，秀忠下令沿海诸国可令外国船只靠岸。

十月二十四日，家康入江户城，秀忠出大门迎接。竹千代（家
　　光）、国松（忠长）至檐下左右扶着家康。家康落座后，
　　秀忠夫人谒见，之后夫妻二人宴请家康。竹千代一人作陪，
　　本多正信侍座。

十一月十八日，家康放鹰，留宿藤泽站。

庆长十七年（1612）

正月，家康从骏河至三河，参拜大树寺、松应寺，后至三河
　　吉良游猎。

二月，家康到远江国堺川、二川山猎鹿。

此月，家康将有马晴信贬到甲斐（不久命其自杀）。

三月十一日，家康在骏府禁止天主教，命令家臣每十人为一
　　队，逐队检查。天主教徒原主水逃跑。榊原嘉兵卫、小笠
　　原权之丞改宗后，免去死罪而遭流放。

七月，此前新西班牙国王致书秀忠，请求通商。秀忠答应，
　　此月给予答书。此时家康欲派人到新西班牙，因此造船。
　　伊达政宗向幕府请求，派其家臣支仓常长等人为使者，家
　　康允许（次年九月，常长与幕府水手长官向井将监的十位
　　家臣一同从奥州出航）。

庆长十八年（1613）

六月，去年十二月家康、秀忠裁断了越前国忠直家臣的争论，

但此时争论再起。此月家康、秀忠以忠直年幼，命其家臣本多富正处理一切国政，并将丸冈城（越前）给予富正一族的本多成重，使其附属于忠直家。

八月二十六日，秀忠给英吉利国王回信，确定通商条约。

庆长十九年（1614）

正月五日，大久保忠邻奉家康之命，自小田原进京镇压天主教。

正月十七日，大久保忠邻进京（不久烧掉西京的耶稣寺、毁掉四条坊的耶稣寺）。

正月十九日，幕府召集江户的大久保忠邻子弟，本多正信传达幕府命令，收回忠邻的封地，将其幽闭到彦根，由井伊直胜监督。

三月七日，秀忠下令将天主教徒高山南坊（有科）、内藤如安（以上为前田氏家臣），加贺山隼人佐（细川氏家臣）等人流放到澳门。

七月，板仓胜重自京都向家康报告，已逮捕天主教徒千人。

八月，山口贞友从西国回来，谒见家康，说已将肥前国天主教徒尽数诛戮，长崎的耶稣寺也全被破坏。

元和元年（1615）

正月三日，家康从京都出发东归。

五月八日，秀赖、淀殿自杀。

七月七日，家康定下《公家法度》十七条、《武家法度》十三条。

七月十九日，秀忠从京都出发（此后，家康将天下大小机务
　　交给秀忠裁决，不再干涉）。

八月四日，秀忠回到江户。家康离开京都。

八月二十四日，家康回到骏府，自骏府遣使至忠辉处，告知
　　之后久不相见。

元和二年（1616）

正月二十一日，家康在田中放鹰。此夜生病，紧急回到骏府。

三月二十七日，家康成为太政大臣。

四月十七日，巳刻（上午十点左右）家康在骏府城去世。

一

　　呜呼，家康去往世人都会去的地方。他微小的存在消失了。
大的宇宙将他吞没。云依然随风飘动，雨依然打湿地面，然而伟
大的英雄逐渐化作了黄土。人之出生非因自己所好，天地凝其不
可思议之全力而诞生一人。天地磨炼他、教育他，让他在地上达
成某事后，又让他死去。这种秘密、这种深义，又有谁能解开呢？
呜呼，家康也被这难解的秘密捉住，并且沉入永远之海。

二

　　家康拥有最健康的身体。从年轻到七十多岁每天骑马、打靶、

射箭。他是世上少有的骑手，患上绝症之前还在放鹰，且从少到老一直喜欢游泳。庆长十五年（1610）七月，他六十九岁，在骏河的濑名川捕猎，乘兴游泳。他五十九岁时，妾室清水氏生下义直；六十一岁时，正木氏生下赖宣；六十二岁时，正木氏又生下赖房。德川氏的所谓"御三家"，就是这三个人的后代。他是大人物，同时也是大动物。

三

他的身体极度健康，他的精神至死也一直强劲而豪迈。秀吉六十三岁去世，但晚年的心理状态颇为病态。他让人读明朝皇帝的诰文，在听到那些言语之前，连最重要的"国交"的意义都不能明白。他生病后，在诸将面前频繁哭泣。然而家康与此相反，一直到死都坚持精神修养。他爱读书籍，经常让人讲解《贞观政要》。他在《吾妻镜》中发现了最深的兴趣，感佩源赖朝及其所行政治。他当然不是书生，但懂得读书的趣味，晚年在书中寻找治国之术。

然而他已经罹患了不治之症。元和二年（1616）正月，他在田中打猎，往鲷鱼身上涂榧子油煎烤，并撒上碎韭菜吃，当晚开始腹痛。这是他最初发现自己的病情。他紧急回到骏府，感觉暂时治好了，但依然身体不舒服。到了三月末，他喝了医生呈上的一味药，不久全吐了出来。他知道自己无法再康复，就没有再喝药。病情日渐加重，但他的心依然没有失去常态，对在病床前侍奉的秀忠、重臣谈论身后之事。

此前福岛正则是幕府忌讳之人，长久逗留江户而不能回国。去世前三天，家康将正则招到病床前，赐予他回家的假期，赠送有名的茶桶，并说"前些年有人向秀忠夸奖你，秀忠让卿长久滞留江户。予如今已经将卿无异心的事情跟秀忠解释过了，卿就安心回国待两三年吧。虽说如此，卿若是日后对秀忠抱有遗憾，想要快速起兵，也全任凭卿的内心"。正则涕泣退出，对骏府的执政本多正纯抱怨说"正则在太阁的时代都没有对主君稍有二心，如今主君的话过于无情"。正纯来到家康的病床报告此事，家康高兴地说："我就是为了听他这一句话。这件事就这样简单了结了。"七十五岁的德川翁到死都没有失去强健的内心，最后的心血也用在国家治安之上。这难道不是天生的英雄吗？他靠着日积月累的修养，已经到了友人秀吉远远无法企及之处。

四

蒲生氏乡曾评论他说："没有给予其他人过分奖赏的器量，所以不会成为天下之主。"长久手之战中，织田信雄想要赏赐取得池田信辉首级的永井直胜五千石领地，但家康说"我的家人至今都没有受过这样的奖赏"，仅给了千石。

家康当时是领有二百五十余万石领地的人，却连给重臣分三四万石以上的领地都不愿意。他给予井伊直政、本多忠胜、榊原康政十万石或者十万石以上，只是因为听到秀吉的劝告而错解其意。此时他只是关东之主，还足以慰家臣不平。到了关原之战大胜，其实就是将大片土地分给功臣的好机会，但他依然吝啬。战后论功行赏，增加家臣俸禄时，井伊直政增加六万石，从十万石的箕轮（上野）转至十八万石的佐和山；本多忠胜增加两万石，从大多喜（上总）移至十二万石的桑名（伊势），加上其子忠朝新获封大多喜五万石，因此他家是增封最多的人；其他的只增数千石或是一两万石而已。仅从这一方面来看，他只对子弟丰厚而苛待手下武士，因为他此时给儿子秀康增加了五十七万石，将其从十万石的结城（下野）移封至六十七万石的福井，给忠吉增加了五十四万石，从十万石的忍（武藏）移封至六十四万石的清洲（尾张），但连给功臣仅仅一万石的增封都不情愿。可见他在这一点上，确实没有多给他人奖赏的器量。

不过，这只是盾牌的一面。他在论功行赏时给宿将老臣的封地甚少，但对加入东军的丰臣氏诸将则几乎是滥加。领有清洲（尾张）二十万石的福岛正则加了三十万石，成为五十万石的安艺、备后之主；领有吉田（三河）十五万石的池田辉政增加了三十七万石，得到了五十二万石的播磨。以上皆是例子。从这一面来看，他比阔绰的秀吉更为阔绰。

一方面对宿将老臣吝啬，一方面又将巨大土地给予外样大名。这种做法看似无法解释，但从结果来看，其实暗藏他作为政治家的智慧。因为宿将老臣虽封地狭小，但常常联合，仰仗江户、骏河；外样大名封地广阔，但只能依靠自己的力量。于是，家康得以通过权衡来保证天下平安。赖朝曾在国司、领家、土豪之间安置其家臣担任守护、地头。夹在旧势力之间的新势力守护、地头，在旧势力国司、领家、土豪没有灭亡的时候，不得不依靠镰仓家臣的同感、合作来主张自身的权力。赖朝通过这种安排，统一了镰仓的家臣。分散在诸国的镰仓家臣面对国司、领家、土豪，感到自己力量薄弱，但又仰仗镰仓，在其指挥下达成了统一。于是，他们压倒国司、领家、土豪得以成为政界之主。他们在感知自己弱小的同时其实是最强的。

认为家康私淑于赖朝，或许就是因为这一点吧。他为了让家臣感到弱小而给他们比外样大名小很多的领地，由此他们感知到自身弱小，就以江户、骏河为中心统一步调，进而很好地压制外样大名。他不给予家臣过多的领地并不一定是因为吝啬，而是出于其政治家的权略。这样，他就得以在掌中运筹天下。

五

他如信长一般节俭，刚搬到江户时，玄关的台阶是直接用船板改造的。他出去放鹰，住在乡下人家，夜晚自身住的屋子点一根蜡烛，鹰待的屋子里点一根，其余的都用油火。他不喜欢在没有紧要事情时点亮烛火，看到了一定直接把它熄灭。他在小袖沾上污垢时一定反复濯洗，继续使用。即使是一张文书，他也不喜欢无故浪费。即使在被称为"大御所大人"的时代，他也锱铢必较，简朴得像是小诸侯的随从。

这样，他保持了丰厚的财力。他年年亲自召集代官，听有关租税收支的报告。他想通过贸易富国，希望葡萄牙、西班牙的商船像频繁造访西国海岸那样造访关东海岸。他在关原之战胜利后，将堺、大阪、长崎等大都市收为幕府直辖地，获得可以调度财富的能力。这都是他让群雄雌伏的原因，因为他不仅在群雄之中兵力最强，也由此在财富方面最富有。不过，他最成功的地方不在贸易、不在节俭，而是在开凿金矿。关原之战后，金矿的开凿使幕府积攒了大量的黄金。佐渡、石见、伊豆、骏河的金银矿，出产了日本历史上绝无仅有的黄金。他由此成为最强大的富国，力压群雄，就这样开辟了三百年的太平。

六

信长治人是以气势压制。他是天生的首领，善以猛气驾驭天才。但家康并不是这样的首领。

七

秀吉的治人之术与信长的不同。他是以自己的心胸直接触及他人的心胸，是善于交际的名人。且其善于交际的原因，在于他无技巧，而是直接流露出真性情。《甫庵太阁记》中记载，"在信长的时代，秀吉常常因为越界被信长训斥，被朋辈嘲笑，但他毫不在意地依然越界"。根据太田牛一的记载，他在天正五年（1577）八月没跟信长报告就擅自从北国回来，被信长大骂，天正七年九月，他与备前的福田和谈也没有问信长，只留了字条简单告知，随后就被贬到了播磨。但不管怎么被训斥，他都完全不放在心上，如行云流水般自然，如青天白日般直爽，了无城府，因此得到难以取悦的信长信任。

他对主君如此，对他人也是如此。讨伐岛津义久的时候，他到了萨摩国川内，义久穿着黑衣到他的大本营谢罪投降。他对义久说，"那面的居城，可以看尽鹿儿岛，你应该先回去，吃点儿好的"。与一定会被扣押的预期相反，听到秀吉说应该直接回鹿儿岛，义久反而大吃一惊，说"我就此告辞。关于宴请的事情我会吩咐重臣"。秀吉神态自如地说："不，不，不用太在意。早点儿回居城吃好的吧。"面对这样的态度，义久也不免心悦诚服。伊达政宗也被同样的对待笼络了。若是他人，对义久、政宗这样虎狼般的大敌，大概无法像他一样放任。但他虚心坦怀，直接以我心结他人之心，只要对方投降，他便推心置腹地善待。请看下面的记载：

> 佐野天德寺带着手下藤野下野前去谒见信玄、谦信，二人急忙上前打招呼。佐野想要抬起头来面对二人，却因对方之威太强而做不到。之后，天德寺、下野因事去谒见太阁，一见面，太阁就说"哎呀天德寺来了呀"，说着靠近他，"哎呀，真是好久不见，这次总算是来了呀"，说着拍着膝盖，表现得特别亲切。(《武功杂记》)

他对待群雄就像这样。在战国之世，人心险恶难测，只有他坦露胸怀，无隐无蔽，以天真烂漫直迫人肺腑，可以想象天下群雄被打动而恍惚的状况。他真的是善于社交的名人，也可以说是所谓男演员这一类人，天生就有明亮快活的气象，一旦接近就一生成为其挚友。即便是敌国之间的交往，也多在初次见面时就直接为他心醉。

天正十一年（1583）五月下旬，家康的宠臣石川数正作为使者被派到秀吉处，由此受其所惑，最终成为对家康失节的臣下；天正十六年北条氏直的家臣板部冈江雪斋作为使者，被派往秀吉处。秀吉爱惜他的才华，板部冈也敬爱秀吉；大久保七郎左卫门是纯然的三河武士，是只会考虑家国大事的至极硬汉。有一次他受到秀吉善言对待，之后对人说"那时，该如何说呢，内心感到太阁的深意，虽然羞愧地说内心从未偏斜，但太阁真是有名誉的大将"。秀吉的吸引力让这样忠坚之人也差点儿失节，而这就是因为他直接坦露胸怀以换取他人相投、消除彼此的隔阂。遇到这样善于交际之人，即使是铁石心肠的家康也会屈服，心甘情愿站在他的下风之处。

像这样，信长以意气压人，秀吉以性情触人，只有家康色彩颇不鲜明。他没有表现出信长那样的猛志，也不是秀吉那样的交际能手。他虽然不讨好他人，但也不颐指气使。他是一种钝重，一种不透明的风格。然而，其功既成，其业已立，就宛如巨大铜柱屹立在岩石之上，任何人都无法撼动。我们若是对此命名，可以称那是相扑角力中胜者的权威。啊，那是相扑角力中胜者的权威。无论如何，他是以力量压制群雄的。

<h2 style="text-align:center">八</h2>

家康是彻头彻尾的力量的信仰者。秀吉是示威运动的名人，自然善用宣传战术的撒手锏。信长那样的人也善于宣传，建立安土城这座巍峨的建筑，天正九年（1581）二月在京都举行天皇莅临的阅兵，建造濑田桥，这些说白了，都是向日本国显示自己威光的大广告。只有家康始终质朴，反而努力消去自己的光芒。信长催促本愿寺开城投降时，奏请天皇派出敕使；秀吉在征伐诸国时往往假以敕命，带着天皇赐予的锦旗节刀出兵。然而家康从未如此行动。秀吉征伐岛津时，让本愿寺命令其在萨摩、大隅的门徒做内应，但家康在关原之战时就拒绝利用本愿寺。家康依仗的大抵只是自己的力量。家康心中大概是觉得，如果以己之力足以征服天下就足够了，其他方面不用再追求卓越。他就像是裸体站在土俵上进行角力的力士一样。因为我的力量足以打倒敌人，所以定会成为天下开山的横纲，除此之外无须赘言。面对群雄时，家康心中所想的便是我强你弱，我支配而你被支配是当然之事。

正因如此，关原之战后，家康没有顾虑任何人而直接行使胜者的权力，将国土分给对自己忠诚的人，命令丰臣氏旧臣大诸侯完成修建城池等义务。家康的态度如此旁若无人，庆长十五年（1610）修建名古屋城时，家康党的福岛正则也不堪重负，说："近年，江户、骏府两城的修建已使诸大名疲劳。不过，骏府是大御所的住处，江户是将军的住处，我们也不觉得辛苦。但这座名古屋城是庶子的居城，连这也要我们修建就过分了。"这些抱怨当然传到了家康的耳朵里，他大概也知道不可能没有抱怨。但他并不在意任何抱怨，只显示出"我命令你做此事，你要是不喜欢就快点奔回本国叛变，那样我也能快速将你消灭"的态度，真可谓冷淡无情。但天下没有人起来反抗，因为他们知道家康的力量无法抗衡，对抗他只会让自己走上覆灭。

秀吉的遗言是一味地对诸大名说着"拜托""拜托"，吐露出担忧幼子及丰臣家未来的真情。家康的遗言与之相反，说"若是将军政道不佳，万民困苦，谁都可担当此任"。我以自己之力成为天下将军，你们的力量若足以取代我家就取而代之，我不会有怨言。这些话露骨、无感情到极致。家康是角力胜者这一点，至此更加清晰了。他既已用力量取得了天下，又何需要处事圆滑、态度可亲呢？本就不用任何壮烈的意气，所以家康的传记比信长、秀吉的缺乏色彩也是无可奈何之事。

九

作为政治家的家康的价值在于他是力量的信奉者，所以他的事迹就没有壮烈的意气，没有打动性情之人的地方，比起信长、秀吉就是逊色的人物？绝非如此。冷静地看待人生，有什么东西不是力量的竞争呢？胜者是什么？是力量交锋之后获胜的人。治者是什么？是以力量居于人上的阶级。法律是什么？是帮助有力量者维持其建立之社会的东西。简而言之，人生最赤裸裸的事实就是我胜你还是你胜我的问题。换句话说，是我的力量足以支配你，还是你的力量足以支配我的问题。德国的腓特烈大帝实际上就是这种力量的信仰者。马基雅维利也是这种力量的信仰者。拿破仑大帝当然也是这种力量的信仰者。即使是现代的文明诸国，若是探究其统治者心中最深处，谁又不是这种力量的信仰者呢？家康只是像马基雅维利、腓特烈、拿破仑大帝一样的力量信仰者。

力量的信仰者不一定是残忍、冷酷的怪物。家康是力量的信仰者，依仗于自己的力量，所以他的政治反而不烦琐。弱犬高吼。没有力量的人会耍弄小策小术，但相信以我之力可压百兽的大象不使用这些也能让人畏惧。看过家康政治的板坂卜斋说，"家康的处置宽大而不麻烦，没有细小方面"。他不追查关原之战后敌将宇喜多秀家的藏身之处，战争连头挂脚四年后，萨摩替其求情，家康才将他流放到八丈岛。他也允许聚集到大阪的无主武士任官。这些都来自稳重不动的大象般的宽阔政治。醉酒的人总会清醒，陷入恋爱的人终将觉悟。壮烈的意气、真挚的性情固然动人，但也只是一种飨宴，宴罢终将散场。人最终还是会回到赤裸的真理之中。赤裸的真理是什么？那就是，世间万事不过是力量的支配。